新时代大学生素质教育系列教材

法律实务教程

主　编　祝　瑾　李天颖
副主编　王继红　乔　瑜　孟　敏

西安交通大学出版社
XI'AN JIAOTONG UNIVERSITY PRESS

内容简介

本书针对非法学专业大学生所编写,结合大学生的法学教学实际和就业需求,紧贴我国最新颁布的法律法规内容,选择与大学生学习、工作以及生活最为贴近的相关法律法规,将民法典、民事诉讼法等相关内容进行整合、归纳,以培养学生在实践中的法律事务处理能力为目标。

本书包括七章,主要论述了劳动相关法律制度、物权相关法律制度、合同相关法律制度、婚姻家庭继承相关法律制度、知识产权相关法律制度、侵权责任相关法律制度、民事诉讼相关法律制度。前六章内容为劳动法、民法分论部分(实体法)的主要法律内容;第七章民事诉讼相关法律制度(程序法)是前六章实体权利实现的保障,是我国一切民事纠纷解决的必经程序。

图书在版编目(CIP)数据

法律实务教程 / 祝瑾,李天颖主编. — 西安 : 西安交通大学出版社,2021.6(2024.1重印)
ISBN 978-7-5693-2161-6

Ⅰ.①法… Ⅱ.①祝… ②李… Ⅲ.①法律-中国-教材 Ⅳ.①D92

中国版本图书馆 CIP 数据核字(2021)第 079745 号

书　　名	法律实务教程 FALÜ SHIWU JIAOCHENG
主　　编	祝　瑾　李天颖
责任编辑	史菲菲
责任校对	李　文
出版发行	西安交通大学出版社 (西安市兴庆南路1号　邮政编码 710048)
网　　址	http://www.xjtupress.com
电　　话	(029)82668357　82667874(市场营销中心) (029)82668315(总编办)
传　　真	(029)82668280
印　　刷	西安明瑞印务有限公司
开　　本	787mm×1092mm　1/16　印张　11　字数　275千字
版次印次	2021年6月第1版　2024年1月第3次印刷
书　　号	ISBN 978-7-5693-2161-6
定　　价	35.00元

发现印装质量问题,请与本社市场营销中心联系。
订购热线:(029)82665248　(029)82667874
投稿热线:(029)82665379
读者信箱:xj_rwjg@126.com

版权所有　侵权必究

前　言

依法治国是发展社会主义市场经济的客观需要,是国家民主法治进步的重要标志,是建设中国特色社会主义文化的重要条件,是国家长治久安的重要保障。依法治国是一项从中央到地方,从地区到行业,从立法到执法、司法、护法、守法、学法的系统工程。在依法治国的大时代背景下,近年来,我国完成了各领域的旧法修订以及新法颁布工作,法律体系越来越完善、越来越成熟。

大学早已将思想道德修养与法律基础课程作为一门公共必修课面向各个专业的大学生开设。学法、守法、用法是当代大学生学习法律知识的目标,从而使法治思维内化为思想,外化为行动。2021年是一个法律大年,《中华人民共和国民法典》于1月1日起实施,中国步入"法典化"时代。民法典被认为是"社会生活的百科全书",与每个人息息相关。

然而,面对众多法律法规,非专业人士很难专业地来分析解决自身遇到的一些常规简单法律问题,很多人依靠查阅书籍以及网络搜索法条来对照分析一些法律问题,但如果没有法律知识作为基础,往往会理解不到位,分析有偏差。为了使非法学专业的大学生在今后的学习、生活以及工作中能够利用法律知识解决一些常见的法律问题,我们编撰了本教材。本教材结合大学生的法学教学实际和就业需求,紧贴我国最新颁布的法律法规内容,选择与大学生学习、工作以及生活最为贴近的相关法律法规,将民法典、民事诉讼法等相关内容进行整合、归纳,以培养学生在实践中的法律事务处理能力为目标。

学生通过对本教材的学习,能够掌握和理解民法基本理论和民事诉讼法律制度,掌握民事法律知识,增强遵纪守法以及用法律武器来维护自身合法权益的意识,明确自己在工作以及生活中的权利和义务,正确分析处理现实中遇到的法律事务。

本教材主要包括七章:第一章"劳动相关法律制度",第二章"物权相关法律制度",第三章"合同相关法律制度",第四章"婚姻家庭继承相关法律制度",第五章"知识产权相关法律制度",第六章"侵权责任相关法律制度",第七章"民事诉讼相关法律制度"。前六章内容为劳动法、民法分论部分(实体法)的主要法律内容；第七章民事诉讼相关法律制度(程序法)是前六章实体权利实现的保障，是我国一切民事纠纷解决的必经程序。

  本教材的主编为祝瑾和李天颖，副主编为王继红、乔瑜和孟敏。各章具体编写分工如下：第一章由王清编写，第二章由王继红、李璐编写，第三章由祝瑾、孟敏编写，第四章由缪露、王义茗、张丹薇编写，第五章由乔瑜、刘娜、卢克宇、李浩东编写，第六章由赵樱子、孟凡兴编写，第七章由李天颖编写。全书由祝瑾总纂定稿。

  法律是治国之重器，良法是善治之前提。法律的生命力在于实施，法律的权威也在于实施。希望广大大学生大力弘扬社会主义法治精神，增强全社会厉行法治的积极性和主动性，形成守法光荣、违法可耻的社会氛围。本教材如能给大家带来一些学习应用上的方便，也就达到了我们的愿望和目的。

  本书编写中如存在疏漏和不规范之处，恳请大家批评指正。

编者

2021 年 4 月 1 日

目 录

第一章 劳动相关法律制度 (1)
  第一节 劳动法概述 (1)
  第二节 劳动法实务 (1)
  第三节 法律责任 (20)

第二章 物权相关法律制度 (23)
  第一节 物权概述 (23)
  第二节 所有权 (26)
  第三节 用益物权 (33)
  第四节 担保物权 (39)

第三章 合同相关法律制度 (46)
  第一节 合同与合同法概述 (46)
  第二节 合同的订立 (51)
  第三节 合同的履行 (54)
  第四节 违约责任 (56)
  第五节 买卖合同 (60)

第四章 婚姻家庭继承相关法律制度 (67)
  第一节 婚姻 (67)
  第二节 家庭关系 (74)
  第三节 继承 (77)

第五章 知识产权相关法律制度 (88)
  第一节 著作权法 (89)
  第二节 专利法 (102)
  第三节 商标法 (115)

第六章 侵权责任相关法律制度 (131)
  第一节 一般规定 (131)
  第二节 损害赔偿 (137)
  第三节 关于责任主体的特殊规定 (140)

第七章 民事诉讼相关法律制度 (146)
  第一节 仲裁 (146)
  第二节 民事诉讼 (153)

参考文献 (169)

第一章 劳动相关法律制度

第一节 劳动法概述

劳动法是调整劳动关系以及与劳动关系有密切联系的其他社会关系的法律规范的总称。劳动法最早属于民法的范围,19世纪以来,随着工业革命的发展,劳动法在各国的法律体系中日益占据重要的地位,并逐渐脱离民法而成为一个独立的法律部门。1802年,英国议会通过了世界上第一部劳动法——《学徒健康与道德法》,禁止纺织厂使用9岁以下的学徒,并规定每日工作时间不得超过12小时,同时禁止做夜班。十月革命后,1918年俄罗斯苏维埃政府颁布了世界上第一部社会主义劳动法典,并于1922年颁布了新的《苏俄劳动法典》。早在1931年11月中国共产党领导的中华工农兵苏维埃第一次全国代表大会就通过了《中华苏维埃共和国劳动法》。新中国成立后,中国先后制定了《中华人民共和国劳动保险条例》《企业职工奖惩条例》《国营企业辞退违纪职工暂行条例》等一系列劳动法规。

作为维护人权、体现人本关怀的一项基本法律,各国劳动法的表现形式不同,但大都包括以下基本内容:劳动就业法,劳动合同法,工作时间和休息时间制度,劳动报酬,劳动安全与卫生,女工与未成年工的特殊保护制度,劳动纪律与奖惩制度,社会保险与劳动保险制度,职工培训制度,工会和职工参加民主管理制度,劳动争议处理程序以及对执行劳动法的监督和检查制度等。

《中华人民共和国劳动法》是国家为了保护劳动者的合法权益,调整劳动关系,建立和维护适应社会主义市场经济的劳动制度,促进经济发展和社会进步,根据宪法而制定颁布的法律。《中华人民共和国劳动法》1994年7月5日经第八届全国人民代表大会常务委员会第八次会议通过,1995年1月1日起施行,此后分别于2009年8月27日、2018年12月29日两次修正。截至2019年底,我国已经建立了社会主义劳动法律体系,包括《中华人民共和国劳动法》《中华人民共和国劳动合同法》《中华人民共和国社会保险法》《中华人民共和国职业病防治法》《中华人民共和国就业促进法》《中华人民共和国工会法》《中华人民共和国劳动争议调解仲裁法》等一系列基本的法律以及配套的法规、规章。党的十九届四中全会提出坚持和完善中国特色社会主义法治体系,提高党依法治国、依法执政能力的明确要求。在新的历史条件下,劳动法律制度日益完善,劳动法律观念深入人心,为保障劳动者权利、规范用人单位用工行为、实现社会主义法治国家创造了良好条件。

第二节 劳动法实务

一、劳动关系的认定

(一)劳动关系的概念与特征

我国现行有效的法律并未对劳动关系的定义作出明确规定,理论界和实务界对劳动关系的定义表述也不同。一般来讲,劳动关系是指用人单位招用劳动者成为其成员,劳动者在用人单位的管理下,提供由用人单位支付报酬的劳动而产生的权利义务关系。劳动关系具有形式上的平等性和实质上的不平等性、人身属性和财产属性等特征[①]。劳动关系一旦形成,劳动者会成为所在用人单位的成员,劳动者作为用人单位的一员,应当服从用人单位的安排与管理。在劳动过程中,劳动者需要遵守用人单位相应的规章制度,应当通过自身的努力完成用人单位交办的任务。

劳动关系一般具有如下特征:

(1)劳动关系主体一方是具备劳动能力、能够为用人单位提供劳动的劳动者,另一方是能为劳动者提供工作条件、保障工作待遇、安排劳动者具体工作的用人单位。

劳动者一般是指达到法定年龄,具有劳动能力,以从事某种社会劳动获得收入为主要来源,接受用人单位的管理,依照合同约定从事一定劳动并合法获得劳动报酬的自然人,包括中国人与外国人。根据《中华人民共和国劳动法》规定[②],年龄在十六周岁以上,具有相应民事行为能力的人,且未达到退休年龄的自然人均有权参加劳动,属于合法主体资格的劳动者。但文艺、体育和特种工艺单位招用未满十六周岁的未成年人,必须遵守国家有关规定,并保障其接受义务教育的权利。

用人单位具体是指依法成立,经过注册或登记后取得营业执照或登记证后从事相关活动的组织,包括中华人民共和国境内的企业、个体经济组织、民办非企业单位。国家机关、事业单位、社会团体和与其建立劳动关系的劳动者,订立、履行、变更、解除或者终止劳动合同,依照《中华人民共和国劳动合同法》执行。《中华人民共和国劳动合同法实施条例》第三条规定:"依法成立的会计师事务所、律师事务所等合伙组织和基金会,属于劳动合同法规定的用人单位。"自然人不能成为劳动法意义上的用人单位。

(2)劳动关系是在现实劳动过程中所发生的关系,我国现行法律并未禁止劳动者同时与多家用人单位建立劳动关系。

由于用人单位与劳动者是一种以隶属主体间的指挥和服从为特征的管理关系,因此在传统的全日制用工模式下,劳动者在特定的时间和空间范围内只能向特定的用人单位提供有报酬的劳动,这也就限制了劳动者在相同的时间范围内不能向其他用人单位提供劳动服务,即劳动者不能"一身两用"。然而在非全日制劳动用工模式下,用工模式更加灵活,劳动者可以选择与多家用人单位建立劳动关系,但是不能损害用人单位合法权益[③]。

(3)劳动者要遵守用人单位的规章制度,用人单位在不违反法律、行政法规的基础上享有用工自主权,其他人不得干涉。

用人单位作为独立的经营组织,一般来说具有一套完整的组织管理制度及流程,劳动者作

---

① 王林清.劳动争议裁诉标准与规范[M].北京:人民出版社,2011:3.

② 《中华人民共和国劳动法》第十五条规定:"禁止用人单位招用未满十六周岁的未成年人。文艺、体育和特种工艺单位招用未满十六周岁的未成年人,必须遵守国家有关规定,并保障其接受义务教育的权利。"

③ 《中华人民共和国劳动合同法》第三十九条规定:"劳动者有下列情形之一的,用人单位可以解除劳动合同:(一)在试用期被证明不符合录用条件的;(二)严重违反用人单位的规章制度的;(三)严重失职,营私舞弊,给用人单位造成重大损害的;(四)劳动者同时与其他用人单位建立劳动关系,对完成本单位的工作任务造成严重影响,或者经用人单位提出,拒不改正的;(五)因本法第二十六条第一款第一项规定的情形致使劳动合同无效的;(六)被依法追究刑事责任的。"

为用人单位生产经营活动的具体实行者,应当遵守用人单位的规章制度,按照用人单位的规定和指挥工作,服从用人单位的管理,这是用人单位行使用工自主权的具体表现。国家只有依法保障用人单位的用工自主权才能激发用人单位的创造力和市场活力,才能为劳动者拓宽就业渠道,提供更多的就业机会,也有助于构建和谐稳定的劳动关系,促进国民经济平稳健康发展。

(二)劳动关系与劳务关系的区别

劳动关系与劳务关系具有很大的相似性,司法实践中很难区别,两者的表现形式可能都是个人为用人单位提供某些活动或服务。我国目前对于劳务关系并无明确的定义,一般来说,劳动关系与劳务关系的区别如表1-1所示。

表1-1 劳动关系与劳务关系的区别

区分特点	劳动关系	劳务关系
法律主体	①自然人不能以个人名义成为劳动关系中的用工主体,企业、个体经济组织、民办非企业单位等组织才能作为用工主体。 ②劳动者只能是自然人,其应符合劳动者的主体资格	劳务关系双方都可以是自然人、法人或者其他组织,只要具备民事行为能力即可。雇佣关系不属于劳务关系[①]
权利义务	①用人单位与劳动者不仅存在财产关系,而且存在人身隶属关系。劳动者提供劳动的同时应接受用人单位的管理,服从其安排。用人单位符合法定程序的规章制度对劳动者具有约束力。 ②劳动关系中的劳动者除获得工资报酬外,还有权获得安全的工作条件、社会保险、福利待遇等。用人单位应严格按照劳动法和国家有关规定合理安排劳动者的工作时间和休息休假,劳动者可以通过职工代表大会或工会等各种形式参加到管理中	①劳务关系主体双方只存在财产关系,不存在人身隶属关系,没有管理与被管理、支配与被支配的权利和义务。 ②提供劳务的一方仅获得劳动报酬,该报酬的支付既可以是分期的,也可以是一次性的。单位的内部规章制度对劳务提供一方无约束力,提供劳务的一方可以根据自己的安排合理确定工作时间

[①] 《福建省高级人民法院关于审理劳动争议案件若干问题的意见》第七条第一款规定:"雇佣家庭保姆、临时帮工、家庭教师等民间雇佣劳动发生的劳务报酬、债务、损害赔偿等纠纷,属于一般民事权益争议,由人民法院直接受理。"

续表

区分特点	劳动关系	劳务关系
责任承担	国家一般以强制性法律法规来规定劳动关系中双方的权利义务,劳动关系的变更、解除、终止均有条件限制。劳动者的职务行为由用人单位承担责任,劳动者在工作过程中因工作原因受伤的,可以依法认定工伤,享受工伤保险待遇	劳务合同本质属于民事合同的一种,国家干预程度较低。合同内容的约定取决于当事人的意思自治,只要约定内容不违反法律、行政法规的强制性规定,劳务合同就是合法有效的。个人之间形成劳务关系,提供劳务一方因劳务造成他人损害的,由接受劳务一方承担侵权责任。接受劳务一方承担侵权责任后,可以向有故意或者重大过失的提供劳务一方追偿。提供劳务一方因劳务受到损害的,根据双方各自的过错承担相应的责任①

(三)事实劳动关系的认定

劳动合同属于要式合同,《中华人民共和国劳动法》和《中华人民共和国劳动合同法》均要求用人单位应当与劳动者签订书面的劳动合同。《中华人民共和国劳动合同法》中也规定了用人单位与劳动者未按照规定时间签订书面劳动合同时,应支付双倍工资。然而,实践中仍有不少用人单位基于各种原因未与劳动者签订书面劳动合同而产生实际用工,或者当劳动合同被依法确认无效后已经产生的用工关系,这种情形下产生的权利义务关系一般会被认定为事实劳动关系。

事实劳动关系与签订劳动合同确认的劳动关系的界定并无本质区别。根据2005年劳动和社会保障部《关于确立劳动关系有关事项的通知》,确认用人单位与劳动者之间是否存在劳动关系需同时参考以下因素:①用人单位和劳动者符合法律、法规规定的主体资格;②用人单位依法制定的各项劳动规章制度适用于劳动者,劳动者受用人单位的劳动管理,从事用人单位安排的有报酬的劳动;③劳动者提供的劳动是用人单位业务的组成部分。

用人单位与劳动者的劳动关系一旦确定,无论是事实劳动关系或是订立劳动合同确认的劳动关系,劳动者均应听从用人单位的管理和指挥,服从用人单位对工作时间、任务等的安排,遵守用人单位的规章制度。用人单位应履行为劳动者缴纳社会保险、按时支付工资的义务。

二、劳动合同的订立

(一)招聘与录用

招聘与录用是用人单位和劳动者双方通过要约和承诺达成合意的过程。通过招聘与录用程序,对符合用人标准的,用人单位为其办理正式入职手续,应聘者成为用人单位的员工。用人单位招聘一般经历以下几个过程:发布招聘信息、进行面试筛选、进行背景调查、体检、发出

---

① 《中华人民共和国民法典》第一千一百九十二条规定:"个人之间形成劳务关系,提供劳务一方因劳务造成他人损害的,由接受劳务一方承担侵权责任。接受劳务一方承担侵权责任后,可以向有故意或者重大过失的提供劳务一方追偿。提供劳务一方因劳务受到损害的,根据双方各自的过错承担相应的责任。提供劳务期间,因第三人的行为造成提供劳务一方损害的,提供劳务一方有权请求第三人承担侵权责任,也有权请求接受劳务一方给予补偿。接受劳务一方补偿后,可以向第三人追偿。"

录用通知书、订立劳动合同、办理入职手续、培训等。一般来讲,招聘与录用环节应注意以下问题。

1. 信息披露义务

《中华人民共和国劳动合同法》第八条规定:"用人单位招用劳动者时,应当如实告知劳动者工作内容、工作条件、工作地点、职业危害、安全生产状况、劳动报酬,以及劳动者要求了解的其他情况;用人单位有权了解劳动者与劳动合同直接相关的基本情况,劳动者应当如实说明。"《中华人民共和国劳动合同法实施条例》进一步规定,用人单位依法建立的职工名册应当包括劳动者姓名、性别、公民身份号码、户籍地址及现住址、联系方式、用工形式、用工起始时间、劳动合同期限等内容。

信息披露是用人单位应当主动履行的义务,而劳动者只是在用人单位提出要求的时候才需要作出相关说明。用人单位有权了解劳动者与劳动合同直接相关的基本情况,对于属于与劳动合同直接相关的基本情况的信息,用人单位需在实践中慎重把握。此外,法律也规定了违反信息披露义务的法律责任。违反信息披露义务主要包括拒绝披露相关信息与提供虚假信息两方面内容。对于拒绝披露相关信息的,用人单位可以以劳动者拒绝履行法定告知义务为由拒绝录用该劳动者。对于提供虚假信息的,则涉及诚实信用原则与禁止欺诈的相关规定,对此,《中华人民共和国劳动法》和《中华人民共和国劳动合同法》均规定,以欺诈、胁迫等手段订立的劳动合同无效[①]。

2. 不得设置歧视性的录用条件

歧视性条件一般是指用人单位在条件相等或相近的劳动者中,设置某些与个人工作能力无关的条件,使得劳动者不能够享有平等的就业机会以及工资、配置、升迁、培训机会等就业安全保障的平等待遇。基于生产经营需要,用人单位在招聘员工过程中可以设置相应的录用条件,以便选择合适的劳动者,只要不违反法律规定,用人单位有权设定任何录用条件,但是用人单位不得在录用条件中设置歧视性条件。

根据我国现行法律规定,劳动者就业,不因民族、种族、性别、宗教信仰等不同而受歧视[②]。因此,用人单位在设置录用条件时不得以民族、种族、性别、宗教信仰等作为录用条件。用人单位拟订录用条件,应当重点关注劳动者与工作岗位相匹配的工作能力,例如受教育程度,相关工作经历,工作所需的知识、技能、个性特征等方面,不得设置性别限制、身高限制等与胜任工作无关的录用条件。

(二) 劳动合同的签订

劳动合同的签订,俗称"签约",是指劳动者和用人单位经过充分协商,就合同的主要条款

[①] 《中华人民共和国劳动法》第十八条第一款规定:"下列劳动合同无效:(一)违反法律、行政法规的劳动合同;(二)采取欺诈、威胁等手段订立的劳动合同。"《中华人民共和国劳动合同法》第二十六条第一款规定:"下列劳动合同无效或者部分无效:(一)以欺诈、胁迫的手段或者乘人之危,使对方在违背真实意思的情况下订立或者变更劳动合同的;(二)用人单位免除自己的法定责任、排除劳动者权利的;(三)违反法律、行政法规强制性规定的。"

[②] 《中华人民共和国劳动法》第十二条规定:"劳动者就业,不因民族、种族、性别、宗教信仰不同而受歧视。"《中华人民共和国就业促进法》第三条规定:"劳动者依法享有平等就业和自主择业的权利。劳动者就业,不因民族、种族、性别、宗教信仰等不同而受歧视。"

达成一致后签署劳动合同,确定劳动关系的法律行为。根据《中华人民共和国劳动合同法》的相关规定,用人单位自用工之日起即与劳动者建立劳动关系,并非以是否签订劳动合同作为是否建立劳动关系的判断标准。劳动合同签订环节一般应注意以下法律问题。

1. 他人代为签名的法律后果

劳动合同虽非本人签名但能反映本人真实意思的,该劳动合同应为有效,应当视为双方签有书面劳动合同。例如有监控录像、书面授权或者其他证人证言等证据来证明该劳动合同的签署是劳动者真实意思表示,视为劳资双方签有劳动合同。如果劳动合同并非劳动者本人签署且劳动者毫不知情,或者是用人单位私自代替劳动者在劳动合同上签字的,此情况下签订的劳动合同并非劳动者的真实意愿,应理解为双方并未订立书面劳动合同。在此情况下若发生纠纷,用人单位可能需要承担支付双倍工资的法律责任。

2. 冒用他人名字签订劳动合同的法律后果

由于建立劳动关系之初用人单位无法正确识别劳动者的真实身份,导致用人单位未与实际的劳动者签订劳动合同,会出现用人单位没有为实际劳动者缴纳社会保险的现象,一旦实际劳动者在工作过程中出现工伤情况时,会增加用人单位的经济负担。如果用人单位在合同履行过程中发现了虚假行为,可以视劳动者的工作能力及用人单位的需求作出不同处理。若该劳动者工作能力强、业绩突出、服从用人单位管理的,用人单位可以考虑与劳动者补签劳动合同,更正相关资料。否则应考虑依法解除与该劳动者的劳动关系。

(三)劳动合同的条款

《中华人民共和国劳动合同法》将劳动合同的内容分为必备条款和任意条款。其中必备条款包括:①用人单位的名称、住所和法定代表人或者主要负责人;②劳动者的姓名、住址和居民身份证或者其他有效身份证件号码;③劳动合同期限;④工作内容和工作地点;⑤工作时间和休息休假;⑥劳动报酬;⑦社会保险;⑧劳动保护、劳动条件和职业危害防护;⑨法律、法规规定应当纳入劳动合同的其他事项。任意条款包括试用期、培训、保守秘密、补充保险和福利待遇等其他事项。根据《中华人民共和国劳动合同法》的规定,用人单位提供的劳动合同文本未载明该法规定的劳动合同必备条款的,由劳动行政部门责令改正;给劳动者造成损害的,应当承担赔偿责任。

三、劳动合同的履行

劳动合同的履行,是指签订劳动合同的双方当事人在劳动合同依法成立后,按照劳动合同的规定全面履行自己的义务,并享有约定及法定权利的系列法律行为。劳动合同履行是一个长期、复杂、动态变化的过程。在劳动合同履行过程中,劳动合同双方当事人主客观情况发生变化,可能会导致原劳动合同无法继续履行,必须对原劳动合同进行变更、解除或终止。如何能依法变更、解除与终止劳动合同,是用人单位和劳动者都关注的重要问题。

(一)劳动合同的变更

劳动合同的变更是指劳动合同依法订立后,在合同尚未履行或者尚未履行完毕之前,经用人单位和劳动者双方协商一致,对劳动合同内容作部分修改、补充或者删减的法律行为。劳动合同的变更是在原合同的基础上对原劳动合同内容作部分修改、补充或者删减,不是签订新的劳动合同。原劳动合同未变更的部分仍然有效,变更后的内容取代了原合同的相关内容,新达成的变更协议条款与原合同中的其他条款内容具有同等法律效力,对双方当事人均具有约束力。

《中华人民共和国劳动合同法》第三十五条规定:"用人单位与劳动者协商一致,可以变更劳动合同约定的内容。变更劳动合同,应当采用书面形式。变更后的劳动合同文本由用人单位与劳动者各执一份。"实践中存在大量没有采用书面形式而口头变更的劳动合同,而且有的口头变更的劳动合同已经履行了很长时间。因此,如何解决实践中这种较为普遍的特殊问题成为司法机关亟待解决的问题。《最高人民法院关于审理劳动争议案件适用法律问题的解释(一)》第四十三条规定:"用人单位与劳动者协商一致变更劳动合同,虽未采用书面形式,但已经实际履行了口头变更的劳动合同超过一个月,变更后的劳动合同内容不违反法律、行政法规且不违背公序良俗,当事人以未采用书面形式为由主张劳动合同变更无效的,人民法院不予支持。"

我们认为,劳动合同的变更首先由双方先行协商,达成一致意见后才采取书面形式变更。协商一致是劳动合同变更的前提,采取书面形式变更只是形式,其他要件没有改变。

【示范文本】

变 更 劳 动 合 同

一、经甲乙双方协商同意,自____年____月____日起,对本合同作如下变更:
1._____;
2._____;
3._____。
二、除以上约定事项外,其他事项仍按照双方于____年____月____日签订的劳动合同中的约定继续履行。

甲方(盖章)   乙方(签字)
法定代表人(主要负责人)
或委托代理人(签字或盖章)

    年   月   日   年   月   日

(二)劳动合同的解除

劳动合同的解除,是指当事人双方提前终止劳动合同的法律效力,解除双方的权利义务关系。《中华人民共和国劳动法》《中华人民共和国劳动合同法》将劳动合同解除情形分为三类,分别为双方协商解除劳动合同、劳动者单方解除劳动合同和用人单位单方解除劳动合同。

1. 双方协商解除劳动合同

双方协商解除劳动合同,是指用人单位与劳动者协商一致,可以解除劳动合同[①]。双方协

---

① 《中华人民共和国劳动合同法》第三十六条。

商解除劳动合同没有规定实体、程序上的限定条件,只要双方达成一致,内容、形式、程序不违反法律、行政法规的强制性规定即可。

2. 劳动者单方解除劳动合同

劳动者单方解除劳动合同,是指具备法律规定的条件时,劳动者享有单方解除权,无须双方协商达成一致意见,也无须征得用人单位的同意。其具体又可以分为预告解除和即时解除。

预告解除,即劳动者履行预告程序后单方面解除劳动合同。预告解除包括以下两种情形:①劳动者提前三十日以书面形式通知用人单位,可以解除劳动合同;②劳动者在试用期内提前三日通知用人单位,可以解除劳动合同。即时解除,即《中华人民共和国劳动合同法》第三十八条规定的解除劳动合同的六种情形,分别为:①未按照劳动合同约定提供劳动保护或者劳动条件的;②未及时足额支付劳动报酬的;③未依法为劳动者缴纳社会保险费的;④用人单位的规章制度违反法律、法规的规定,损害劳动者权益的;⑤因《中华人民共和国劳动合同法》第二十六条第一款规定的情形致使劳动合同无效的;⑥法律、行政法规规定劳动者可以解除劳动合同的其他情形。需要注意的是,用人单位以暴力、威胁或者非法限制人身自由的手段强迫劳动者劳动的,或者用人单位违章指挥、强令冒险作业危及劳动者人身安全的,劳动者可以立即解除劳动合同,不需事先告知用人单位。

3. 用人单位单方解除劳动合同

具备法律规定的条件时,用人单位享有劳动合同单方解除权,无须双方协商达成一致意见。用人单位单方解除劳动合同主要包括过失性辞退、非过失性辞退、经济性裁员三种情形。

(1)过失性辞退。过失性辞退,是指在劳动者有过错性情形时,用人单位有权单方解除劳动合同。过错性解除劳动合同在程序上没有严格限制。用人单位无须支付劳动者解除劳动合同的经济补偿金。若规定了符合法律规定的违约金条款的,劳动者须支付违约金。

《中华人民共和国劳动合同法》第三十九条规定了用人单位解除劳动合同的六种情形,分别为:①在试用期间被证明不符合录用条件的;②严重违反用人单位的规章制度的;③严重失职,营私舞弊,给用人单位造成重大损害的;④劳动者同时与其他用人单位建立劳动关系,对完成工作任务造成严重影响,或者经用人单位提出,拒不改正的;⑤因劳动者以欺诈、胁迫的手段或者乘人之危,使对方在违背真实意思的情况下订立或者变更劳动合同致使劳动合同无效的;⑥被依法追究刑事责任的。

(2)非过失性辞退。非过失性辞退,是指劳动者本人无过错,但由于主客观原因致使劳动合同无法履行,用人单位在符合法律规定的情形下,履行法律规定的程序后有权单方解除劳动合同。非过错性解除劳动合同在程序上具有严格的限制,具体指用人单位应提前三十日以书面形式通知劳动者本人或者额外支付劳动者一个月工资后,才可以解除劳动合同;用人单位选择额外支付劳动者一个月工资解除劳动合同的,其额外支付的工资应当按照该劳动者上一个月的工资标准确定。

《中华人民共和国劳动合同法》第四十条规定了用人单位解除劳动合同的三种情形,分别为:①劳动者患病或非因工负伤,在规定的医疗期满后不能从事原工作,也不能从事用人单位另行安排的工作的;②劳动者不能胜任工作,经过培训或者调整工作岗位,仍不能胜任工作的;③劳动合同订立时所依据的客观情况发生重大变化,致使劳动合同无法履行,经用人单位与劳动者协商,未能就变更劳动合同内容达成协议的。

(3)经济性裁员。经济性裁员,是指用人单位为降低劳动成本,改善经营管理,因经济或技术等原因一次裁减二十人以上或者不足二十人但占企业职工总数百分之十以上的劳动者[①]。经济性裁员具有严格的条件和程序限制,用人单位裁员时必须遵守规定。

《中华人民共和国劳动合同法》第四十一条规定了用人单位可以裁减人员的四种情形,分别为:①依照企业破产法规定进行重整的;②生产经营发生严重困难的;③企业转产、重大技术革新或者经营方式调整,经变更劳动合同后,仍需裁减人员的;④其他因劳动合同订立时所依据的客观经济情况发生重大变化,致使劳动合同无法履行的。用人单位裁员时应优先留用以下人员:①与本单位订立较长期限的固定期限劳动合同的;②与本单位订立无固定期限劳动合同的;③家庭无其他就业人员,有需要扶养的老人或者未成年人的。用人单位依法裁减人员时,在六个月内重新招用人员的,应当通知被裁减的人员,并在同等条件下优先招用被裁减的人员。

《中华人民共和国劳动合同法》第四十二条规定了用人单位不得依据该法第四十条和第四十一条的规定单方解除劳动合同的六种情形,分别为:①从事接触职业病危害作业的劳动者未进行离岗前职业健康检查,或者疑似职业病病人在诊断或者医学观察期间的;②在本单位患职业病或者因工负伤并被确认丧失或者部分丧失劳动能力的;③患病或者非因工负伤,在规定的医疗期内的;④女职工在孕期、产期、哺乳期的;⑤在本单位连续工作满十五年,且距法定退休年龄不足五年的;⑥法律、行政法规规定的其他情形。

(三)劳动合同的终止

劳动合同的终止,是指劳动合同关系自然失效,双方不再履行。《中华人民共和国劳动法》第二十三条规定:"劳动合同期满或者当事人约定的劳动合同终止条件出现,劳动合同即行终止。"根据《中华人民共和国劳动合同法实施条例》第十三条的规定,"用人单位与劳动者不得在劳动合同法第四十四条规定的劳动合同终止情形之外约定其他的劳动合同终止条件",即用人单位和劳动者只能依据法定条件终止劳动合同,不得约定劳动合同终止的条件。

《中华人民共和国劳动合同法》第四十四条规定了劳动合同终止的六种情形,按照终止原因具体可分为三类:合同期限届满、劳动者的主体资格不具备和用人单位的主体资格不具备。

1. 合同期限届满

劳动合同分为固定期限劳动合同、无固定期限劳动合同和以完成一定工作任务为期限的劳动合同。对于固定期限劳动合同和以完成一定工作任务为期限的劳动合同,劳动合同期限届满,劳动合同终止。

2. 劳动者的主体资格不具备

根据《中华人民共和国社会保险法》第十六条第一款规定,参加基本养老保险的个人,达到法定退休年龄时累计缴费满十五年的,按月领取基本养老金。因此,劳动者开始依法享受基本养老保险待遇时由于不具备劳动者主体资格,劳动关系终止。根据《中华人民共和国劳动合同法实施条例》第二十一条规定,劳动者达到法定退休年龄的,劳动合同终止。我们认为,该条是对《中华人民共和国劳动合同法》规定的劳动合同终止条件的补充,应作为劳动合同终止的法定条件。此外,劳动者死亡,或者被人民法院宣告死亡或者宣告失踪,劳动者无法履行劳动权利义务,劳动关系自然终止。

---

① 《中华人民共和国劳动合同法》第四十一条。

3.用人单位的主体资格不具备

用人单位被人民法院依法宣告破产后,与劳动者之间的劳动合同终止。用人单位被吊销营业执照、责令关闭、撤销或者用人单位决定提前解散,由于用人单位主体资格已经消灭,无法履行劳动权利义务,劳动关系因此终止。

四、劳动薪资与福利

薪资福利作为劳动合同的必备条款之一,不仅是劳动关系中极其重要的因素,也是劳动争议案件中的重点内容。这里重点分析司法实践中引发矛盾比较多的加班工资、法定年休假、婚丧假和年终奖问题。

(一)加班工资

我国现行法律规定的工时制度分为三种,分别是标准工时制、不定时工作制及综合计算工时工作制。标准工时制是指劳动者每天工作8个小时,每周工作40个小时[1]。因工作性质或企业生产特点等原因,某些岗位无法实行标准工时制度的,可以实行不定时工作制和综合计算工时工作制。根据《中华人民共和国劳动法》第四十四条规定:"有下列情形之一的,用人单位应当按照下列标准支付高于劳动者正常工作时间工资的工资报酬:(一)安排劳动者延长工作时间的,支付不低于工资的百分之一百五十的工资报酬;(二)休息日安排劳动者工作又不能安排补休的,支付不低于工资的百分之二百的工资报酬;(三)法定休假日安排劳动者工作的,支付不低于工资的百分之三百的工资报酬。"目前,我国每年休息日为104天,每年计薪天数为261天,月计薪天数为21.75天。劳动者的日工资为:月工资/21.75天;小时工资为:月工资/(21.75天×8小时)。由此根据法律规定计算加点工资为:加点的时间×小时工资×150%。休息日加班工资为:加班天数×日工资×200%。法定节假日加班工资为:加班天数×日工资×300%。

司法实践中,劳动者要求用人单位支付加班费需同时满足以下条件:一是劳动者加班事实的存在;二是劳动者加点或加班是用人单位安排的;三是劳动者加点或加班时间总长可以确定。如果用人单位的规章制度对加点或加班有严格的程序规定,劳动者加班就应当按照用人单位的规章制度进行,如提交加班申请表并经相应部门领导审批。如果用人单位对加班没有其他规定,考勤表往往成为劳动者加班的重要证据之一。但是简单的考勤时间记录并不能证明劳动者在工作时间之外是处于工作状态的。

(二)法定年休假

法定年休假是法律赋予劳动者的一项权利,安排员工享受法定年休假是企业的义务。对于当年未休法定年休假的员工,企业应当按照法律的规定向其支付经济补偿。《职工带薪年休假条例》[2]和《企业职工带薪年休假实施办法》[3]规定的职工年休假天数如表1-2所示。

---

[1] 《国务院关于职工工作时间的规定》第三条规定:"职工每日工作8小时、每周工作40小时。"

[2] 《职工带薪年休假条例》第三条规定:"职工累计工作已满1年不满10年的,年休假5天;已满10年不满20年的,年休假10天;已满20年的,年休假15天。"

[3] 《企业职工带薪年休假实施办法》第五条规定:"职工新进用人单位且符合本办法第三条规定的,当年度年休假天数,按照在本单位剩余日历天数折算确定,折算后不足1整天的部分不享受年休假。前款规定的折算方法为:(当年度在本单位剩余日历天数÷365天)×职工本人全年应当享受的年休假天数。"

表 1-2 职工年休假天数

工作年限	是否享受年休假	享受年休假天数
连续工作年限 12 个月以下	否	0
累计工作 1 年以上、10 年以下	是	5 天
累计工作 10 年以上、20 年以下	是	10 天
累计工作 20 年以上	是	15 天

实践中,用人单位安排劳动者休法定年休假,且告知员工休法定年休假是其法定权利,在员工知悉情况下仍因本人原因放弃休假且书面提出不休假的情况下,用人单位仅需支付员工正常工资即可,不需支付未休年休假工资。除此之外,劳动者未休法定年休假的,应当按照劳动者日工资的 300% 支付其年休假工资。

(三)婚丧假

婚丧假是法律法规赋予劳动者在特殊情况下带薪休息的权利,用人单位应当保障劳动者享有婚丧假。劳动者应考虑用人单位生产经营的具体情况,在不损害单位运营发展的前提下,由双方协商决定休假时间。

婚假是劳动者本人结婚时,其依法享有的假期。根据《国家劳动总局、财政部关于国营企业职工请婚丧假和路程假问题的通知》规定,劳动者本人结婚时,用人单位应当根据具体情况,给予 1~3 天的婚假[①]。

再婚的人与初婚的人具有同等的法律地位,用人单位应当按照国家规定,给予再婚的劳动者和初婚的劳动者一样的婚假待遇。复婚属于再婚中的特殊情况,复婚的劳动者也依法享有休婚假的权利。

(四)年终奖

年终奖是工资的组成部分,属于劳动报酬。用人单位应当按照劳动合同和规章制度的规定向劳动者支付年终奖。除非劳动合同或单位规章制度明确规定离职的劳动者不享有年终奖,否则也应按照相应比例支付。现行法律法规并没有要求用人单位必须发放年终奖。是否发放年终奖,发放多少年终奖属于用人单位自主决定的范畴,但这种自主决定权受用人单位规章制度和劳动合同约定的限制,如果用人单位的规章制度或者劳动合同约定了年终奖,用人单位应当按照规定或者约定向劳动者发放年终奖。

如果用人单位合法制定的规章制度中没有特别规定或劳动合同没有特别约定"离职员工不得享受年终奖",那么无论劳动者是因合同期满而终止合同,还是由于符合法定条件和程序而提前辞职,离职劳动者应得到相应的年终奖。如果用人单位事先在规章制度或劳动合同中排除了离职劳动者享有年终奖的资格,就可以不向离职劳动者发放年终奖。

五、劳动奖惩与考核

劳动考核与奖惩作为用人单位劳动关系管理的重要环节之一,在实现用人单位依法管理、

---

① 《国家劳动总局、财政部关于国营企业职工请婚丧假和路程假问题的通知》规定:"职工本人结婚或职工的直系亲属(父母、配偶和子女)死亡时,可以根据具体情况,由本单位行政领导批准,酌情给予一至三天的婚丧假。"

避免纠纷方面发挥着重要作用。"奖""惩"两部分共同构成奖惩管理的基本内容。其中"奖"对于激发员工积极性、彰显用人单位文化具有重要作用。"惩"主要侧重于对员工违纪、违章、失职等事实的认定及内部处罚。作为奖惩依据的考核制度,其合理性也时常遭受质疑。

(一)规章制度

我国目前尚未制定专门针对用人单位规章制度的法律,相关规定散见于《中华人民共和国劳动法》《中华人民共和国劳动合同法》《中华人民共和国工会法》《中华人民共和国公司法》等法律中。其中,劳动部1997颁布的《关于对新开办用人单位实行劳动规章制度备案制度的通知》(已失效)明确规定,规章制度的内容主要包括:劳动合同管理、工资管理、社会保险福利待遇、工时休息、职工奖惩,以及其他劳动管理规定。

《中华人民共和国公司法》《中华人民共和国劳动法》《中华人民共和国劳动合同法》均规定了企业应当依法建立和完善规章制度。《最高人民法院关于审理劳动争议案件适用法律若干问题的解释(一)》第五十条第一款规定:"用人单位根据劳动合同法第四条规定,通过民主程序制定的规章制度,不违反国家法律、行政法规及政策规定,并已向劳动者公示的,可以作为确定双方权利义务的依据。"《中华人民共和国劳动合同法》规定,用人单位应当依法建立和完善劳动规章制度。在规章制度和重大事项决定实施过程中,工会或者职工认为不适当的,有权向用人单位提出,通过协商予以修改完善。用人单位的规章制度违反法律、法规的规定,损害劳动者权益的,劳动者可以解除劳动合同。用人单位直接涉及劳动者切身利益的规章制度违反法律、法规规定的,由劳动行政部门责令改正,给予警告;给劳动者造成损害的,应当承担赔偿责任。

为确保规章制度依法有效并充分发挥其管理效能,企业在制定规章制度时应遵循《中华人民共和国劳动合同法》关于规章制度制定的要求,并重点关注民主程序和公示两个环节。民主程序要求企业在制定或修改规章制度时,要与工会或职工代表开展充分的讨论和协商。企业必须将规章制度草案交与职工代表大会或全体职工讨论,广泛听取意见和建议;在充分收集意见的基础上,企业要与工会或者职工代表平等协商,确定相关内容。公示环节,实践中有很多公示方式,如会议宣传、发放员工手册、在公告栏或企业内部醒目位置张贴公告、发送电子邮件、在企业内部局域网登录、在企业微信或腾讯QQ等通信软件转发等,企业可以根据自身实际选择合适的公示方式。企业应尽量采用多种公示方式,确保将规章制度通知全体员工,同时要做好书面记录以及相关证据的保存工作,如会议纪要、员工签名等;通过发送电子邮件进行公示的,则需保存电子邮件发送记录,同时确认员工的联系邮箱真实、有效。

(二)绩效考核

除《中华人民共和国劳动法》[1]和《中华人民共和国劳动合同法》[2]规定了企业有权在员工不能胜任工作的情况下对其进行培训或调整工作岗位外,相关法律法规并未直接规定绩效考核。对于经常被提及的"末位淘汰",《最高人民法院关于印发〈全国民事审判工作会议纪要〉的

---

[1] 《中华人民共和国劳动法》第二十六条规定:"有下列情形之一的,用人单位可以解除劳动合同,但是应当提前三十日以书面形式通知劳动者本人:……(二)劳动者不能胜任工作,经过培训或者调整工作岗位,仍不能胜任工作的;……"

[2] 《中华人民共和国劳动合同法》第四十条规定:"有下列情形之一的,用人单位提前三十日以书面形式通知劳动者本人或者额外支付劳动者一个月工资后,可以解除劳动合同:……(二)劳动者不能胜任工作,经过培训或者调整工作岗位,仍然不能胜任工作的;……"

通知》(法办〔2011〕442号)中规定,通过"末位淘汰"或"竞争上岗"的方式解除劳动合同的做法违法①。我们认为,如果企业确实能够证明员工不能胜任工作,且经培训或者调整工作岗位仍不能胜任工作,即使企业使用"末位淘汰"制度解除劳动合同,也不能简单认定为违法。

绩效考核的实务操作难点在于没有标准。绩效考核作为企业人力资源管理的重要工具,在实践操作中由于企业形态、战略目标、管理文化、外部竞争等多方面的因素而形成纷繁多样的考核内容和考核形式。司法实践中很难找到客观的标准来判定企业的绩效考核做法是否合法或者合理。我们目前总结绩效考核的要点包括考核目标的合理性、目标任务的合意性和考核方法的公正性。从考核目标的合理性来讲,不能胜任是指劳动者的表现不能达到工作的要求,表现为劳动者"力所不能及"。在《关于〈中华人民共和国劳动法〉若干条文的说明》中,"不能胜任工作"是指不能按要求完成劳动合同中约定的任务或者同工种、同岗位人员的工作量。用人单位不得故意提高定额标准,使劳动者无法完成。从目标任务的合意性来讲,用人单位与劳动者双方应对考核目标任务有清晰的约定或者实际履行的合意。在工作中所谓合意,是一种相对的具有劳动关系依附性的合意,并不同于平等性主体间的合意。因此,在合意的前提下,目标任务的合理性还是一个非常重要的衡量因素。从考核方法的公正性来讲,主要考核目标任务合理,通常达成合意并不是很难的事情,用人单位和劳动者双方对未来都应有期待。

六、劳动保护与社会保险

劳动保护具体到劳动法领域,几乎可以涵盖劳动关系的方方面面,包括《工伤保险条例》《中华人民共和国职业病防治法》《女职工劳动保护特别规定》等一系列法律法规。劳动保护争议案件主要发生在劳动者工伤后、职业病期间或者女职工"三期"期间。社会保险是用人单位和劳动者必须履行的法定义务,包含基本养老保险、医疗保险、工伤保险、失业保险和生育保险。完善社会保险制度有助于进一步保障劳动者合法权益,为劳动保护创造良好的条件。

(一)工伤

工伤也称"职业伤害",是指企业职工在生产岗位上,从事与生产劳动相关的工作,或者由于劳动条件、作业环境等原因引起的人身伤害事故或职业病。工伤通常包括意外事故工伤和职业病两大类。其中,意外事故工伤是工伤的主要形式。我国工伤的概念中包括伤、残、亡三种情况。"伤"是指劳动者在生产过程中因工伤事故或职业病,致使身体器官或生理功能受到损伤而引起暂时性部分丧失劳动能力;"残"是指劳动者在遭遇工伤事故或职业病之后,虽经治疗休养仍不能完全恢复,以致身体或智力机能部分丧失劳动力;"亡"是指因工伤事故或职业病导致劳动者死亡②。

工伤认定主要是指以国家法律、法规、政策为依据,确定员工受伤是否由于工作原因造成的一种事实认定。我国有关工伤认定的主要依据是《工伤保险条例》。《工伤保险条例》第十四条规定:"职工有下列情形之一的,应当认定为工伤:(一)在工作时间和工作场所内,因工作原因受到事故伤害的;(二)工作时间前后在工作场所内,从事与工作有关的预备性或者收尾性工

---

① 《最高人民法院关于印发〈全国民事审判工作会议纪要〉的通知》第五十八条规定:"用人单位在劳动合同期内通过'末位淘汰'或者'竞争上岗'等形式单方解除劳动合同,劳动者以用人单位违法解除劳动合同为由,请求用人单位继续履行劳动合同或者支付赔偿金的,应予支持。"

② 陆胤.劳动争议律师实务[M].北京:法律出版社,2016:139.

作受到事故伤害的;(三)在工作时间和工作场所内,因履行工作职责受到暴力等意外伤害的;(四)患职业病的;(五)因工外出期间,由于工作原因受到伤害或者发生事故下落不明的;(六)在上下班途中,受到非本人主要责任的交通事故或者城市轨道交通、客运轮渡、火车事故伤害的;(七)法律、行政法规规定应当认定为工伤的其他情形。"《工伤保险条例》第十五条规定:"职工有下列情形之一的,视同工伤:(一)在工作时间和工作岗位,突发疾病死亡或者在48小时之内经抢救无效死亡的;(二)在抢险救灾等维护国家利益、公共利益活动中受到伤害的;(三)职工原在军队服役,因战、因公负伤致残,已取得革命伤残军人证,到用人单位后旧伤复发的。职工有前款第(一)项、第(二)项情形的,按照本条例的有关规定享受工伤保险待遇;职工有前款第(三)项情形的,按照本条例的有关规定享受除一次性伤残补助金以外的工伤保险待遇。"《工伤保险条例》第十六条规定:"职工符合本条例第十四条、第十五条的规定,但是有下列情形之一的,不得认定为工伤或者视同工伤:(一)故意犯罪的;(二)醉酒或者吸毒的;(三)自残或者自杀的。"

工伤待遇涉及的项目繁多,结合《工伤保险条例》相关规定,职工因工致残被鉴定为一级至十级伤残的,由工伤保险基金支付一次性伤残补助金,标准如表1-3所示。

表1-3 支付一次性伤残补助金标准

伤残等级	支付标准
一级伤残	本人工资×27个月
二级伤残	本人工资×25个月
三级伤残	本人工资×23个月
四级伤残	本人工资×21个月
五级伤残	本人工资×18个月
六级伤残	本人工资×16个月
七级伤残	本人工资×13个月
八级伤残	本人工资×11个月
九级伤残	本人工资×9个月
十级伤残	本人工资×7个月

依据《工伤保险条例》第三十五条、第三十六条规定,职工因工致残被鉴定为一级至六级伤残的,按月支付伤残津贴,标准如表1-4所示。

表1-4 按月支付伤残津贴标准

伤残等级	支付标准	费用承担
一级伤残	本人工资×90%	工伤保险基金
二级伤残	本人工资×85%	工伤保险基金
三级伤残	本人工资×80%	工伤保险基金
四级伤残	本人工资×75%	工伤保险基金
五级伤残	本人工资×70%	用人单位
六级伤残	本人工资×60%	用人单位

一次性工伤医疗补助金由工伤保险基金支付,一次性伤残就业补助金由用人单位支付。

(二)职业病

职业病是指企业、事业单位和个体经济组织等用人单位的劳动者在职业活动中,因接触粉尘、放射性物质和其他有毒、有害因素而引起的疾病[①]。1988年,卫生部、劳动人事部、财政部、中华全国总工会联合颁布的《职业病范围和职业病患者处理办法的规定》首次对职业病的概念作出了界定:"职业病系指劳动者在生产劳动及其他职业活动中,接触职业性有害因素引起的疾病。"《中华人民共和国职业病防治法》系统地规定了职业病防治和职业病待遇,明确了企业应承担部分职业病待遇的给付责任。《工伤保险条例》在此基础上进一步完善了职业病待遇的相关规定,成为职业病待遇现行的主要法律依据。

《中华人民共和国职业病防治法》对职业病诊断的具体方式方法以及诊断过程中一些必备材料的提供予以明确。其中第四十六条第一款和第二款规定:"职业病诊断,应当综合分析下列因素:(一)病人的职业史;(二)职业病危害接触史和工作场所职业病危害因素情况;(三)临床表现以及辅助检查结果等。没有证据否定职业病危害因素与病人临床表现之间的必然联系的,应当诊断为职业病。"该条规定不仅明确了诊断职业病应当考虑到劳动者的过往职业经历,同时对职业病的认定采取放松的态度。立法对工伤待遇进行了详细规定,而职业病作为工伤的一种,除了按照国家规定可以享受工伤待遇外,劳动者还可以享受如表1-5所示的职业病待遇。

表1-5 劳动者享受的职业病待遇

类别	具体内容
有害作业期间	①安排从事有害作业的劳动者进行定期检查、上岗检查和离岗检查; ②给予适当的岗位津贴; ③按规定接受职业性健康检查所占用的生产、工作时间,应按正常出勤处理; ④所在单位为其建立职业健康监护档案
确定职业病期间	①安排职业病病人进行治疗、康复和定期检查; ②劳动者被确认患有职业病后,其所在单位应根据职业病诊断机构的意见,安排其治疗或疗养; ③职业病病人除依法享有工伤保险外,依照有关民事法律,尚有获得赔偿的权利的,有权向用人单位提出赔偿要求; ④劳动者解除或终止劳动合同后发现患有职业病的,相关诊疗费用由造成职业病的单位负责
变动工作期间	①职业病待遇应由原单位负责或由原单位和新单位协商处理,双方商妥后方可办理调转手续,并将其职业健康监护档案、职业病诊断证明及职业病处理情况等材料全部移交新单位; ②职工到新单位后,新发现的职业病不论与现工作有无关系,其职业病待遇由新单位负责; ③劳动合同终止或解除后,在待业期间新发现的职业病与上一个劳动合同期工作有关时,其职业病待遇由原终止或解除劳动合同的单位负责

---

① 参见《中华人民共和国职业病防治法》第二条第二款。

实务操作中,常见的争议点和难点在于如何确定员工患病与职业危害之间的关系。一方面,这是员工主张职业病待遇的前提;另一方面,企业需要承担排除职业病危害因素的举证责任。为避免员工带"病"入职和带"病"工作,企业可以采取以下措施减少职业病争议风险:一是招聘时充分了解员工的病史、工伤史和职业经历。根据《中华人民共和国劳动合同法》的规定,企业在招用劳动者时,有权了解其与劳动合同直接相关的基本情况,包括家庭情况(是否有遗传病史)、工作经历、身体状况(是否有工伤史、是否有职业禁忌)等,劳动者应当如实说明。二是入职和转岗前,按规定对员工进行上岗前的健康检查。如果企业的工作环境存在职业健康因素,或者属于对身体状况有特殊要求的岗位,仅进行常规入职体检是不够的,而应该根据具体的岗位要求,有针对性地检查特定项目,以确定员工是否在之前的用人单位已患有职业病或存在职业禁忌。三是入职后建立员工职业健康监护档案,记录员工历次职业健康检查情况及处理情况、职业史、既往病史和职业病危害接触史等。

(三)女职工保护

女性劳动者因其自身生理上的特殊性,以及社会分工的特殊性,承担着生育和哺育下一代的责任,在劳动关系履行中会遇到一些特殊的困难,因此各国劳动立法都给予女性劳动者以特殊的福利待遇和保护措施,主要包括给予女职工的特殊假期和女职工在"三期"内的特殊保护。

我国法律对女职工在"三期"内给予特别规定。所谓"三期"是指女职工的孕期、产期、哺乳期。孕期,是指女职工怀孕期间。产期,是指女职工生子期间。哺乳期,是指女职工子女出生后到一周岁之间的期间。女职工特殊假期涉及的种类较多,且各个地区之间由于经济发展状况的不同,标准上存在一定的差异,这里以陕西地区为例,通过列表的方式进行简单的介绍(见表1-6)。

表1-6 女职工特殊假期

假期种类	享受条件	期限	工资待遇	法律依据
产前假	正常生育	15天	原工资待遇	《女职工劳动保护特别规定》
产假	正常生育	98天	原工资待遇	《女职工劳动保护特别规定》
	难产	增加15天		《女职工劳动保护特别规定》
	生育多胞胎	每多生育一个婴儿增加15天		《女职工劳动保护特别规定》
	陕西合法生育子女	增加60天		《陕西省人口与计划生育条例》
	女职工参加孕前检查	增加10天		《陕西省人口与计划生育条例》

续表

假期种类	享受条件	期限	工资待遇	法律依据
护理假	陕西合法生育子女	15 天	原工资待遇	《陕西省人口与计划生育条例》
	夫妻异地居住	20 天		《陕西省人口与计划生育条例》
流产假	怀孕未满 4 个月流产的	15 天	原工资待遇	《女职工劳动保护特别规定》
	怀孕满 4 个月流产的	42 天		
哺乳时间	婴儿未满一周岁	1 小时/天	原工资待遇	《女职工劳动保护特别规定》
	生育多胞胎	每多哺乳一个婴儿增加 1 小时/天		
哺乳假	经与单位协商	3 个月到 6 个月	比照生育津贴标准发给津贴	《陕西省人口与计划生育条例》

根据《中华人民共和国劳动合同法》第四十五条的规定，劳动合同期满，女职工在孕期、产期、哺乳期的，劳动合同应当续延至相应的情形消失时终止。因此，一般情形下，女职工劳动合同在"三期"内到期，用人单位不能终止劳动合同。《关于贯彻执行〈中华人民共和国劳动法〉若干问题的意见》第三十四条规定："除劳动法第二十五条规定的情形外，劳动者在医疗期、孕期、产期和哺乳期内，劳动合同期限届满时，用人单位不得终止劳动合同。劳动合同的期限应自动延续至医疗期、孕期、产期和哺乳期期满为止。"

七、劳动特殊用工

劳动特殊用工是与固定用工模式相对应的特殊用工模式，目前主要包括非全日制用工和劳务派遣。非全日制用工较全日制用工在劳动合同签订、社会保险缴纳、工资支付等方面有较大差异；劳务派遣应当符合"三性"的要求，并且应实行"同工同酬"。这里主要就非全日制用工以及劳务派遣中的特殊问题进行介绍。

（一）非全日制用工

《中华人民共和国劳动合同法》第六十八条规定："非全日制用工，是指以小时计酬为主，劳动者在同一用人单位一般平均每日工作时间不超过四小时，每周工作时间累计不超过二十四小时的用工形式。"通过分析该条内容可以知道，非全日制用工是一种特殊劳动关系，其与全日制用工的主要区别如表 1-7 所示。

表 1-7 非全日制用工与全日制用工的主要区别

区别要素	非全日制	全日制
工作时间	平均每日工作时间不超过 4 小时,每周工作时间累计不超过 24 小时	每日工作不超过 8 小时,每周工作超过 40 小时
订立劳动合同的形式	用人单位既可以订立书面劳动合同,也可以订立口头劳动合同	用人单位应当与劳动者订立书面劳动合同
终止用工的后果	在女职工"三期"、医疗期外,用人单位可以随时终止用工,且无须支付经济补偿金	除一些特殊情况外,用人单位须向劳动者支付经济补偿金
工资支付方式	以小时计酬为主,结算支付周期最长不超过 15 日	应当按月以货币形式按时向劳动者支付工资
社会保险缴纳	应当缴纳工伤保险,其他社会保险费用人单位不是必须为劳动者缴纳	必须为劳动者缴纳各项社会保险费用
试用期规定	不得约定试用期	可以约定试用期

实践中经常会遇到非全日制用工的加班问题,目前我国相关法律并没有对非全日制用工的加班问题作出规定。那么非全日制用工下劳动者每周工作时间超过了 24 小时或者在节假日加班,是否可以认为是加班而应支付加班费?从非全日制用工工作时间上限分析可知,每周累计超过 24 小时有可能被认定为全日制用工关系,进而会要求用工单位承担相应的责任和义务,该责任将包括加班费、未签订书面劳动合同二倍工资以及未缴纳社会保险的责任等。

(二)劳务派遣

劳务派遣是指由派遣单位与用工单位签订劳务派遣协议,由派遣单位与劳动者签订劳动合同,在劳动者同意的情况下,派遣该劳动者至用工单位工作,受用工单位管理并提供劳务。劳务派遣是用工单位间接雇佣劳动的一种形式。劳务派遣法律关系是在劳务派遣单位、用工单位和被派遣劳动者三方之间形成的法律关系(见图 1-1)。这种法律关系在逻辑上可以划分为三角法律关系,即劳务派遣单位与用工单位之间的法律关系、劳务派遣单位与被派遣劳动者之间的法律关系、用工单位与被派遣劳动者之间的法律关系。

图 1-1 劳务派遣法律关系

劳务派遣作为一种特殊的用工方式,只能在特定岗位上使用,而不能成为企业用工的常态。《中华人民共和国劳动合同法》第六十六条第一款规定:"劳动合同用工是我国的企业基本用工形式。劳务派遣用工是补充形式,只能在临时性、辅助性或者替代性的工作岗位上实施。"通过法律形式明确了劳务派遣只能在"三性"岗位上使用:①临时性工作岗位是指存续时间不超过六个月的岗位;②辅助性工作岗位是指为主营业务岗位提供服务的非主营业务岗位;③替代性工作岗位是指用工单位的劳动者因脱产学习、休假等原因无法工作的一定期间内,可以由其他劳动者替代工作的岗位。

八、劳动争议解决

劳动争议,是指劳动关系的当事人之间因执行劳动法律、法规和履行劳动合同而发生的纠纷,即劳动者与所在单位之间因劳动关系中的权利义务而发生的纠纷。

(一)劳动争议的解决方式

劳动者与用人单位发生劳动争议时可通过多种途径解决,一般包括协商、调解、劳动仲裁、诉讼四种解决方式。《中华人民共和国劳动争议调解仲裁法》第四条规定:"发生劳动争议,劳动者可以与用人单位协商,也可以请工会或者第三方共同与用人单位协商,达成和解协议。"《中华人民共和国劳动争议调解仲裁法》第五条规定:"发生劳动争议,当事人不愿协商、协商不成或者达成和解协议后不履行的,可以向调解组织申请调解;不愿调解、调解不成或者达成调解协议后不履行的,可以向劳动争议仲裁委员会申请仲裁;对仲裁裁决不服的,除本法另有规定的外,可以向人民法院提起诉讼。"

(二)劳动争议仲裁管辖

劳动争议仲裁是一种准司法制度,其对劳动争议的处理结果具有法律效力。劳动争议仲裁是劳动争议处理的必经程序,俗称"仲裁前置"。当事人如果对仲裁裁决不服,除法律规定仲裁裁决为终局裁决的情况下,必须自收到仲裁裁决书之日起十五日内向人民法院提出诉讼,逾期不提起诉讼的,仲裁裁决发生法律效力。

劳动争议仲裁委员会是处理劳动争议案件的仲裁机构。劳动争议仲裁委员会不按行政区划设立,各劳动争议仲裁委员会之间只是管辖范围上的不同,没有级别上的隶属关系,也不存在上级仲裁委员会可以变更或者撤销下级仲裁委员会作出的仲裁裁决的问题。劳动争议仲裁委员会负责管辖本区域内发生的劳动争议。根据《中华人民共和国劳动争议调解仲裁法》第二十一条规定,劳动争议由劳动合同履行地或者用人单位所在地的劳动争议仲裁委员会管辖。该规定也明确了我国劳动争议仲裁实行的是特殊地域管辖,确立了"劳动合同履行地"优先管辖权。劳动争议发生后劳动者向劳动合同履行地提起劳动仲裁,而用人单位依据劳动合同约定提出管辖权异议,当双方就劳动争议的管辖机构发生争议,应当适用"劳动合同履行地"优先原则,允许劳动者向劳动合同履行地提起仲裁。

《中华人民共和国劳动争议调解仲裁法》第二条规定:"中华人民共和国境内的用人单位与劳动者发生的下列劳动争议,适用本法:(一)因确认劳动关系发生的争议;(二)因订立、履行、变更、解除和终止劳动合同发生的争议;(三)因除名、辞退和辞职、离职发生的争议;(四)因工作时间、休息休假、社会保险、福利、培训以及劳动保护发生的争议;(五)因劳动报酬、工伤医疗费、经济补偿或者赔偿金等发生的争议;(六)法律、法规规定的其他劳动争议。"

(三)劳动争议诉讼管辖

劳动争议的诉讼,是指劳动争议当事人不服劳动争议仲裁委员会的裁决,在规定的期限内向人民法院起诉,人民法院依法受理后,依法对劳动争议案件进行审理的活动。劳动者或用人单位不服劳动争议仲裁委员会作出的仲裁裁决,向人民法院提起诉讼时,用人单位所在地和劳动合同履行地基层人民法院都有管辖权。劳动者或用人单位分别向不同的法院提起诉讼,此时两个法院都受理了案件,后受理的人民法院应当将案件移送给先受理的人民法院。

劳动争议仲裁时效,是指当事人因劳动争议纠纷要求保护其合法权利,必须在法定的期限内向劳动争议仲裁委员会提出仲裁申请,否则,法律规定消灭其申请仲裁权利的一种时效制度。劳动仲裁时效与民事诉讼法领域的民事诉讼时效制度性质相同,均是当事人行使请求权的权利期间,超过此期间当事人将丧失胜诉权。《中华人民共和国劳动争议调解仲裁法》第二十七条规定:"劳动争议申请仲裁的时效期间为一年。仲裁时效期间从当事人知道或者应当知道其权利被侵害之日起计算。前款规定的仲裁时效,因当事人一方向对方当事人主张权利,或者向有关部门请求权利救济,或者对方当事人同意履行义务而中断。从中断时起,仲裁时效期间重新计算。因不可抗力或者有其他正当理由,当事人不能在本条第一款规定的仲裁时效期间申请仲裁的,仲裁时效中止。从中止时效的原因消除之日起,仲裁时效期间继续计算。劳动关系存续期间因拖欠劳动报酬发生争议的,劳动者申请仲裁不受本条第一款规定的仲裁时效期间的限制;但是,劳动关系终止的,应当自劳动关系终止之日起一年内提出。"但在司法实践中,对于未签订书面劳动合同二倍工资如何适用仲裁时效以及仲裁时效起算时间仍然有不同的认识。

第三节 法律责任

一、劳动合同订立方面的法律责任

(1)用人单位非法招用未满十六周岁的未成年人的,由劳动行政部门责令改正,处以罚款;情节严重的,由市场监督管理部门吊销营业执照。

(2)对不具备合法经营资格的用人单位的违法犯罪行为,依法追究法律责任;劳动者已经付出劳动的,该单位或者其出资人应当依照《中华人民共和国劳动合同法》有关规定向劳动者支付劳动报酬、经济补偿、赔偿金;给劳动者造成损害的,应当承担赔偿责任。

(3)由于用人单位的原因订立的无效合同,对劳动者造成损害的,应当承担赔偿责任。

(4)用人单位违反《中华人民共和国劳动法》规定的条件解除劳动合同或者故意拖延不订立劳动合同的,由劳动行政部门责令改正;对劳动者造成损害的,应当承担赔偿责任。

(5)用人单位直接涉及劳动者切身利益的规章制度违反法律、法规规定的,由劳动行政部门责令改正,给予警告;给劳动者造成损害的,应当承担赔偿责任。

(6)用人单位提供的劳动合同文本未载明《中华人民共和国劳动合同法》规定的劳动合同必备条款或者用人单位未将劳动合同文本交付劳动者的,由劳动行政部门责令改正;给劳动者造成损害的,应当承担赔偿责任。

(7)用人单位自用工之日起超过一个月不满一年未与劳动者订立书面劳动合同的,应当向劳动者每月支付二倍的工资。用人单位违反《中华人民共和国劳动合同法》规定不与劳动者订立无固定期限劳动合同的,自应当订立无固定期限劳动合同之日起向劳动者每月支付二倍的工资。

(8)用人单位违反《中华人民共和国劳动合同法》规定与劳动者约定试用期的,由劳动行政部门责令改正;违法约定的试用期已经履行的,由用人单位以劳动者试用期满月工资为标准,按已经履行的超过法定试用期的期间向劳动者支付赔偿金。

(9)劳动合同依照《中华人民共和国劳动合同法》第二十六条规定被确认无效,给对方造成损害的,有过错的一方应当承担赔偿责任。

二、劳动合同履行方面的法律责任

(1)劳动者违反《中华人民共和国劳动合同法》规定解除劳动合同,或者违反劳动合同中约定的保密义务或者竞业限制,给用人单位造成损失的,应当承担赔偿责任。

(2)用人单位强令劳动者违章冒险作业,发生重大伤亡事故,造成严重后果的,对责任人员依法追究刑事责任。

(3)用人单位违反《中华人民共和国劳动合同法》规定解除或者终止劳动合同的,应当依照该法第四十七条规定的经济补偿标准的二倍向劳动者支付赔偿金。

(4)用人单位违反《中华人民共和国劳动合同法》规定未向劳动者出具解除或者终止劳动合同的书面证明,由劳动行政部门责令改正;给劳动者造成损害的,应当承担赔偿责任。

(5)个人承包经营违反《中华人民共和国劳动合同法》规定招用劳动者,给劳动者造成损害的,发包的组织与个人承包经营者承担连带赔偿责任。

(6)用人单位违反《中华人民共和国劳动合同法》规定,扣押劳动者居民身份证等证件的,由劳动行政部门责令限期退还劳动者本人,并依照有关法律规定给予处罚。用人单位违反《中华人民共和国劳动合同法》规定,以担保或者其他名义向劳动者收取财物的,由劳动行政部门责令限期退还劳动者本人,并以每人五百元以上二千元以下的标准处以罚款;给劳动者造成损害的,应当承担赔偿责任。劳动者依法解除或者终止劳动合同,用人单位扣押劳动者档案或者其他物品的,依照上述规定处罚。

三、劳动薪资与福利方面的法律责任

(1)用人单位有下列侵害劳动者合法权益情形之一的,由劳动行政部门责令支付劳动者的工资报酬、经济补偿,并可以责令支付赔偿金:①克扣或者无故拖欠劳动者工资的;②拒不支付劳动者延长工作时间工资报酬的;③低于当地最低工资标准支付劳动者工资的;④解除劳动合同后,未依照《中华人民共和国劳动法》规定给予劳动者经济补偿的。

(2)用人单位违反《中华人民共和国劳动法》对女职工和未成年工的保护规定,侵害其合法权益的,由劳动行政部门责令改正,处以罚款;对女职工或者未成年工造成损害的,应当承担赔偿责任。

四、劳动保护与社会保险方面的法律责任

(1)用人单位有下列情形之一的,依法给予行政处罚;构成犯罪的,依法追究刑事责任;给劳动者造成损害的,应当承担赔偿责任:①以暴力、威胁或者非法限制人身自由的手段强迫劳动的;②违章指挥或者强令冒险作业危及劳动者人身安全的;③侮辱、体罚、殴打、非法搜查或

者拘禁劳动者的;④劳动条件恶劣、环境污染严重,给劳动者身心健康造成严重损害的。

(2)用人单位违反《中华人民共和国劳动法》规定,延长劳动者工作时间的,由劳动行政部门给予警告,责令改正,并可以处以罚款。

(3)用人单位无故不缴纳社会保险费的,由劳动行政部门责令其限期缴纳;逾期不缴的,可以加收滞纳金。

五、劳动特殊用工方面的法律责任

违反《中华人民共和国劳动合同法》规定,未经许可,擅自经营劳务派遣业务的,由劳动行政部门责令停止违法行为,没收违法所得,并处违法所得一倍以上五倍以下的罚款;没有违法所得的,可以处五万元以下的罚款。

劳务派遣单位、用工单位违反《中华人民共和国劳动合同法》有关劳务派遣规定的,由劳动行政部门责令限期改正;逾期不改正的,以每人五千元以上一万元以下的标准处以罚款,对劳务派遣单位,吊销其劳务派遣业务经营许可证。用工单位给被派遣劳动者造成损害的,劳务派遣单位与用工单位承担连带赔偿责任。

思考题

劳动者如何维护自身合法权益?

第二章　物权相关法律制度

第一节　物权概述

一、物权

物包括不动产和动产。不动产与动产的划分主要以能否移动位置及移动位置是否导致物的使用价值丧失或造成严重损失为标准。不动产包括土地、矿藏、水流、海域、房屋、林木等。动产是指不动产以外的物,如汽车、船舶、飞行器、桌椅、书籍等。

物权是指物权人依法对特定的物享有直接支配和排他的权利,包括所有权、用益物权和担保物权。所有权,包括国家所有权、集体所有权和私人所有权。用益物权包括土地承包经营权、建设用地使用权、宅基地使用权、居住权、地役权、海域使用权、探矿权、采矿权、取水权、养殖权和捕捞权。担保物权包括抵押权、质权和留置权。

(一)物权的性质

1. 物权是权利人直接支配标的物的权利

物权的本质在于,法律将特定物归属于某权利主体,由其直接支配,享受其利益,并排除他人对此支配领域的侵害或干预。直接,指权利人对标的物的支配、占有,无须他人行为的介入就可以实现。支配,指权利人依自己的意思对标的物加以使用、处分。因此,直接支配是指物权人可以按照自己的意思享受物的利益,无须他人的介入。物权的直接支配性是物权的本质。

法律将物归属于某人支配,在于使其享受物的利益。物的利益包括使用价值和交换价值。所有权的效力及于物的全部利益,包括占用、使用、收益和处分。所有权人不需要依赖他人的行为就能享受这些利益。用益物权的效力及于物的使用价值,用益物权人可以不经他人的同意使用物并获得收益。担保物权效力及于物的交换价值,债务人不履行其债务时,债权人可依法将担保物变价,就该价金满足其债权。

2. 物权是排他性的权利

同一标的物上存在着某一物权时,便不允许内容互不相容的物权与其并存。同一不动产上如果有两个以上抵押权,它们的顺序不同。但是债权却可以在同一标的物上成立多个。由于物权的排他性对第三人影响很大,为保护善意第三人,物权的存在以及变动必须具有众人知晓的外部特征,即公示。动产物权的公示方法为占有,动产物权变动的公示方法为交付,不动产物权及其变动的公示方法为登记。

3. 物权的客体原则上限定于特定物、独立物

物权的客体是特定的,通常表现为特定物,包括动产和不动产。物权的客体必须是已经存在的特定物。所以尚未生产的物,如正在酿造中的酒,不能成为物权的客体。物权的客体必须是独立物,是指不依附于他物而可以独立存在的物。

4. 物权人是特定的,义务人不特定

物权权利人是特定的、明确的。物权为直接支配权,不需要他人以积极行为予以协助。物权人之外所有人均为义务人,他们都是不特定的人,负有一种不作为义务:不得妨害物权人对标的物享有的权利;如果实施了妨害,物权人可依物权请求权等加以救济,恢复对标的物的物权。

(二)物权的种类

1. 所有权与定限物权

这是以对标的物的支配范围为标准所作的划分。所有权,指在法律限制的范围内对所有物为全面支配的物权,也称为完全物权。对物的全面支配表现为:一是实物的利用形态,指所有人对自己的物加以利用,或通过设定定益物权或债权法上的租赁权、借用权等将所有物供他人利用而自己收取对价;二是价值的利用形态,指所有人将所有物作为债权的担保而获取融资或将所有物变卖而自己收取对价。定限物权,也称为限制物权或他物权,则仅为特定目的,对标的物为一定支配的物权。定限,一是指其效力仅仅及于标的物的部分价值,另一方面是指因分享所有权中的部分权能而形成的物权。这类物权,除了所有人抵押权等特殊情况外,通常都成立在他人财产上,于是也称为他物权。定限物权可分为用益物权和担保物权。

2. 动产物权、不动产物权和权利物权

这种分类的划分标准是标的物的种类,标的物为动产的物权为动产物权,标的物为不动产的物权为不动产物权,标的物为权利的物权为权利物权。动产所有权、动产质权、动产抵押权和留置权属于动产物权。不动产物权包括不动产所有权、土地承包经营权、建设用地使用权等。权利物权包括权利抵押权、权利质权。

3. 用益物权与担保物权

用益物权,是指以物的利用价值为内容的物权,着重于对他人之物的物权方式的使用和收益,如土地承包经营权、建设用地使用权、宅基地使用权、居住权、地役权、自然资源使用权等。担保物权,是指以支配标的物的交换价值为内容的物权,即通过支配他人之物的交换价值而授予他人以信用或融资,如抵押权、留置权、质权。

(三)物权的变动

物权的变动是指物权设立、变更、转让和消灭的总称。

物权的设立,是指物权因一定的法律事实从无到有,与特定主体相结合的现象。物权的设立即物权的取得,包括原始取得和继受取得。物权的原始取得,是非依他人既存权利而取得的物权。通常,基于事实行为而取得的物权,即属于物权的原始取得。依事实行为而取得物权,主要指依无主物先占、添附、埋藏物发现、遗弃物拾得等取得物权。物权的继受取得,是指基于他人既存的权利而取得的物权。通常,基于法律行为而取得的物权,大都属于继受取得,如因购买、继承或接受赠与而取得的物权。

物权的变更是指物权客体和内容的变更。客体变更是指标的物在量上有所增减。内容变更是指物权的内容发生变化，如土地承包经营期限延长、抵押权位序的改变等。

物权的转让是指基于他人既存的权利而取得的物权，如基于继承、买卖、赠与而受让标的物的所有权。

物权的消灭是指物权与其主体相分离的现象。物权的消灭既包括因物的灭失而使物权灭失的情形，也包括物本身仍然存在但物权因放弃等原因而不再属于原物权人的情形。

(四) 物权的效力

物权的效力是指为实现物权的内容，法律上赋予权利人的权能。它反映了法律保障物权人能够对标的物进行支配并排除他人干涉的范围与程度，基本内容为如何实现物权。

1. 排他效力

物权属于排他性权利，同一物上不得同时存在两个以上所有权，即同一物上只能存在一项所有权。第三人因善意取得或取得时效而取得某物的所有权时，该物上原先存在的所有权消灭，物的原所有人不能再基于其所有权请求返还原物。同一物上不得同时存在内容相互冲突的两项他物权，主要是指用益物权。

2. 优先效力

物权的优先效力意味着物权具有优先于债权的效力。特定物为某一债权的标的物，如该物上成立了物权，则该物权优先于债权。即同一物上存在物权与以该物为给付标的的债权时，物权优先。在同一物上并存多项物权时，设立在先的物权优先于设立在后的物权。设立时间相同的，两个物权地位平等。

物权优先效力的例外情形有买卖不破租赁。在不动产租赁中，先设定的租赁权优先于在后的所有权或抵押权。

二、物权相关法律制度的基本原则

(一) 平等保护原则

平等保护各类物权意味着，我国法律对于物权，无论是国家的、集体的，还是私人的，都给予平等的保护。《中华人民共和国民法典》物权编调整的是平等民事主体之间因物的归属和利用而发生的民事关系，国家、集体、私人和其他权利人都是平等的民事主体，他们的物权是平等的，法律给予其物权的保护是平等的。

(二) 物权法定原则

物权法定原则，是指物权的种类和内容应由法律规定，当事人不得任意创设与法律规定不同的物权或改变既有物权的内容。例如《中华人民共和国民法典》规定的用益物权包括土地承包经营权、建设用地使用权、宅基地使用权、居住权、地役权、海域使用权、探矿权、采矿权、取水权、养殖权和捕捞权，在上述类型之外，当事人不得新设用益物权。物权的内容，即物权的权利义务关系，由法律规定。

(三)物权的公示原则

动产、不动产上的物权,都应当可以从外部加以认识。为此,物权的取得、变更或丧失,须通过公示的方式让他人得以知悉。物权是绝对权,具有排他效力,除了权利人之外的一切人都必须尊重物权,不得侵害或妨害物权人的权利。通过公示的方式,可以明确物权的归属,便于保护物权人的权利,保证交易的效率。

第二节 所有权

一、所有权概述

(一)所有权的含义

所有权是所有权人对其动产或不动产,依法享有占有、使用、收益和处分的权利。所有权本身是物权制度的构成部分,同时因其权能分离形成用益物权和担保物权,在这个意义上,可以说没有所有权就没有物权,有学者称所有权是物权制度的"基石"。物的所有权是社会生产和日常生活的法律前提。没有所有权,物的权属无法界定,生活必需品就无法消费,原材料也无法流通,正常的社会生产难以保障,社会生活也无法健康发展,在这个意义上,所有权是社会生活的法律前提。

所有权具有占有、使用、收益、处分四个权能。占有是指对物的事实支配状态,这种状态意味着对标的物支配并排除他人干涉。在社会生活中,占有是行使物的支配权的基础与前提。同时,作为所有权的一项独立权能,占有在一定条件下可与所有权分离。使用是指按照物的性能,不毁损其物或变更其性质地加以利用,以满足其生产或生活上的需要。对物的使用,是实现物的使用价值的途径。物的使用以物的占有为前提。物的使用,可以是物的所有权人的使用,也可以是非所有权人的使用。例如,出借或出租,既可以是无偿的使用,也可以是有偿的使用。收益,是指收取原物所生的新增经济价值,既包括由原物派生出来的果实等,也包括因利用原物进行生产经营活动而产生的利润等,前者为天然孳息,后者为法定孳息。处分,是指依法对物进行处置,从而决定物的命运。处分权是所有权内容的核心。处分包括事实上的处分和法律上的处分。事实上的处分是对标的物进行实质上的变形、改造或毁损等物理上的事实行为,如撕毁书籍、拆除房屋等。法律上的处分是将标的物的所有权加以转让、限制或消灭,从而使所有权发生变动的法律行为,如通过买卖转让物品所有权。

(二)所有权的类型

1. 国家所有权

国家所有权是国家对国有财产占有、使用、收益、处分的权利。国家所有权主要包括国家土地所有权,海域所有权,矿产资源所有权,水资源所有权,建筑物、构筑物及其附属设施所有权,各种动产所有权等。

国家所有权的主体是国家。国家所有权是全民所有制的法律表现,国家代表全体人民行使所有权,国家所有权的享有和行使的利益,最终是为了满足全体社会成员的物质和文化生活的需要。国家所有权的客体比较广泛,如矿藏、水流、海域、城市的土地、无居民海岛、森林、山岭、草原、滩涂、荒地、无线电频谱资源、国防资产等。法律规定属于国家所有的野生动植物资源、文物以及铁路、公路、电力设施、油气管道等属于国家所有。其中,城市的土地、矿藏、水流、海域、某些文物、某些野生动植物、无线电频谱资源等财产专属于国家,任何个人、集体、组织不能取得其所有权。

2. 集体所有权

集体所有权是指集体全体成员或集体组织对集体所有的不动产和动产享有占有、使用、收益和处分的权利。

集体所有权是我国公有制的一种法律形态,其主体是集体全体成员或集体组织,后者是劳动群众集体,包括农村劳动群众集体和城镇劳动群众集体。集体所有权的客体包括:法律规定属于集体所有的土地和森林、山岭、草原、荒地、滩涂,集体所有的建筑物、生产设施、农田水利设施,集体所有的教育、科学、文化、卫生、体育等设施,以及集体所有的其他动产和不动产。

3. 私人所有权

《中华人民共和国民法典》规定了国家所有权、集体所有权和私人所有权,强调这三类权利同等重要、平等保护。国家所有权和集体所有权是公有形态的所有权,而私人所有权是非国家或集体所有的自然人、法人所享有的所有权。在此,私人是与国家、集体相对应的物权主体,包括自然人,也包括个体工商户、各类企业法人。除法律规定专属于国家或集体所有的财产外,私人可享有对其他一切物的所有权。《中华人民共和国民法典》第二百六十六条规定:"私人对其合法的收入、房屋、生活用品、生产工具、原材料等不动产和动产享有所有权。"第二百六十七条规定:"私人的合法财产受法律保护,禁止任何组织或个人侵占、哄抢、破坏。"

二、业主的建筑物区分所有权

(一)业主的建筑物区分所有权的界定

《中华人民共和国民法典》第二百七十一条规定:"业主对建筑物内的住宅、经营性用房等专有部分享有所有权,对专有部分以外的共有部分享有共有和共同管理的权利。"此处建筑物,包括住宅和经营性用房。住宅是以居住为目的及用途,供家庭居住使用的房屋。经营性用房是以经营为目的及用途,供商业使用的房屋。专有部分是指构造上和使用上具有独立性,并能成为建筑物区分所有权客体的部分。共有部分,指专有部分以外的归业主共同所有的部分,包括楼梯、电梯、走廊等。业主对专有部分享有专有权,对共有部分享有共有权和共同管理权。这三种权利共同构成业主的建筑物区分所有权。

业主的建筑物区分所有权由专有权、共有权和共同管理权组成,具有复合性。一般所有权具有单一性,只是所有权人对所有物的占有、使用、收益和处分的权利,没有共有权和共同管理权。

(二)专有权

1. 专有权的概念

专有权,又称为专有所有权,是区分所有权人对专有部分所享有的占有、使用、收益和处分的权利。专有权的客体是建筑物内的住宅和经营性用房等专有部分。该专有部分在构造上能够明确区分,具有排他性且可独立使用。建筑物可以区分为若干部分,被区分的各部分须具备构造上的独立性和使用上的独立性,才可以成立建筑物区分所有权。建筑物中专有部分的存在是建筑物区分所有权成立的基础。

2. 业主作为专有权人享有所有权

专有部分是业主单独所有权的客体,业主对专有部分的权利,与一般所有权人所享有的权利一样,具有绝对性和排他性,业主在法律规定的范围内,可依据自己的意愿使用、收益、处分其所有的专有部分。专有部分,原则上也由业主自行管理,他人不得干预。同时,为了防止单个业主损害全体业主的共同利益,《中华人民共和国民法典》对专有部分的使用作了限制性规定,如第二百七十九条规定:"业主不得违反法律、法规以及管理规约,将住宅改变为经营性用房。业主将住宅改变为经营性用房的,除遵守法律、法规以及管理规约外,应当经有利害关系的业主一致同意。"另外我国相关法规规章也规定,业主不得变动建筑主体和承重结构,不得将没有防水要求的房间改为卫生间和厨房,不得损坏节能设施等。所有这些法律法规,都是针对专有部分所有权人对专有部分使用的限制,目的在于保护全体业主的共同利益。

3. 业主作为专有权人享有相邻使用权

相邻使用权是指业主为保存其专有部分或共有部分,或于修缮的必要范围内,可请求使用其他业主的专有部分或不属于自己所有的共有部分。居住于同一建筑物内的业主,其各自专有的部分紧密地结合于该建筑物内,各业主彼此间形成相邻关系。由于建筑物的结构,业主往往需要使用左右或上下相邻的其他业主的专有部分,或其他不属于自己所有的共有部分。业主彼此间应容忍他人利用自己的专有部分从事建筑物的维护、修缮、改良等。

(三)共有权

1. 共有权的概念

共有权,也称共有所有权,是指业主依照法律或管理规约的规定或业主大会的决定,对区分所有建筑物内的住房或经营性用房的专有部分以外的共有部分所享有的占有、使用和收益的权利。此项权利的主体即业主,其身份具有复合性,他们不仅是共有权人,也是专有权人和业主管理团队的成员。从客体上看,区分共有权的客体是建筑物的共有部分,包括建筑区划内的道路、绿地(属于城镇公共道路、城镇公共绿地或明确属于个人的除外),建筑区划内的其他公共场所、公共设施、物业服务用房、电梯、水箱、楼梯、通道等。

2. 共有权人的权利

(1)共有部分的使用权。使用包括共同使用和轮流使用。作为共用设施的走廊、电梯等由共有权人共同使用。作为共用设施的电话、洗衣机等,由共有权人轮流使用。为了维护物业或公共利益,业主有权临时占用、挖掘道路、场地,但应征得业主委员会和物业服务企业的同意。业主有权利用物业共用部位、共用设施设备进行经营,但应当征得相关业主、业主大会、物业服务企业的同意。

(2)共有部分的收益权。共有权人可依规约取得共有部分所产生的利益。如共有部分用于出租而取得的租金,在共有场地设置广告牌而取得的收益等,共有权人有权分享。这些收益的分配,有约定的,按照约定进行;没有约定或约定不明确的,按照业主专有部分占建筑物总面积的比例确定。

(3)共有部分的保存、修缮、改良的权利。业主有权修缮共有部分,应当事先告知物业服务企业。业主有权依法改变公共建筑和共用设施的用途,但应当在依法办理相关手续后告知物业服务企业。

(4)物权请求权。业主对于共有部分享有物的返还请求权、排除妨害请求权、消除危险请求权。建设单位或其他行为人擅自占用、处分业主共有部分、改变其使用功能或进行经营性活动,权利人有权要求排除妨害、恢复原状、赔偿损失。

对于下列行为,业主有权行使物权请求权及损害赔偿请求权:损害房屋承重结构,损害或违章使用电力、燃气、消防设施,在建筑物内放置危险、放射性物品等危及建筑物安全或妨碍建筑物正常使用;违反规定破坏、改变建筑物外墙面的形状、颜色等损害建筑物外观;违反规定进行房屋装修装饰;违章加建、改建,侵占、挖掘公共通道、道路、场地或其他共有部分。

3. 共有权人的义务

(1)依法依规使用共有部分。共有权人行使共有权,应该依法按照共有部分的种类、位置、构造、性质或依管理规约规定的共有部分的目的或用途使用共有部分。一般,不得改变建筑物共有部分的用途,如确需改变,应在依法办理相关手续后告知物业服务企业。

(2)分担共同费用和负担。对于建筑物共有部分及其附属设施的保存、修缮乃至改良,业主应该按照国家有关规定交纳专项维修资金。该资金属于业主所有,专门用于物业保修期满后物业共用部位、共用设施设备的维修和更新、改造,不得挪作他用。

建筑物及其附属设施的费用分摊、收益分配等事项,有约定的,按照约定;没有约定或约定不明确的,按照业主专有部分面积所占比例确定。

(四)共同管理权

1. 共同管理权的概念

共同管理权,是指业主对于共有部分和共同事务从事管理的权利。这是基于业主间的共同关系而生的权利。建筑物区分所有权以建筑物为基础而成立。在该建筑物上,各业主的专有部分通过共同墙壁、地板和天花板等共有部分相互连接,使彼此紧密地联系在一起。业主为了使用专有部分必须利用共有部分,各业主在行使专有权时不得妨碍其他业主对其专有部分的使用和违反全体业主的共同利益。建筑物的这种构造、权属及其行使的不可分割,使业主之间形成了事实上的共同体关系。为了该共同体关系的存续和发展,尤其为了管理相互间的共同事务及共有部分的使用、收益,每个业主都享有共同管理权。共同管理权是专属于业主的权利。

2. 共同管理权的内容

(1)制定和修改业主大会议事规则的权利。业主大会议事规则是业主大会组织、运行的规程,是对业主大会的宗旨、组织体制、议事方式、表决程序、业主委员会的组成、成员任期及权利义务等进行记载的文件。制定和修改业主大会议事规则,需要全体业主的共同决定,应当由专有部分面积占比三分之二以上的业主且人数占比三分之二以上的业主参与表决,并应当经参与表决专有部分面积过半数的业主且参与表决人数过半数的业主同意。

(2)制定和修改管理规约的权利。管理规约是业主大会依照法定程序通过的对业主具有约束力的关于共同事务及共有财产的管理的具体规则。这是业主自我管理、自我约束、自我规范的规则约定。管理规约的设定、变更和废止,可以基于业主大会的决议,也可以由开发商预先制定格式化的管理规约,在预售或出售商品时,分别与具体业主达成同意该管理规约的合意。

(3)选举业主委员会或更换业主委员会成员的权利。业主委员会是业主大会的执行机关,按照管理规约及业主大会的决定,代表全体业主对内决定建筑物区划内的日常事务,对外代理业主从事必要的活动。业主委员会及其成员履行职责的行为直接关系到全体业主的切身利益。业主委员会对业主大会负责并受业主大会监督。

(4)选聘和解聘物业服务企业或其他管理人的权利。物业服务企业或其他企业管理人是全体业主的受托人,基于全体业主的委托授权,按照物业服务合同的约定,对房屋及配套的设施设备和相关场地进行维修、养护、管理,维护物业管理区域内的环境卫生和相关秩序。选聘和解聘物业服务企业或其他管理人,应当由专有部分面积占比三分之二以上的业主且人数占比三分之二以上的业主参与表决,并应当经参与表决专有部分面积超过半数的业主且参与表决人数过半数的业主同意。

(5)其他共同管理权。业主的其他权利包括:筹集和使用建筑物及其附属设施的维修资金的权利,改建、重建建筑物及其附属设施,改变共有部分的用途或者利用共有部分从事经营活动,有关共有和共同管理权的其他重大事项。

三、相邻关系

(一)相邻关系的概念

相邻关系,是指相邻不动产的权利人之间,因行使不动产权利而需要相邻各方给以便利和接受限制所产生的权利义务关系。相邻关系产生于不动产的毗邻关系。不动产,包括土地、建筑物及其附属设施。毗邻是指地理位置相邻。

相邻关系的主体是相邻不动产的权利人,包括土地所有人、建筑物所有人、建筑用地使用权人、宅基地使用权人、土地承包经营权人。相邻关系的客体是行使不动产权利所引起的与相邻方有关的利益。不动产权利人享有并行使其权利时,既要实现自己的利益,又须为相邻他方行使不动产权利提供便利,因而相邻关系的客体并非不动产,而是行使不动产权利所引起的与相邻方有关的利益。相邻关系的内容是相邻一方行使不动产权利时要求相邻他方容忍甚至提供必要便利,相邻他方负有容忍甚至提供便利的义务。必要便利是指相邻一方如果不从相邻他方获得这种便利,就不能正常行使其不动产权利。

(二)相邻关系的类型

1. 相邻通行关系

相邻通行关系是指在相邻权利人因通行而必须利用相邻他方的不动产的情况下,该相邻他方应当容忍其通行的权利义务关系。相邻通行关系的构成,须确有从相邻不动产通行的必要。相邻通行权利人的不动产与公共交通网络无适当联络,如不通过相邻不动产,则无法通行。为此,历史上形成的通道、桥梁、渡口、道路等,任何人不得堵塞、阻碍、妨碍他人通行。

2. 通风、采光和日照的相邻关系

通风、采光和日照的相邻关系是指不动产权利人建造建筑物时,不得妨碍相邻建筑物的通风、采光和日照。建造建筑物妨碍了相邻建筑物的通风、采光和日照,相邻他方有权请求停止侵害,有损失时还可请求损害赔偿。

3. 因建造、修缮建筑物以及铺设管线所形成的相邻关系

因建造、修缮建筑物以及铺设管线所形成的相邻关系是指不动产权利人因建造、修缮建筑物以及铺设电线、电缆、水管、暖气和燃气管线等必须利用相邻土地、建筑物的,该土地、建筑物的权利人应当提供必要的便利,由此形成的一种相邻关系。不动产权利人使用相邻他方的不动产,给相邻他方造成损失的,应该予以赔偿。

4. 用水、排水的相邻关系

用水、排水的相邻关系是指不动产权利人因用水、排水而需要相邻他方提供必要便利,由此形成的一种关系。

用水,包括对地表水和地下水的使用。水源地、井、沟渠或者其他水流地的权利人,均可自由使用其土地上的水,但是不得垄断对水的使用权,应允许相邻各方使用,并不得因自己利用水流而致邻人用水利益遭受妨害。相邻各方利用同一自然流水,应尊重其自然形成的流向,按由近至远、由高至低的原则,共同使用,依次灌溉。任何一方不得为自身利益而任意改变水路、截阻水流、独占水流。一方擅自改变、堵截或独占自然流水而影响他方正常生产活动的,他方有权请求排除妨碍,造成损失的,有权请求赔偿。

高地所有权或利用人有向低地排水的权利,低地所有人或利用人负有让高地排水的义务。对于自然流水,即未进行人工干预的流水,如雨水、泉水、雨雪等,低地所有人和利用人通常应负容忍义务。相邻排水人不得向邻地排放法律、法规明文禁止排放的污水。因排水设施破溃、阻塞致使相邻方不动产遭受损失,相邻排水人应承担损害赔偿责任。相邻排水人负有修缮维护其排水设施的义务。

四、共有

共有,是指两个以上的法律主体就同一财产共同享有所有权的法律状态。其中的"同一财产"是共有财产,两个以上的民事主体是共有人。共有人对共有财产享有的所有权就是共有权。

就主体而言，共有财产的主体是两个以上。该主体可以是自然人、法人或其他权利人。就客体而言，共有的客体为特定的同一项财产。多个共有人对同一项财产享有权利、承担义务。共有财产上的所有权只有一个，是两个以上民事主体分享一个所有权。

共有的发生一般基于当事人的意思或法律的直接规定。如几个人共同出资购买一套房屋，这些人共有这套房屋，该共有基于这些共有人共同购买房屋的意思。如夫妻对婚姻关系存续期间的财产的共有，是基于法律的直接规定而产生的。

（一）按份共有

按份共有，指两个以上的共有人按份额对共有财产共同享有权利和分担义务的法律状态。

按份共有的共有人对共有财产享有一定份额，该份额又被称为"应有部分"，是共有人对共有物所有权所享权利的比例，是对共有物的所有权在量上应享有的部分。按份共有人对其份额享有相当于所有权的权利，在法律或共有协议未作限制的情况下，按份共有人随时可要求分出或转让其共有的不动产或动产份额。

1. 按份共有的内部关系

按份共有的内部关系，是指共有人行使共有物的权利时，与其他共有人间的权利义务关系，通常包括各共有人对共有物的使用收益、对共有物的处分、对共有物的管理以及各共有人对共有物费用的分担。

各共有人依其份额对共有物有使用、收益的权利。该使用、收益权覆盖到共有物的全部，基于共有，这些权利应按份额行使，并受份额的限制，其使用、收益的行使不能影响其他共有人按份额可以行使的使用、收益权。各共有人可就共有物的全部，于无害其他共有人权利的限度内，按其份额行使使用、收益权。

对共有物的管理是指为了维持共有物的物理功能，从而使其发挥社会的、经济的作用而对之进行的保存、改良和利用的活动。共有人对共有物的管理有约定的，按照约定管理共有物。没有约定或者约定不明确的，各共有人都有管理的权利和义务。共有物的保存，是指为了防止共有物的灭失、毁损或其权利丧失、受到限制等，维持其现状的行为。共有物的改良，是指不变更共有物的性质，而增加其效用或价值的行为。对共有物的重大修缮、变更性质或者用途的属于改良行为。对共有物的改良，共有人之间有约定的，依其约定；若无约定，应该经占份额 2/3 以上的按份共有人或者全体共同共有人同意。共有物的利用，是指以满足共有人共同需要为目的，不变更共有物的性质，决定其使用、收益方法的行为。如把物品出租给他人，就是对共有物的利用。对共有物的利用，共有人有约定的，从其约定；没有约定的，应由全体共有人共同管理。

2. 按份共有的外部关系

按份共有的外部关系是指各个按份共有人就共有物对外与第三人发生的权利义务关系。各按份共有人对于第三人，可以就共有物的全部单独行使所有权的请求权。单独行使所有权的请求权，包括所有物返还请求权、排除妨害请求权和消除危险请求权。各个按份共有人行使这些权利时,不以其份额为限,可就共有物的全部加以行使。当第三人主张共有物归其所有时,各按份所有人得以全体共有人的名义主张物权。因共有物产生的对于第三人的债权,无论各个共有人之间约定是按份享有还是连带享有,在对第三人的关系方面,各个按份共有人享有连带债权。因共有物所产生的对第三人的义务,如委托第三人保管共有物所产生的保管费债务、委托第三人修缮共有物所产生的费用债务,各个按份共有人均连带承担,除非法律另有规定或第三人知道共有人不具有连带债务关系。

(二)共同共有

共同共有,是指数人基于法律的规定或合同的约定而形成某一共同关系,他们基于该共同关系对共有物共同享有所有权。

基于夫妻关系而产生的共同共有,是指夫妻双方对其婚姻关系存续期间所取得的财产,未约定归各自所有或部分归各自所有、部分属于共同共有的,或者虽有约定但不明确的,形成共同共有。婚姻关系存续期间取得的财产,可以是工资、奖金,也可以是生产、经营活动所取得的收益,或因继承或接受赠与所得的财产。

基于家庭共同生活关系而产生的共同共有,是指家庭成员在家庭共同生活关系存续期间共同创造、共同所得,用于维持家庭成员共同生产、生活的财产。家庭,可能是由夫妻及其子女组成的,也可能是由祖父母、外祖父母、子女、孙子女等组成的。财产是否属于家庭共同共有财产,需要根据财产的来源、用途等因素予以确定。

基于继承关系而产生的共同共有,被继承人死亡后、遗产分割前,全体继承人对该遗产享有共同共有权。

1. 共同共有的内部关系

在共同共有关系中,各个共有人对共有物共同享有所有权,其权利及于共有物的全部,而不局限于共有物的特定部分。各个共同共有人对共有物享有平等的权利。在共同共有的基础丧失之前或未出现重大理由时,共同共有人不得请求分割共有物。共同共有的基础丧失,如基于夫妻关系的共同共有,婚姻关系解除。重大理由,如婚姻关系存续期间,夫妻约定由原来的夫妻共同财产制改为夫妻分别财产制。对共有物的处分、重大修缮、变更性质或者用途,一般应得到全体共有人的同意。

2. 共同共有的外部关系

当第三人侵害共有物时,任何一个共同共有人都有权行使请求权。因共有物而使共同共有人与第三人产生债权的,各共同共有人享有连带债权。

第三节 用益物权

一、用益物权概述

(一)用益物权的概念

用益物权,是指权利人对他人所有的物依法享有占有、使用和收益的定限物权。用益物权不是一种物权的概念,而是一组物权的集合的称谓。

(二)用益物权的性质

用益物权是一种定限物权。以对于标的物的支配范围为标准,物权分为完全物权和定限物权。所有权为完全物权,用益物权和担保物权为定限物权。与完全物权相比,定限物权在内容上有一定的限度。用益物权作为一种定限物权,用益物权人只能在一定范围内,对标的物加以占有、使用和收益。用益物权是以使用、收益为目的的定限物权。用益物权以对物的利用为内容,一般同一标的物上不能同时设定多个用益物权。用益物权原则上是就他人的物而设定的物权。用益物权主要以不动产为标的物,因此,其设定、转移通常都需要登记。

(三)用益物权的取得、丧失和变更

用益物权原则上应由相关当事人通过订立合同的方式而取得。如通过订立承包经营合同取得土地承包经营权,通过订立转让合同从他人处受让建设用地使用权。

用益物权消灭的原因有:①标的物的灭失。如建设用地使用权因建设用地灭失而消灭。②标的物被征收。宅基地使用权因宅基地被征收而灭失。

用益物权变更,是用益物权存续期间,可能发生权利内容的变动,如土地承包经营权延期。这类变更,除了当事人之间达成合意外,还须办理变更登记,否则不能生效或不能对抗善意第三人。

(四)用益物权的分类

1. 典型用益物权和准物权

土地承包经营权、建设用地使用权、宅基地使用权、居住权、地役权都是典型用益物权。海域使用权、取水权、探矿权、采矿权、养殖权和捕捞权为准物权。

2. 有偿用益物权和无偿用益物权

以用益物权的取得是否需要对价为区分标准,用益物权可分为有偿用益物权和无偿用益物权。有偿用益物权,是指取得用益物权必须支付对价的用益物权。无偿用益物权是指无须支付对价即可取得的用益物权。

二、土地承包经营权

(一)土地承包经营权的概念

土地承包经营权,是指承包人对其承包经营的耕地、林地、草地等农村土地依法享有占有、使用和收益的权利,从事种植业、林业、牧业等农业生产活动,保有收获物所有权的用益物权。农村土地,指农民集体所有和国家所有依法由农民集体使用的耕地、林地、草地,以及其他依法用于农业的土地。

(二)土地承包经营权的性质

土地承包经营权的权利客体为土地的地表,不含地上、地下。承包地多数为集体所有的土地,少数情况下是国家所有由农民集体使用的土地。耕地、荒地、荒沟、草原、水面都可以作为土地承包经营权的客体。

土地承包经营权是用益物权,其目的是使承包人对承包经营的耕地、林地、草地等享有占有、使用和收益的权利,从事种植业、林业、牧业等农业生产活动,保有收获物所有权。土地承包经营权派生于土地所有权,是承包人分享了集体土地所有权或国家土地所有权中的占有、使用、收益等权能而形成的他物权。土地承包经营权是有期物权,耕地的承包期为30年,草地的承包期为30年至50年,林地的承包期为30年至70年。承包期限界满,由土地承包经营权人依照农村土地承包的法律规定继续承包。

(三)土地承包经营权的取得

1. 根据土地承包经营合同设定取得土地承包经营权

土地承包经营合同设定,指当事人双方通过订立土地承包经营合同来创设土地承包经营权。《中华人民共和国民法典》第三百三十三条第一款规定:"土地承包经营权自土地承包经营权合同生效时设立。"土地承包经营权合同生效后,对当事人双方产生约束力,发包方不得因承办人或负责人的变动而变更或解除,也不得因集体经济组织的分立或合并而变更或解除。

2. 通过招标、拍卖、公开协商等方式取得土地承包经营权

对于"四荒"土地,即荒山、荒沟、荒丘、荒滩,可通过招标、拍卖、公开协商等方式设定土地承包经营权。承包人可以是集体经济组织的成员,也可以是集体经济组织之外的其他主体。

(四)土地承包经营权的效力

1. 土地承包经营权人的权利

(1)占有使用承包地的权利。土地承包经营权人占有承包地,是其从事农林牧渔经营活动的前提。使用承包地,可以是耕种承包地,也可以是在承包地上种植林木或种草、放牧,还可以是在承包水域进行水产养殖。

(2)享有收获物所有权的权利。设立土地承包经营权,就是让土地承包经营权人因从事农林牧渔经营活动所得的收获物,归属于自己。因此,享有收获物所有权的权利,是土地承包经营权的重要权利。

(3)自主经营的权利。土地承包经营权人可以根据农业生产经营规律和自己的意愿安排生产经营活动。

(4)依法流转土地承包经营权的权利。土地承包经营权人无权处分承包地,但是对土地承包经营权本身,承包人有处分的权利。土地承包经营权人可以依法采取出租、入股或者其他方式向他人流转土地经营权。

2. 土地承包经营权人的义务

土地承包经营权的义务主要有:维持土地的农业用途,不得将承包地用于非农建设;依法保护和合理利用土地,不得给土地造成永久性损害;不得闲置或荒芜耕地,承包经营耕地的单位或个人连续两年弃耕抛荒的,原发包单位应终止承包合同。

(五)土地承包经营权的消灭

土地承包经营权消灭的事由主要有:①土地承包经营权的存续期满,如未续期,则土地承包经营权消灭。土地承包经营权已经登记的,应当注销登记。②土地承包经营权人自愿交回承包地。③承包地灭失。④承包地被收回。⑤承包地被征收。⑥承包人死亡,无继承人继承。

三、建设用地使用权

(一)建设用地使用权的概念

建设用地使用权,是指为建造建筑物、构筑物及其附属设施,并保有其所有权而在国家或集体所有的土地及其上下进行占有、使用和收益的用益物权。建筑物,是指可以供人们在其中进行生产、生活的居住用房、生产用房、办公用房等设施。构筑物,是指具有居住、生产经营功能的建筑物之外的人工建造物。附属设施是指附属于建筑物、构筑物并辅助其发挥功效的设施。建设用地使用权的客体原则上是国有土地,少数情况下可以是集体所有的土地。建设用地使用权及于土地的地表、地上、地下。

(二)建设用地使用权的取得

1. 行政划拨建设用地使用权的取得

因行政划拨取得建设用地使用权,是用地者基于行政命令而无偿取得建设用地使用权。行政划拨本质上是国家以其行政命令将建设用地使用权授予用地者。该类建设用地使用权,可以是用地者分享国家土地所有权中的占有、使用、收益的权能而形成的他物权,也可以是用地者分享集体土地所有权中的占有、使用、收益的权能而形成的他物权。

行政划拨的建设用地使用权的取得,无须支付对价,也没有存续期限的限制,除非法律另有规定。因此,行政划拨的土地用途受到严格限制,必须是国家利益和社会公共利益所需要,主要包括:①国家机关用地和军事用地;②城市基础设施用地,如城市供水、供热、供气等设施用地;③公益事业用地,如教育设施、体育设施、公共文化设施等用地;④国家重点扶持的能源、交通、水利等基础设施用地;⑤法律、法规规定的其他用地,如监狱、戒毒所、看守所等。

2. 出让的建设用地使用权的取得

出让的建设用地使用权,是指用地者通过招标、拍卖、协议等公开方式,有偿取得工业、商业、旅游、娱乐和商品住宅等经营性用地的使用权。出让的建设用地使用权的设立,必须通过用地者和自然资源主管部门签订建设用地使用权出让合同,办理建设用地使用权转移登记后,才能发生法律效力。土地用途包括工业、商业、娱乐、住宅等。不同用途建设用地的使用期限不同。建设用地使用权人需要支付相应对价。

(三)建设用地使用权的效力

1. 建设用地使用权人的权利

(1)占有、使用建设用地。建设用地使用权以在国有或集体所有土地及其上下建造建筑物、构筑物及其附属设施并保有其所有权为目的,此目的由权利人通过对建设用地进行占有、使用来实现。

(2)保有建筑物、构筑物及其附属设施的所有权的权利。建设用地使用权人对其在所取得的建设用地上建造的建筑物、构筑物及其附属设施享有所有权。

(3)出租、出借、转让、互换、出资、赠与建设用地使用权的权利。建设用地使用权人可以将建设用地出租或出借给他人。通过出让方式取得的建设用地可以转让,法律另有规定的除外。建设用地使用权具有流通性,可以作为买卖的标的。建设用地使用权的转让是权利的买卖。

2. 建设用地使用权人的义务

建设用地使用权人支付出让金的义务,是通过出让方式取得建设用地使用权的权利人的义务。建设用地使用权人应该按照法律规定或合同约定,根据土地的用途,合理开发、利用、经营建设用地。当建设用地使用权终止时,权利人有返还建设用地的义务。

(四)建设用地使用权的消灭

1. 建设用地使用权消灭的原因

建设用地使用权的消灭主要有以下原因。

(1)建设用地使用权人的抛弃:建设用地使用权可因权利人的抛弃而消灭。

(2)建设用地使用权的撤销:出让人在建设用地使用权人实施了若干违法行为的情况下,依法行使撤销权,废止建设用地使用权。

(3)约定的建设用地使用权消灭的事由发生:当事人双方约定了建设用地使用权消灭的事由,只要不违反法律、行政法规的强制性的规定,不违反公序良俗、诚实信用等原则,应该承认其效力。

(4)建设用地使用权期限届满未续期:《中华人民共和国民法典》第三百五十九条规定:"住宅建设用地使用权期限届满的,自动续期。续期费用的缴纳或者减免,依照法律、行政法规的规定办理。非住宅建设用地使用权期限届满后的续期,依照法律规定办理。该土地上的房屋以及其他不动产的归属,有约定的,按照约定;没有约定或者约定不明确的,依照法律、行政法规的规定办理。"

(5)建设用地使用权因公共利益的需要提前收回:因公共利益的需要,土地所有权人可以在建设用地使用权期限届满前,提前收回建设用地使用权,此时该建设用地使用权消灭。

(6)建设用地使用权因土地灭失而消灭:建设用地因各类自然灾害等原因而灭失时,建设用地使用权消灭。

2. 建设用地使用权消灭的法律后果

建设用地使用权消灭有以下法律后果:用地者需返还建设用地,取回地上建筑物、构筑物及其附属设施,恢复土地原状。如土地所有权人以市场价格购买地上建筑物、构筑物及其附属设施的,用地者不得拒绝;如因公共利益的需要而提前收回建设用地使用权的,用地者有权请求土地所有权人对建设用地上的房屋及其他不动产给予足额补偿,并有权要求退还建设用地使用权剩余年限的出让金。

四、宅基地使用权

(一)宅基地使用权的概念

宅基地使用权,是指宅基地使用权人依法对集体所有的土地享有占有和使用的权利,有权依法利用该土地建造住宅及其附属设施。

1. 宅基地使用权的主体特定

宅基地使用权包括农村宅基地使用权和城镇宅基地使用权。前者的主体是集体经济组织成员,后者的主体是新中国成立后由于历史原因而形成的城镇私房所有者及经批准在城镇建房的城镇居民。宅基地使用权的主体是集体经济组织的成员,通常以户为单位设定,并按照一户取得一处宅基地的原则配置。

2. 宅基地使用权的客体是集体所有的土地

宅基地使用权的权利客体仅限于集体所有的土地,仅限于宅基地,不是耕地。国有土地上不能设立宅基地使用权。

3. 宅基地使用权的目的

宅基地使用权只能用来供宅基地使用权人建造住宅及其附属设施,并保有其所有权。

4. 宅基地使用权的取得是无偿的

宅基地使用权是农村村民基本的居住保障,集体经济组织成员可无偿取得,不需要支付对价。

(二)宅基地使用权的取得和流转

宅基地使用权的取得是以身份为基础进行的无偿分配,宅基地使用申请人必须是宅基地所在集体经济组织的成员,并向集体经济组织提出用地申请,经集体经济组织同意后,报乡(镇)人民政府审核,最后由县级人民政府批准。农村村民一户只能拥有一处宅基地。村民出卖、出租住房后,再申请宅基地的,不予批准。

(三)宅基地使用权的效力

1. 宅基地使用权人的权利

宅基地使用权人有以下权利:①占有、使用宅基地的权利。宅基地使用权人有权依法利用宅基地建造住宅及其附属设施。②保有所建造住宅及其附属设施所有权的权利。宅基地使用权人对其在宅基地上建造的住宅及其附属设施享有所有权。宅基地使用权的权利无期限限制。

2. 宅基地使用权人的义务

宅基地使用权人应履行以下义务:①按照批准的用途使用宅基地,宅基地使用权人只能在宅基地上建造住宅及其附属设施,不得擅自改变其用途。②不得非法转让、抵押、出租宅基地使用权。

(四)宅基地使用权的消灭

(1)宅基地使用权人不按照批准的用途使用土地,宅基地使用权被依法收回。宅基地使用权人只能在宅基地上建造住宅及其附属设施,不得建造其他建筑物或构筑物;否则集体经济组织作为土地所有权人有权收回宅基地,从而使该宅基地使用权消灭。

(2)长期闲置宅基地。宅基地使用权长期闲置时,土地所有权人有权收回,使得宅基地使用权消灭。

(3)宅基地因被征收而消灭。即宅基地因公共利益的需要而被征收,宅基地使用权因失去标的物而消灭。

(4)宅基地使用权人不存在。占有、使用宅基地的农户,因家庭成员死亡等原因而不存在,宅基地使用权因无主体而消灭。

宅基地使用权消灭有以下法律后果:宅基地使用权消灭,在符合法律规定的情况下,对失去宅基地的村民,应当依法重新分配宅基地。

第四节 担保物权

一、担保物权概述

(一)担保物权的含义

担保物权,是指担保物权人在债务人不履行到期债务或者发生当事人约定的实现担保物权的情形,依法享有就担保财产优先受偿的权利。担保物权是以确保债务的清偿为目的的物权,是在债务人或第三人的物或权利上所成立的权利。担保物权是具有担保作用的定限物权。定限物权,是在一定范围内对标的物予以支配的物权。担保物权只对标的物的交换价值或占有权能予以支配,因此属于定限物权。

(二)担保物权的特征

1. 从属性

担保物权从属于债权存在,以债权的存在或将来存在为前提,随着债权的消灭而消灭,一般也随着债权的变更而变更,优先受偿的范围以担保物权实现时存在的担保债权为限。

2. 不可分性

被担保债权在未受全部清偿前,担保物权人可就担保标的物的全部行使其权利,即为担保物权的不可分性。在担保物权存续期间,即使担保物被分割或部分灭失,分割后的各部分担保物或部分担保物,仍为担保全部债权而存在。

3. 补充性

担保物权成立后,补充了主债权债务当事人之间债的关系的效力,使债权人可以就担保物享有优先受清偿权,从而增强了债权人的债权得以实现的可能。当主债权债务关系因履行而终止时,担保物权的补充性功能不会启动。只有在债务期满而债权人的债权没有得到清偿的,担保物权的补充性功能才会启动,即通过拍卖担保物等方式使债权人的债权得到清偿。

(三)担保物权的类型

1. 法定担保物权与意定担保物权

担保物权因发生的原因不同,可分为法定担保物权和意定担保物权。法定担保物权,是指直接基于法律规定而当然发生的担保物权。这类担保物权如留置权、建设工程承包人对建筑物的优先受偿权等。意定担保物权,是指基于当事人设定担保物权的意思所设定的担保物权。如抵押权、质押权都是意定担保物权。

2. 留置性担保物权与优先清偿性担保物权

担保物权以其主要效力为标准,可以分为留置性担保物权与优先清偿性担保物权。留置性担保物权是以留置标的物、迫使债务人清偿债务为其主要效力的担保物权,如留置权。优先清偿性担保物权是以支配标的物的交换价值,以确保债务优先清偿为其主要效力的担保物权,如抵押权。

3. 动产担保物权、不动产担保物权、权利担保物权与非特定财产担保物权

这是以担保物权标的物的不同为标准所作的分类。动产担保物权,是以动产为标的物而设定的担保物权。不动产担保物权,是以不动产为标的物而设定的担保物权。权利担保物权,是以权利为标的物而设定的担保物权。非特定财产担保物权,是指以内容时常变动的财产为标的物而设定的担保物权。

4. 本担保与反担保

担保物权以其是否属于为担保人所承担的担保责任而设立的担保形式为标准,可分为本担保与反担保。

本担保,是指债务人或第三人以其财产担保债权人债权的实现而设立的担保形式。反担保,又称为"求偿担保",是指在经济往来中,为了换取担保人提供保证、抵押或质押等担保方式,由债务人或第三人向该担保人新设担保,以担保该担保人承担了担保责任后易于实现其追偿权的制度。该新设担保相对于原担保而言即为反担保。

(四)担保物权的消灭

担保物权消灭的事由主要包括以下几种情形。

(1)主债权消灭:担保物权是从属于主债权的从权利,其存在的目的在于保证主债权的实现。当主债权消灭时,作为从权利的担保物权也随之消灭。

(2)担保物权实现:担保物权实现,被担保的债权因此获得完全清偿,此时担保物权消灭。

(3)债权人放弃担保物权:债权人放弃担保物权,担保物权因此而不复存在。

二、抵押权

(一)抵押权的概念

抵押权是指对于债务人或第三人不转移占有而提供担保的财产,在债务人不履行到期债务或发生当事人约定的实现抵押权的情形时,债权人依法享有就该财产的变价使其债权优先受偿的担保物权。提供担保财产的债务人或第三人被称为抵押人,享有抵押权的债权人被称为抵押权人,抵押人提供的担保财产称作抵押财产或抵押物。

抵押权是一种担保物权,是债权人支配债务人或第三人提供的抵押物的交换价值,使其债权优先于普通债权获得清偿的权利。抵押权的成立不以抵押物的占有为必要,所以一般抵押权不转移抵押物的占有。

(二)抵押权的特征

1. 从属性

抵押权的设立是为了保证债权的实现,其从设立起就从属于债权。抵押权的成立以债权的存在为前提,如果债权不存在,抵押权也不存在。抵押权不得与债权分离而单独转让,抵押权人不得将抵押权单独转让给他人,而自己保留债权;抵押权人也不得将债权单独转让给他人,而自己保留抵押权。抵押权的消灭同样具有从属性,债权因各种原因消灭,抵押权也随之消灭。

2. 不可分性

担保债权未受全部清偿前,抵押权人可以就抵押物的全部行使其权利。抵押物的每一部分担保债权的全部,债权的每一部分都由抵押物全部担保。所以,即使担保物被分割、部分清偿或因其他事由而部分消灭,各部分抵押物或债权依然存在的抵押物,仍然担保全部债权。

3. 物上代位性

抵押权的物上代位性,是指抵押权标的物灭失,而其价值转化为别种形态时,抵押权的效力仍可及于其代替物。如标的物损毁,因此得赔偿金,该赔偿金就成为抵押权标的物的代替物,抵押权人可就该赔偿金行使权利。

(三)抵押权的取得

1. 基于法律行为而取得的抵押权

基于法律行为而取得的抵押权,包括通过设立而取得抵押权和通过转让而取得抵押权。通过设立而取得抵押权是指债权人和抵押人签订抵押合同或抵押人立遗嘱而设立抵押权的现象。通过转让而取得抵押权,是指抵押权人将其债权及抵押权一并转让给受让人,受让人取得该抵押权的现象。抵押合同必须以书面形式订立。抵押权的标的物范围比较广泛,包括:建筑物和其他土地附着物,建设用地使用权,海域使用权,生产设备、原材料、半成品、产品,正在建造的建筑物、船舶、航空器,交通运输工具,法律、行政法规未禁止抵押的其他财产。

建筑物和其他土地附着物,建设用地使用权,海域使用权,正在建造的建筑物,作为抵押权标的物的,应当办理抵押登记。抵押权自登记时设立。以生产设备、原材料、半成品、产品,正在建造的船舶、航空器,交通运输工具为标的物设立抵押的,抵押权自抵押合同生效时设立,如未经登记,不得对抗善意第三人。

2. 基于非法律行为而取得的抵押权

(1)依法律规定而直接取得抵押权。如《中华人民共和国民法典》第三百九十七条第一款规定:"以建筑物抵押的,该建筑物占用范围内的建设用地使用权一并抵押。以建设用地使用权抵押的,该土地上的建筑物一并抵押。"

(2)依善意取得而取得的抵押权。如甲把属于乙但登记在自己名下的抵押权连同被担保债权一并转让给丙,丙对此并不知情,且无重大过失,只要价格合理,已经办理完毕抵押权的转移登记,依据法律规定,丙善意取得该抵押权。

(3)通过继承取得抵押权。被继承人死亡的,继承人取得作为遗产的抵押权与其担保的债权。

(四)抵押权的效力

1. 抵押权担保债权的范围

抵押权所担保债权的范围,是指抵押权人实行抵押权时,可优先受偿的债权范围。根据《中华人民共和国民法典》规定,抵押权所担保的范围,包括主债权及其利息、违约金、损害赔偿金、保管担保财产的费用和实现抵押权的费用。主债权,是抵押权所担保的主要对象,是设定抵押时决定担保的债权。利息,是主债权所产生的法定孳息。法定利息或约定利息都是抵押权担保的范围。逾期利息,是债务人履行金钱债务延迟时,应当向债务人给付的利息,不属于担保的范围。违约金,包括赔偿性违约金和惩罚性违约金,都是抵押权担保的范围。损害赔偿金,是因债务不履行而形成的救济形态,属于抵押权担保的范围。实现抵押权的费用,是抵押权人为实现抵押权而支出的费用,如拍卖、变卖抵押物所支出的费用以及其他必要费用。

2. 抵押权的效力所及的标的物的范围

抵押权的效力所及的标的物的范围,指抵押权人实现抵押权时可依法予以变价的抵押财产的范围。抵押权的效力所及的标的物的范围包括抵押物、从物、从权利、孳息、抵押物的代位物、添附之物。抵押物,是抵押权设立时抵押人提供作为担保的财产。从物,是非主物的成分,是辅助主物的效用而同属于一人之物。从权利,是辅助主权利的效力而存在的权利。孳息,包括法定孳息与天然孳息。抵押物被法院依法扣押前,抵押权的效力不及于抵押物的孳息;被扣押后,抵押权的效力及于抵押物的孳息。抵押物的代位物是指抵押权的标的物毁损、灭失,其价值转化为其他形态时,该其他形态的价值便成为抵押权的标的物的代位物或代替物,抵押权人可就该代位物或代替物行使权利。对于添附之物,抵押权因附合、混合或者加工使抵押物的所有权为第三人所有的,抵押权及于补偿金;抵押权所有人为附合物、混合物或者加工物的所有人的,抵押权的效力及于附合物、混合物或者加工物。

3. 抵押人的权利

(1)抵押物的用益权。抵押权不转移标的物的占有,抵押存续期间,抵押物仍由抵押人占有,此时,抵押人对抵押物仍有使用收益、处分的权利。

(2)设定多个抵押权的权利。抵押人就抵押物设定抵押权后,可以在同一抵押物上为他人再设定抵押权。根据法律规定,财产抵押后,该财产的价值大于所担保债权的余额部分,可以再次抵押。

(3)出让抵押物的权利。《中华人民共和国民法典》第四百零六条规定:"抵押期间,抵押人可以转让抵押财产。当事人另有约定的,按照其约定。抵押财产转让的,抵押权不受影响。抵押人转让抵押财产的,应当及时通知抵押权人。抵押权人能够证明抵押财产转让可能损害抵押权的,可以请求抵押人将转让所得的价款向抵押权人提前清偿债务或者提存。转让的价款超过债权数额的部分归抵押人所有,不足部分由债务人清偿。"

4. 抵押权人的权利

(1)顺位权。抵押权的顺位,指就同一抵押物设定数个抵押时,各个抵押权人优先受偿的先后顺序。相对于一般债权而言,抵押权人就同一抵押物卖得的价金优先于一般债权人受偿。各抵押权人之间,抵押权已登记的,按照登记的先后顺序清偿;抵押权已登记的,优先于未登记的;抵押权未登记的,按照债权比例清偿。

(2)对抵押权的处分权。对抵押权的处分,是指抵押权人所享有的让与、放弃抵押权,将抵押权作担保以及让与、放弃和变更抵押权顺位的权利。抵押权的让与,也被称为抵押权的转让,指抵押权人将其抵押权转让给他人。抵押权不得与债权分离而单独转让或作为其他债权的担保。债权转让的,担保该债权的抵押权一并转让,但是法律另有规定或当事人另有约定的除外。抵押权人也可以放弃其抵押权。抵押权可以与债权一起作为其他债权的担保。

(3)抵押权的保全权。抵押权存续期间,抵押权人不占有抵押物。在实现抵押权前,如抵押人的行为足以使抵押财产的价值减少的,抵押权人有权请求抵押人停止其行为;抵押财产价值减少的,抵押权人有权请求恢复抵押财产的价值,或者提供与减少的价值相应的担保。

(4)抵押权人的物权请求权。抵押物被第三人非法侵占时,抵押权人可以行使抵押物返还请求权。当抵押权的圆满状态受到妨害时,抵押权人可以行使妨害排除请求权;当抵押权的圆满状态有受到妨害之虞时,抵押权人可以行使妨害防止请求权。

(5)抵押权的实行。抵押权的实行是指抵押权人在债权已届清偿期而未获清偿时,为使自己债权优先受偿,而处分抵押物的行为。抵押权的实行,是抵押权最主要的效力,也是抵押权人最主要的权利。抵押权的实行,可以是以抵押财产折价清偿抵押债权或拍卖、变卖抵押物所得价款清偿抵押债权。

(五)抵押权的消灭

当主债权因清偿、抵销、免除等原因而全部消灭时,抵押权也随着消灭。抵押权人实行抵押权时,抵押权归于消灭。

三、留置权

(一)留置权的含义与特征

留置权,是指债务人不履行到期债务时,债权人可以留置已经合法占有的债务人的动产,并有权就该动产折价或以拍卖、变卖该动产的价款优先受偿的权利。留置,是指扣留所占有的他人的动产而拒绝返还。

留置权是依法律规定而直接发生的担保物权。留置权是在债权未受清偿前,可留置他人的动产的担保物权。占有、扣留他人动产,是留置权的主要效力,也是留置权成立与存续的要件。留置权是在一定条件下可以留置他人的动产的担保物权,留置权的行使,需要具备一定条件:①债权已届清偿期;②债权的发生与被留置的财产具有同一法律关系;③不存在不得留置的情形。

(二)留置权的取得

留置权可依法律的直接规定或基于继承而取得。此外,留置权也可以受让的方式取得。留置权的取得,首先须债权人占有属于债务人的动产。债权的发生与该动产属于同一法律关系,是指债务人所享有的动产返还请求权与债权同属于一个法律关系。债权已届清偿期,也是留置权取得的条件。

(三)留置权的效力

1. 留置权人的权利

留置权人享有以下权利:①留置所占有动产的权利。债权人留置债务人的财产,其债权未受清偿前,有权拒绝返还。②收取留置财产的孳息的权利。留置权为担保物权,如留置财产有孳息,不论是天然孳息还是法定孳息,留置权人都有收取的权利。③必要费用的求偿权。留置权人因保管留置财产所支出的费用,可以向留置财产的所有权人请求偿还。④损害赔偿请求权。留置权受不法的侵害,致使留置财产的交换价值不足以清偿担保债权的,留置人可请求损害赔偿。⑤实行留置权的权利。当留置权人的债权已届偿还期,未得到清偿,留置权人可以实行留置权,以清偿到期债权。

2. 留置权人的义务

留置权人必须履行以下义务:①妥善保管留置财产的义务。留置权人负有妥善保管留置财产的义务,因保管不善致使留置财产毁损、灭失的,应当承担赔偿责任。②留置权人不得擅自使用、出租或处分留置财产。留置权人在留置权存续期间,未经债务人同意而擅自使用、出租、处分留置财产,因此给债务人造成损失的,留置权人应当承担赔偿责任。③返还留置财产的义务。留置权人在留置权所担保的债权消灭时,负有将留置财产返还给债务人的义务。

3. 留置财产所有人的权利

留置财产所有人享有以下权利:①损害赔偿请求权。因留置权人保管不善而致使留置财产损毁、灭失时,留置财产所有人有权请求留置权人承担赔偿责任。②留置财产返还请求权。留置权消灭时,留置财产所有人有权基于其所有权而请求留置权人返还留置财产。③对留置财产的处分权。债务人的动产被债权人留置,其对留置财产的所有权仍然存在,在留置权存续期间,债务人可将留置财产的所有权转让给他人。④请求行使留置权的权利。债务人可以请求留置权人在债务履行期届满后行使留置权;留置权人不行使的,债务人可以请求人民法院拍卖、变卖留置财产。

4. 留置财产所有人的义务

留置财产所有人必须履行以下义务：①向留置权人偿还因其保管留置财产所支出的必要费用。②因留置财产的瑕疵而致留置权人损害时，留置财产所有人应负损害赔偿责任。

5. 留置权的实现

留置权人与债务人应当约定留置财产后的债务履行期限；没有约定或约定不明确的，留置权人应当给债务人六十日以上履行债务的期限，但是鲜活易腐等不易保管的动产除外。债务人逾期未履行的，留置权人可以与债务人协议以留置财产折价，也可以就拍卖、变卖留置财产所得的价款优先受偿。

6. 留置权的消灭

在留置权关系中，债权人留置债务人的动产，为的是促使债务人偿还债务。当债务人另行提供了相应担保，该担保代替了留置财产的作用，则债权人的留置权因此而消灭。留置权因债权人丧失对留置财产的占有而消灭。

思考题

1. 简述物权变动的条件。
2. 抵押权与质权、留置权的区别是什么？

第三章　合同相关法律制度

第一节　合同与合同法概述

一、合同概述

"合同"一词既是法律术语，又是日常生活用语。日常生活中提起合同，很多人第一反应就是买房的时候签订了合同，或者说企业之间商业往来签订了合同，其实在当今社会，合同与我们每个人息息相关、密不可分，甚至在每天的生活中均会涉及合同问题。比如说，我们购买早餐产生了买卖合同，乘坐交通工具产生了客运合同，骑乘共享单车产生了租赁合同，更不用说我们每天使用自来水、天然气、电产生的供用水、气、电合同。可以说，正是因为各种各样的合同构成了我们的日常生活，因此有人曾说过，当今社会就构建在一个个合同之上，无合同则无当今经济社会。而作为法律术语的合同，依据法律规定的不同，分为民法上的合同、行政法上的合同以及劳动法上的合同等。由于本书系民事法律实务课程，所以下文所称合同均系民法上的合同，不再一一赘述。

我国古代没有现代法律意义上"合同"一词的存在，但是在西周时期，就出现了类似合同的"傅别"（借贷契约）、"质剂"（买卖契约）、"书契"（一般契约书凭或不付利息的赊贷文书）之类的契约形式[①]。合同的概念起源于罗马法，"合同"一词在罗马语中意味着共相交易。查士丁尼的《法学总论——法学阶梯》首次对合同作出了明确的定义，即合同是由双方意愿一致而产生相互间法律关系的一种约定[②]。

近代以来，我国民事法律体系继受了大陆法系，立法也采纳了合同的概念。但受历史因素的影响，我国相当一段时间内存在合同与契约二词同时使用的状况，有学者认为合同即契约，契约即合同，二者作为同义词使用。中华人民共和国成立后，随着我国立法水平的不断进步，我国先后制定了《中华人民共和国经济合同法》《中华人民共和国涉外经济合同法》《中华人民共和国技术合同法》。尤其是《中华人民共和国经济合同法》，首次在立法层面上对"合同"的概念予以界定，该法第二条规定："经济合同是法人之间为实现一定经济目的，明确相互权利义务关系的协议。"该法律条款也在我国立法层面第一次将"合同"一词确立为正式的法律术语，我国对于合同法律的规定迈进了一大步，但是也不难看出，该法条也具有历史局限性，仅仅把合同界定于法人之间的协议，自然人与非法人组织等不能产生合同关系，合同主体严重受限，且

[①] 张晋藩.中国法制史[M].北京:高等教育出版社,2007:34.
[②] 查士丁尼.法学总论:法学阶梯[M].张企泰,译.北京:商务印书馆,1989.

合同范围也限于债权债务关系。随着改革开放的不断深入,上述三个法律已经不能满足我国社会主义市场经济蓬勃发展的需求,《中华人民共和国民法通则》随即诞生,1987年1月1日起实施的《中华人民共和国民法通则》第八十五条规定:"合同是当事人之间设立、变更、终止民事关系的协议。依法成立的合同,受法律保护。"该法条不仅突破了合同主体仅限于法人的限制,当事人不仅包含法人,还包含自然人与非法人组织,而且合同的范围也扩大了,即合同并不限于债权债务关系的确立,凡是确立、变更、终止民事权利义务关系的合同,均为合同的内容[①]。之后,1999年10月1日起施行的《中华人民共和国合同法》继承了民法通则中合同的概念,该法第二条第一款规定:"本法所称合同是平等主体的自然人、法人、其他组织之间设立、变更、终止民事权利义务关系的协议。"同时该法规定自其生效时,《中华人民共和国经济合同法》《中华人民共和国涉外经济合同法》《中华人民共和国技术合同法》同时废止。2021年1月1日起施行的《中华人民共和国民法典》第四百六十四条第一款规定:"合同是民事主体之间设立、变更、终止民事法律关系的协议。"将"平等主体的自然人、法人、其他组织"改为"民事主体",只是因为立法技术更为娴熟,该法典在第一编第一章中用了一个篇章的内容对何为民事主体作了刻画。至此,合同的法律概念在我国立法上再无争议。

所以说,合同是商品经济发展到一定程度的产物,是缔结合同的双方或者多方民事主体意思表示一致,以设立、变更、终止民事权利义务为目的的民事法律行为。

二、合同法概述

(一)合同法的含义

合同法,顾名思义,就是与合同相关的法律规范的总称。换而言之,合同法是指调整民事主体之间交易关系的法律,它包括了合同的订立、履行、变更、解除及违约责任问题。在我国,狭义上的合同法就是指《中华人民共和国民法典》第三编即合同编内的法律规定,而广义上的合同法是指与合同相关的所有的法律规范,除上述规定外,还包括最高人民法院关于合同的相关司法解释,甚至包括国际条约中涉及合同法律关系的内容。虽然合同法包括的内容广泛,但在学理分类中合同法并不是一个独立的法律部门,而只是我国民法体系的重要组成部分,下文提到的合同法如不作特别说明,则均指与合同有关的法律法规的总称。

(二)合同法的法源

有学者曾说过,法源就是任何这样的事实,它依照法律决定司法的认知和将任何新的规则接受为具有法的力量。学习合同法,必然要学习构成中国合同法的规范体系。所谓合同法法源问题,实质上是处理各类合同纠纷案件的规范来自哪里。只有确立了合同法的法源,才能让当事人依法保护自身合法权益,避免行政权的过度干预。

---

① 参见王利明,崔建远.合同法新论总则[M].北京:中国政法大学出版社,2000:4-5;王利明.合同法研究:第1卷[M].北京:中国人民大学出版社,2002:9;韩世远.合同法总论[M].北京:法律出版社,2004:4-5.

《中华人民共和国民法典》第十条规定:"处理民事纠纷,应当依照法律;法律没有规定的,可以适用习惯,但是不得违背公序良俗。"结合上述法律规定,合同纠纷作为民事纠纷的一种,处理当事人之间的合同纠纷,首先应当遵守法律和行政法规,只有在没有明确的法律规定的情况下,方可适用习惯,并遵守社会公德、不违反公序良俗。所以合同法的法源可以分为法律法规和习惯两种类型。

1. 法律法规

"法律"一词可以有广义和狭义两种理解。狭义上的法律是指全国人民代表大会及其常务委员会制定的规范性法律文件,具体来说就是指《中华人民共和国民法典》中合同编的相关规定。广义上的法律还包括行政法规、地方性法规、司法解释和国际条约。行政法规是指国务院为了领导和管理国家各项行政工作,依法制定的各类法规,举例来说是指《物业管理条例》《机动车交通事故责任强制保险条例》《旅行社条例》等。地方性法规即各省、自治区、直辖市人民代表大会及其常务委员会制定的地方性法规;司法解释就是指最高人民法院作出的司法解释;国际条约一般是指我国加入的国际条约,我国未加入的国际条约不能构成我国合同法的法源。

《最高人民法院关于裁判文书引用法律、法规等规范性法律文件的规定》第四条规定:"民事裁判文书应当引用法律、法律解释或者司法解释。对于应当适用的行政法规、地方性法规或者自治条例和单行条例,可以直接引用。"最高人民法院不但通过司法解释,也通过发布指导性案例,在审判实务中对合同法法源之一的法律作了扩大解释,即法律包括狭义上的法律、法律解释、行政法规、地方性法规、自治条例或者单行条例、司法解释等。

2. 习惯

习惯是指多数人对同一事项,经过较长时间养成的、一时间不容易改变的行为,亦有学者在法理上将其解释为"在一定地域、行业范围内长期为一般人确信并普遍遵守的民间习惯或者商业惯例"[①]。也就是说,如果某一行为仅是在短时间内为当事人所采取,或者虽是较长时间但为少数人采取,均不能被称为习惯。"习惯"在何种意义上能上升到习惯法?习惯法既是行为规范,也是裁判规范;更确切地说,它始终首先是行为规范,通过行为规范才变成裁判规范[②]。有学者认为习惯法是"通过共同体内反复的践行方式展现出的一个普遍而具有规范法效力意志所产生的非成文法"。从这点看来,《中华人民共和国民法典》第十条规定的习惯还未上升为习惯法。"可以适用习惯"仅仅是法律对法官的一项授权,是司法自由裁量权的体现,而且法官在选择适用习惯时,必须首先适用成文法,只有没有成文法或者成文法适用到具体案件中明显违背公序良俗时,法官才可以将习惯作为裁判依据。还需注意到的是,适用法律强调的是"应当",是必须遵守的义务,而适用习惯则使用"可以"一词,是建议可以适用习惯,所以审判实务中也可以不适用习惯,法律上都是允许的。

---

① 石宏.《中华人民共和国民法总则》条文说明、立法理由及相关规定[M].北京:北京大学出版社,2017.

② 埃利希.法社会学原理[M].舒国滢,译.北京:中国大百科全书出版社 2009:497,499,500.

(三) 合同法的原则

合同法的基本原则是体现合同法背后的主要价值或者目标,是民事主体从事民事活动和裁判者进行裁判活动应当遵循的基本准则①。换而言之,合同法的基本原则,是制定和执行合同法的总的指导思想,是贯彻合同法始终的根本原理与准则,是解决合同纠纷的基石,也是合同法区别于其他法律的标志。根据法学理论和合同法的相关规定,合同法具有以下基本原则。

1. 平等原则

《中华人民共和国民法典》第四条规定:"民事主体在民事活动中的法律地位一律平等。"换而言之,平等就是指作为民事主体的合同当事人在涉及合同的活动中的法律地位与民事权利是平等的。平等原则具体体现在签订合同时,每个民事主体都具有平等的缔结合同的资格,而无男女、经济条件等因素制约;在履行合同中,无论合同一方当事人是自然人还是法人,或者其他组织,其在民事活动中的法律地位一律平等;在因合同履行产生纠纷时,合同当事人都能受到民事法律的保护,虽然保护的具体方式不一致,但是会平衡民事主体的利益,每个民事主体具有平等的权利决定是否解除合同等。

2. 合同自由原则

《中华人民共和国民法典》第五条规定:"民事主体从事民事活动,应当遵循自愿原则,按照自己的意思设立、变更、终止民事法律关系。"自愿原则即各国民法基本原则之一的契约自由原则,在合同法中就体现为合同自由原则。合同自由原则的内容具体表现为:①缔结合同的自由,即当事人具有订立合同的权利,能自由选择订立或不订立合同;②选择合同相对人的自由,即当事人具有自主选择合同相对人的权利,能选择与何人签订合同或者不与何人签订合同;③决定合同内容的自由,即签订合同的双方当事人都具有自由决定合同内容的权利,包括约定合同双方当事人权利义务的自由、变更或者解除合同的自由、约定违约责任的自由等;④选择合同形式的自由,即当事人具有选择合同订立方式的自由,可以选择口头合同也可以选择书面合同,可以选择有名合同也可以选择无名合同,可以选择格式合同也可以磋商订立合同。

3. 公平原则

《中华人民共和国民法典》第六条规定:"民事主体从事民事活动,应当遵循公平原则,合理确定各方的权利和义务。"合同法调整的是平等主体之间的权利义务关系,所以公平原则不仅是合同法的基本原则,还是民法的基本原则。公平原则又分为程序上的公平与结果上的公平。程序公平体现为在当事人缔结合同时公平地确定双方的权利义务,一方不能利用优势地位或者滥用权利签订合同,不得假借订立合同恶意磋商损害对方当事人合法权益,订立格式合同时对格式合同提供者作不利于其的解释等;结果公平就是指不仅订立合同时要求公平,在一定条件下对合同的实质结果也必须公平,比如说对于显失公平的合同一方当事人有申请法院或者

---

① 李适时. 关于《中华人民共和国民法总则(草案)》的说明(2016年6月27日在第十二届全国人民代表大会常务委员会第二十一次会议上)[R].

仲裁机构变更或撤销合同的权利,在违约金畸高或者畸低的情况下可以申请法院或者仲裁机构予以变更违约金的数额。当然,由于这些变更是在合同订立后产生的,而依法成立的合同对当事人具有法律约束力,当事人应当按照约定履行自己的义务,所以一方当事人欲对合同变更必须借助于法院或者仲裁机构,而不能由当事人随意变更,破坏契约自由。

4. 诚实信用原则

《中华人民共和国民法典》第七条规定:"民事主体从事民事活动,应当遵循诚信原则,秉持诚实,恪守承诺。"诚实信用原则曾是民法上唯一的原则,被称为"帝王条款"或"帝王规则",是指合同当事人在订立合同、行使权利和履行合同义务时应当为对方当事人承担善意、诚实、信用的责任,保证不向对方做欺诈性行为。诚实信用原则为一切市场参加者树立了"诚实商人"和"诚实劳动者"的道德标准,隐约地反映了市场经济客观规律的要求[①]。诚实信用原则的内容具体表现为:①订立合同时不能有欺诈行为,进入合同磋商阶段时具有先合同义务,如保守订立合同时获取的商业秘密;②对依法成立的有效合同应该严格履行合同义务,不能随意变更和撤销,对合同条款双方意见不一致时,可以协商解决或者依照商业习惯理解;③合同履行完毕时履行后契约义务,即恪守商业道德,保守履行合同中获得的商业秘密,及时履行协助、通知等义务。

5. 守法原则与公序良俗原则

《中华人民共和国民法典》第八条规定:"民事主体从事民事活动,不得违反法律,不得违背公序良俗。"公序良俗顾名思义是公共秩序与善良风俗,这也是现代民法的一项重要原则。守法原则与公序良俗原则不同于前面四种原则,前四种原则的关注点都限于双方当事人,而将本原则确定为合同法的基本原则之一,目的在于确保当事人签订合同时不能互相串通,损害国家利益和社会公共利益。遇到损害国家利益、社会利益和社会道德秩序的行为,而又缺乏相应的禁止性法律规定时,法院可以违反公序良俗为由判决该行为无效[②]。守法原则与公序良俗原则的具体要求是:签订合同的当事人不能是违反法律的主体,且在签订合同时应该遵守法律规定,不得签订内容违反法律的合同,并且在合同的执行过程中仍依法履行合同确立的义务,在需要变更合同内容或者追究违约责任时也依法行使权利,不能危害社会公共利益,破坏社会主义市场经济秩序。

6. 绿色原则

《中华人民共和国民法典》第九条规定:"民事主体从事民事活动,应当有利于节约资源、保护生态环境。"这是民法领域首次将绿色原则写入民法中,更是首次将其设定为民法的基本原则,贯穿于《中华人民共和国民法典》始终。我国经济建设经过数十年突飞猛进的发展,确实取得了不俗的成绩,综合国力得到了大幅提高,人民生活水平也显著提高。但是,随之而来的就

---

① 梁慧星.诚实信用原则与漏洞补充[J].法学研究,1994(2):22-29;梁慧星.民法总论[M].5版.北京:法律出版社,2017:273.

② 梁慧星.民法总论[M].5版.北京:法律出版社,2017:51.

是资源浪费的现象越来越严重，环境被污染，生态被破坏，甚至于被毁灭性破坏，后期修复的资金也远远高于攫取的经济利益。"绿水青山就是金山银山"理念的提出就是我国顺应时代发展的要求，但从具体实践上升到法律层面这还是世界首创的"中国方案"。《中华人民共和国民法典》不仅将绿色原则作为基本原则，在随后的物权、合同、侵权责任等篇章中也作了明确规定，其中与合同法相关的法律条款体现在第三编第五百零九条第三款的规定中，即当事人在履行合同过程中，应当避免浪费资源、污染环境和破坏生态。

第二节 合同的订立

一、合同的主体

合同的订立首先要涉及合同的主体问题，也就是说谁有资格订立合同，合同由谁履行，违约责任由谁承担等。《中华人民共和国民法典》第四百六十四条第一款规定："合同是民事主体之间设立、变更、终止民事法律关系的协议。"第二条又规定："民法调整平等主体的自然人、法人和非法人组织之间的人身关系和财产关系。"从中可以看出，合同的主体应该是合同权利义务关系的承载者，具体来说就是自然人、法人和非法人组织。而能否成为合同主体，法律作出了具体要求，《中华人民共和国民法典》第十三条和第十八条规定了自然人的民事权利能力和民事行为能力，第五十七条至第五十九条规定了法人作为独立的民事主体资格的要求，第一百零二条和第一百零三条规定了非法人组织为第三类民事主体的要求，也就是说只有符合这些法律规定的主体才能作为合同的主体，具有订立合同的资格，成为合同的"当事人"。

二、合同的形式

《中华人民共和国民法典》第四百六十九条第一款规定："当事人订立合同，可以采用书面形式、口头形式或者其他形式。"在我国，遵循合同形式自由原则，当事人可以自由选择订立合同的形式。合同的形式包括书面形式、口头形式和其他形式。

1. 书面形式

书面形式，就是以文字形式表现合同内容的订立合同的形式。《中华人民共和国民法典》第四百六十九条第二款规定："书面形式是合同书、信件、电报、电传、传真等可以有形地表现所载内容的形式。"第三款又规定："以电子数据交换、电子邮件等方式能够有形地表现所载内容，并可以随时调取查用的数据电文，视为书面形式。"可以看出，《中华人民共和国民法典》对合同书面形式作出了列举，是指合同书、信件和数据电文（包括电报、电传、传真、电子数据交换和电子邮件）等可以有形地表现所载内容的形式。合同书是双方当事人书面订立的具有合同详细内容的文书，一般来说是内容最为具体、翔实的一种书面合同形式。信件能不能成为合同的书面形式，就要求双方当事人在往来信件中能够明确表示签订合同的意愿，体现合同的主要内容，如果没有签订买卖合同的意思表示或者来往信件没有反映合同的内容，那这些信件也就不能成为合同的载体。数据电文包括了电报、电传、传真、电子数据交换和电子邮件等多种形式。

随着信息化的高速发展,越来越多的合同以电子邮件等形式体现,数据电文是否能成为合同的书面载体,要求和信件一致,否则也不能成为合同。虽然我国法律规定合同的形式采取自愿原则,但有例外,即特定情况下有些合同必须采取书面形式。《中华人民共和国民法典》第六百八十五条第一款规定:"保证合同可以是单独订立的书面合同,也可以是主债权债务合同中的保证条款。"《中华人民共和国城市房地产管理法》第四十一条规定:"房地产转让,应当签订书面转让合同,合同中应当载明土地使用权取得的方式。"虽然法律没有规定如果必须采用书面形式订立的合同没有采用会如何,但法律在作出上述规定后,也就是把合同的形式作为合同成立的要件,如果不采取书面形式订立合同,则可能导致双方间的合同不成立或者无效。

2. 口头形式

口头形式,就是双方当事人没有采取书面形式,而是以口头语言作为订立合同的形式。双方当事人面对面或者通过电话,表达了订立合同的合意并商定了合同的主要内容,就是以口头形式订立了合同,现在经常使用的微信语音方式也属于口头形式的一种。相比较于通过书面形式订立合同来说,口头形式订立合同具有方便、快捷的便利,比如说,在放心早餐购买早餐,买方询价并付钱,卖方同意并给付食品,即订立了口头形式的合同。但是,口头形式订立的合同相比较于书面形式订立的合同,其最大的缺陷就在于举证困难,一旦因合同履行发生纠纷,双方当事人均存在举证问题,对于稳定交易及解决纠纷极为不利,所以法律特别规定重要的合同都要以书面形式订立,比如说房屋买卖合同。

3. 其他形式

合同的其他形式究竟是什么,民法典对此没有明确规定,最高人民法院现还未对此出台相应的司法解释。我们可以参照因合同法失效而导致失效的《最高人民法院关于适用〈中华人民共和国合同法〉若干问题的解释(二)》中对此的规定,该司法解释第二条规定:"当事人未以书面形式或者口头形式订立合同,但从双方从事的民事行为能够推定双方有订立合同意愿的,人民法院可以认定是以合同法第十条第一款中的'其他形式'订立的合同。但法律另有规定的除外。"所以,我们认为合同的其他形式就是指当事人既没有采取书面形式订立合同,也没有采取口头形式订立合同,而是以双方当事人的民事行为推定确立了合同关系。举例来说,商场里安装了自动售货机,顾客如需购买自动售货机内的商品,投入足额货币或者向售货机所提供的账号转入足额金钱,则双方间的买卖合同关系即成立,在该合同订立的过程中既未采用书面形式也未采用口头形式,而是以双方的民事行为推断的。《最高人民法院关于审理买卖合同纠纷案件适用法律问题的解释》第一条也规定了一方当事人以送货单、收货单、结算单、发票等主张存在买卖合同关系的,或者对账确认函、债权确认书等函件、凭证没有记载债权人名称,买卖合同当事人一方以此证明存在买卖合同关系的,人民法院依法判定是否存在买卖合同关系。

三、合同的条款

当事人订立买卖合同具有自主权利,合同的内容由双方约定,但是一般应该包括当事人的姓名或者名称和住所、标的、数量、质量、价款或者报酬、履行期限、履行地点和方式、违约责任、解决争议的方法,这些基本内容涵盖了合同的主要条款,体现了合同当事人真实的意思表示,约定了双方的权利义务,为确保合同的正确履行奠定了基础。《中华人民共和国民法典》第四百七十条不仅规定了合同的内容,还规定当事人可以参照各类合同的示范文本订立合同。比如,为了引导规范合同签约履约行为,维护各方当事人权益,矫正不公平格式条款,《国家工商行政管理总局关于制定推行合同示范文本工作的指导意见》对于合同示范文本的制定和推行作出了具体规定。

四、要约和承诺

合同的订立是当事人通过接触、协商,就合同内容成一致意见的动态过程。《中华人民共和国民法典》第四百七十一条规定:"当事人订立合同,可以采取要约、承诺方式或者其他方式。"此次立法新增加了"其他方式",也就是说,我国订立合同的方式不再局限于要约与承诺两种形式,还包括了可以以其他形式订立合同,但要约与承诺一直以来作为订立合同必需的两个阶段,所谓无要约与承诺也就无合同,可见要约与承诺制度在我国合同法中的重要地位仍未改变。

"要约是希望与他人订立合同的意思表示",这是我国民法典对要约的明文规定,并且该法律条款同时体现了要约的要件:第一,要约的意思表示是由特定人作出的;第二,要约向相对人发出,且相对人是要约人欲与之缔结合同的相对人;第三,要约的内容具体明确,不产生疑义与分歧;第四,要约的主观目的是缔结合同,要约一旦发出,受要约人在规定的期限内作出了承诺,要约人需受其要约意思表示的拘束,不得随意变更。要约在实践中一般可以采取书面或者口头形式,包括:在货架上放置的标明价格的商品、符合要约要件的商业广告、能正常使用的自动售货机以及悬赏广告,同时《中华人民共和国民法典》第四百七十三条第一款规定了非要约的情况,列举了拍卖公告、招标公告、招股说明书、债券募集办法、基金招募说明书、商业广告和宣传、寄送的价目表等,这些均为要约邀请,不能产生要约的法律效力。

承诺,《中华人民共和国民法典》第四百七十九条对它的定义是"受要约人同意要约的意思表示"。承诺的构成要件也主要包括四个方面:第一,承诺必须由受要约人作出,如果受要约人是特定人时,承诺须由该特定人或其代理人作出,如果受要约人为不特定人时,该不特定人中的任一人或代理人均有权作出承诺;第二,受要约人作出的承诺必须向要约人或者其代理人作出,如果向其他人作出则不构成承诺;第三,承诺的内容应当与要约的内容一致,有关合同标的、数量、质量、价款或者报酬、履行期限、履行地点和方式、违约责任和解决争议方法等对要约的内容作出实质性变更的,不是承诺而是新要约;第四,承诺应当在要约确定的期限内到达要约人。

五、合同成立的时间和地点

1. 合同成立的时间

合同成立的时间就是指合同成为客观实在的时间。合同成立时间的确定对于是确定缔约过失还是违约责任时具有极为重要的意义,将直接决定合同当事人承担责任的方式与范围。《中华人民共和国民法典》第四百八十三条规定:"承诺生效时合同成立,但是法律另有规定或者当事人另有约定的除外。"也就是说合同成立的时间除法律另有规定或者当事人另有约定的情况外,实际上是由承诺生效的时间决定的。具体有以下几种情况:一是口头形式订立的合同,成立的时间就是承诺到达要约人时立即成立,如果双方是以面对面直接对话的方式作出的承诺,则承诺方必须即时作出承诺且一经作出,合同当即生效;二是书面形式订立的合同,双方当事人签字或者盖章后即生效,或者在签字或者盖章前,一方当事人已经履行了主要义务,另一方当事人接受的,该合同即生效;三是交叉要约订立的合同,交叉要约就是指一方当事人向另一方当事人作出了拟订立合同的要约,与此同时,另一方当事人也向该方当事人作出了同样内容的要约,此时双方意思表示一致,法律推定其必互有承诺的结果,所以交叉要约订立的合同无须再作出承诺,而是第二个要约到达时合同即告成立。

2. 合同成立的地点

合同成立的地点,顾名思义,就是合同在哪里成立。因为我国民事诉讼法规定,合同纠纷的当事人可以书面协议选择被告住所地、合同履行地、合同签订地、原告住所地、标的物所在地等与争议有实际联系的地点的人民法院管辖,所以合同成立的地点也就是合同签订地可以经当事人协议选择成为纠纷产生后的诉讼管辖地点。具体有以下几种:一是口头形式订立的合同,合同成立的地点就是承诺到达的地点;二是书面形式订立的合同,双方当事人签字或者盖章的地点为合同成立的地点,如果双方当事人签字或者盖章的地点不一致,应当以最后签字或者盖章的地点作为合同签订地,也就是合同成立的地点;三是交叉要约订立的合同,第二个要约到达地就是合同成立的地点。

第三节 合同的履行

合同法的作用正是在于,以法律所具有的特殊强制力,保障合同当事人正确履行合同,使合同关系归于消灭,通过合同关系的不断产生、履行和消灭,实现社会经济流转[①]。换而言之,当事人订立合同的最终目的在于履行合同,通过债务人或者第三人做出合同约定的给付行为,使因合同关系而产生的债权债务关系归于消灭。

一、合同履行的主体

1. 履行人

合同履行的主体在以罗马法为代表的传统民法理论看来,仅由负有履行义务的债务人承担,因为"不论何人不得为他人约定",合同由于具有相对性原则,所以合同的拘束力也仅限于合同当事人之间,不能及于第三人。但是随着市场交易规模的不断扩大,合同的相对性原则严重限制了商品经济的发展,现代各国法律都已经突破这一原则,使用履行辅助人这一制度,即

---

① 王家福. 中国民法学·民法债权[M]. 北京:法律出版社,1991:385.

履行辅助人以债务人的名义清偿债务,这在本质上仍是债务人的履行。法律突破合同相对性原则设立履行辅助人制度后,还作了进一步的突破,即规定了第三人可以以自己的名义向债权人清偿债务,因为一般情况下无论是债务人清偿债务还是第三人清偿债务,对于债权人都无区别。而且《中华人民共和国民法典》第五百二十三条规定:"当事人约定由第三人向债权人履行债务,第三人不履行债务或者履行债务不符合约定的,债务人应当向债权人承担违约责任。"但是也存在例外情况,如果债务属于必须由债务人亲自履行的情况,具有人身不可替代性,如邀请明星商业演出,则不得由第三人代为履行合同义务。

2. 履行受领人

履行受领人顾名思义就是债务人履行义务时,能够接受并使合同产生的债务归于消灭的人。一般情况下,债权人是当然的履行受领人,债权人的代理人也可以债权人的名义代为受领债务人履行义务。债权人以外的人只有在特定情况下才可以成为履行受领人。《中华人民共和国民法典》第五百二十二条第一款规定:"当事人约定由债务人向第三人履行债务,债务人未向第三人履行债务或者履行债务不符合约定的,应当向债权人承担违约责任。"该条第二款规定:"法律规定或者当事人约定第三人可以直接请求债务人向其履行债务,第三人未在合理期限内明确拒绝,债务人未向第三人履行债务或者履行债务不符合约定的,第三人可以请求债务人承担违约责任;债务人对债权人的抗辩,可以向第三人主张。"所以,合同双方当事人依据相关法律规定或者通过协商,可由第三人作为履行受领人,要求债务人履行合同义务。

二、合同履行的障碍

当事人订立合同时,为了确保合同的顺利履行,磋商时会尽可能地追求合同内容的严谨与规范,但合同在实际的履行过程中,除过正常履行完毕的合同,仍会遇到各种障碍致使合同不能履行。债务人可以拒绝履行合同。《中华人民共和国民法典》第五百七十八条规定:"当事人一方明确表示或者以自己的行为表明不履行合同义务的,对方可以在履行期限届满前请求其承担违约责任。"这就说明,债务人可以以明示的方式或者默示的方式拒绝履行义务,当然,拒绝履行义务也将导致债务人承担违约责任,而债权人不仅可以要求债务人履行义务,还同时有不安抗辩权和合同解除权可供选择。

1. 不可抗力

《中华人民共和国民法典》第一百八十条规定:"因不可抗力不能履行民事义务的,不承担民事责任。法律另有规定的,依照其规定。不可抗力是不能预见、不能避免且不能克服的客观情况。"合同签订后,并非出于当事人自身的意愿,而是由于不能预见、不能避免并不能克服的客观情况致使合同履行不能,就是不可抗力导致的合同履行不能。我国海商法对于不可抗力的范围列举了几种情况,其他法律中并未直接规定,一般认为自然灾害、社会异常事件以及政府行为在符合不可抗力构成要件的情况下,可以成为不可抗力。当然,由于不可抗力并非出于债务人主观意愿,所以法律规定不可抗力导致的合同履行不能,债务人可以部分或者全部免除责任,兼顾债权人和债务人的合法权益。

2. 债务人履行不能

当事人签订合同的目的是完成商品交易,但是合同的履行过程是一段时间,在此期间,一方当事人可能由于生产经营发生重大调整或者破产、履行合同所需的条件不具备等问题,债务人想履行合同而实际上却不能履行,导致违约责任产生,这就是债务人原因导致的履行不能。《中华人民共和国民法典》第五百八十条将债务人履行不能分为法律上的不能与事实上的不能,法律上的不能是指基于法律规定不能履行,事实上的不能是基于自然法则不能。例如买卖房屋时,出卖一方的房屋因已为其借款提供担保并进入人民法院强制执行程序,买卖双方无法完成房屋过户手续,属于因为法律上的履行不能。而货物在运输途中,因汽车自燃导致货物全部被烧毁,因应交付的货物已不存在而属于事实上的不能履行。

3. 不完全履行

《中华人民共和国民法典》第五百七十七条规定:"当事人一方不履行合同义务或者履行合同义务不符合约定的,应当承担继续履行、采取补救措施或者赔偿损失等违约责任。"当事人不履行合同义务就是前文提到的债务人拒绝履行合同或者债务人履行不能的情况,而履行合同义务不符合约定就是当事人不完全履行合同义务的情况。对于何种情况属于不完全履行,《中华人民共和国民法典》第六百一十二条规定:"出卖人就交付的标的物,负有保证第三人对该标的物不享有任何权利的义务,但是法律另有规定的除外。"第六百一十七条规定:"出卖人交付的标的物不符合质量要求的,买受人可以依据本法第五百八十二条至第五百八十四条的规定请求承担违约责任。"也就是说,法律规定不完全履行包括了标的物瑕疵和权利瑕疵两种情况。

第四节 违约责任

一、违约责任概述

《中华人民共和国民法典》第五百七十七条对违约责任的表述为"当事人一方不履行合同义务或者履行合同义务不符合约定",违约者依法应当承担继续履行、采取补救措施或者赔偿损失等违约责任。除此之外,《中华人民共和国消费者权益保护法》《中华人民共和国食品安全法》等都有关于违约责任的规定。概括来说,违约责任是指合同当事人一方不履行合同义务或履行合同义务不符合合同约定,其依法产生的应承担的赔偿损害、支付违约金等法律责任。也就是说违约责任具有三个特征:一是相对性。违约责任是由违约方向守约方承担的民事责任,对于合同之外的第三人并无法律上的约束力,即使违约行为由第三人导致,但仍由违约人先行承担违约责任,再向第三人追偿,守约人不能要求第三人承担违约责任。二是预期性。相比较于侵权责任是侵权行为产生后引发的民事赔偿责任,合同一方当事人如果"明确表示或者以自己的行为表明不履行合同义务的",另一方当事人就能提前预知违约行为的产生,及时要求违约方承担违约责任,而无须等待实际违约后再要求违约方承担违约责任。三是补偿性。违约责任的承担除要求违约方继续履行以完成合同目的外,还可以通过赔偿损失等多种方式要求违约方承担违约责任,以补偿守约方产生的经济损失。

在合同纠纷中,守约方能否向违约方主张违约责任,或者守约方如何向违约方主张违约责任,一直以来都是法学理论界和实务界争论的焦点与难点之一,在司法实践中,人民法院对于貌似同样的案件也作出了不同的判决结果。因《中华人民共和国民法典》第三编第一分编第八章以"违约责任"作为单独篇章对此作出规定,下文主要以该章的规定对违约责任的承担予以简单介绍。

二、违约行为

守约方要求违约方承担违约责任的前提是违约方存在违约行为,而违约行为分为以下两种情况。

一是预期违约行为,从字面上理解就是合同义务没有履行之前就能预见到对方会有违约行为。所以有学者认为,预期违约是指在合同规定的履行期限到来之前,合同一方当事人表示将不履行或者可能无能力履行合同义务[1]。《中华人民共和国民法典》第五百七十八条规定:"当事人一方明确表示或者以自己的行为表明不履行合同义务的,对方可以在履行期限届满前请求其承担违约责任。"所以又根据违约方不履行合同的违约行为是否主动分为明示的预期违约和默示的预期违约两种形式。比如说,在网络购物买卖合同中,买方在线上购买商品,产生订单后未付款就自行取消订单,这就是明示的预期违约行为,买方以自己的行为明确表示不履行付款义务;而如果买方产生订单后直至订单保留时间到期仍不付款[2],买方就是默示的预期违约行为,以自己不履行付款义务的行为暗示违约。

二是实际违约行为,相对于预期违约行为,就是指在合同履行过程中产生的违约行为。依照我国民法典的相关规定,实际违约行为可以分为以下几种情形:①拒绝履行,指在合同履行期限届满之后,合同一方当事人在无正当理由的情况下拒绝履行全部合同义务的行为,例如买方拒绝支付货款,卖方拒绝发货;②不完全履行,又称部分履行,指合同当事人仅履行了部分义务,且履行的义务致使合同目的不能完全实现,例如买方在分期付款购买商品的情况下,仅支付了部分款项、未支付完尾款,卖方发货数量严重不符合合同约定的数量等;③迟延履行,又称逾期履行,指合同履行期限届满后,当事人仅履行了部分合同义务,例如买方迟迟不受领商品,卖方迟迟不发货;④商品质量瑕疵,指合同标的不符合合同约定的要求,当事人合同目的不能实现,例如卖方出卖制冷功能损坏的冰箱,导致买方无法实现购买冰箱冷藏、冷冻食品的目的。

三、违约责任形式

1. 继续履行

继续履行,又称为强制实际履行或依约履行,指在违约方不履行合同或者履行合同不符合

---

[1] TREITEL G H. The Law of Contract[M]. London:Stevens&Sons,1983:642.
[2] 一般来说各个购物平台会对订单予以保留数分钟或者数十小时不等的时间,在此期间买方可以随时付款。

约定时,由法院强制违约方继续履行合同债务的违约责任方式[1]。《中华人民共和国民法典》第五百七十七条在列举违约责任的形式时,将继续履行排在第一位,居所有违约责任形式之首,这也表明合同法的立法目的是保障当事人尽可能履行合同义务来实现合同目的。继续履行虽然是履行行为,但是因为发生在违约行为之后,违约方不会自觉履行合同义务,也不允许守约方自力救济,而是依靠国家公权力介入迫使违约方继续履行合同义务。其中,对于金钱债务,是无条件适用继续履行的,而非金钱债务只有在特定条件下才能适用继续履行。《中华人民共和国民法典》第五百八十条规定:"当事人一方不履行非金钱债务或者履行非金钱债务不符合约定的,对方可以请求履行,但是有下列情形之一的除外:(一)法律上或者事实上不能履行;(二)债务的标的不适于强制履行或者履行费用过高;(三)债权人在合理期限内未请求履行。有前款规定的除外情形之一,致使不能实现合同目的的,人民法院或者仲裁机构可以根据当事人的请求终止合同权利义务关系,但是不影响违约责任的承担。"也就是说在这三种情况下违约方无须继续履行,而只能采取其他形式承担违约责任。

2. 违约金

违约金,是指当事人双方约定的违约方应当向对方支付的一定数额的金钱[2]。《中华人民共和国民法典》第五百八十五条第一款规定:"当事人可以约定一方违约时应当根据违约情况向对方支付一定数额的违约金,也可以约定因违约产生的损失赔偿额的计算方法。"从该法条可以看出,适用违约金的前提是合同当事人事先通过合同对违约需赔偿的金钱数额作出了明确的约定,体现了合同法尊重当事人的意思自治,适不适用违约金、违约金的数额等一般不通过法律强制规定,而且这种违约金的目的是由违约方赔偿守约方的损失,并不带有惩罚性。但第五百八十五条第二款又规定:"约定的违约金低于造成的损失的,人民法院或者仲裁机构可以根据当事人的请求予以增加;约定的违约金过分高于造成的损失的,人民法院或者仲裁机构可以根据当事人的请求予以适当减少。"也就是说法律虽然对违约金适用与否尊重当事人意思自治,但是为了避免一方当事人利用违约金数额的多寡严重侵害另一方当事人的合法权益,对于违约金的数额作出了限制性规定,而认定违约金高或者低也不由当事人自行决定,而只能由人民法院或者仲裁机构予以调整。同时该条第三款规定:"当事人就迟延履行约定违约金的,违约方支付违约金后,还应当履行债务。"该条款也明确了违约方虽然支付违约金,但是不能以此逃避履行义务,二者并不冲突,合同法的立法目的仍在于保证合同顺利履行。

3. 违约定金

定金是以确保合同的履行为目的,由一方当事人交付另一方当事人的金钱,它也是合同法中最古老的制度之一。而定金根据当事人的不同意思,一般认为可以分为立约定金、证约定金、违约定金和解约定金四种形式,其中违约定金就是指支付定金的一方当事人在具有违约行为时不能拿回定金,接收定金的一方当事人在具有违约行为时应当双倍返还定金,换句话说,

---

[1] 崔建远.合同责任研究[M].长春:吉林大学出版社,1992:169.
[2] 江平.民法学[M].北京:中国政法大学出版社,2011:621.

就是通过定金交付与返还的方式,双方当事人都以丧失定金为代价取得订立合同、不履行合同义务或者解除合同的自由。违约定金虽然以当事人违约为前提,但它的本质仍是定金而非违约金。《中华人民共和国民法典》第五百八十六条规定:"当事人可以约定一方向对方给付定金作为债权的担保。定金合同自实际交付定金时成立。定金的数额由当事人约定;但是,不得超过主合同标的数额的百分之二十,超过部分不产生定金的效力。实际交付的定金数额多于或者少于约定数额的,视为变更约定的定金数额。"从该条中可以看出违约定金与违约金最重要的区别在于,违约定金不仅具有违约金的功能,还在法律上具有担保功能,这也是定金的本质。

4. 赔偿损失

赔偿损失,是指因合同一方当事人的违约行为给另一方当事人造成了损害,该当事人应依照法律规定或双方合同约定赔偿对方所遭受的损失的违约责任形式。《中华人民共和国民法典》第五百七十七条规定了赔偿损失是法定的违约责任形式。赔偿损失的构成要件包括四个方面:一是违约方存在违约行为;二是违约行为导致守约方受有损害;三是违约方的违约行为与被违约方所受损害之间有因果关系;四是违约人的违约行为不具有免责事由。这四个要件缺一不可,否则一方当事人不应承担赔偿另一方当事人损失的责任。赔偿损失按法律规定的不同又分为三个形式,即一般法定赔偿、特别法定赔偿与约定赔偿。一般法定赔偿是指依照一般法律规定,主要是依照合同法的规定确定的损害赔偿。例如《中华人民共和国民法典》第五百八十四条明确了赔偿损失的范围,规定:"当事人一方不履行合同义务或者履行合同义务不符合约定,造成对方损失的,损失赔偿额应当相当于因违约所造成的损失,包括合同履行后可以获得的利益;但是,不得超过违约一方订立合同时预见到或者应当预见到的因违约可能造成的损失。"特别法定赔偿是指区别于一般法定赔偿,依照特殊的法律规定确立的损害赔偿。《中华人民共和国民法典》第一百二十八条规定:"法律对未成年人、老年人、残疾人、妇女、消费者等的民事权利保护有特别规定的,依照其规定。"而根据《中华人民共和国消费者权益保护法》第五十五条的规定,经营者提供商品或者服务有欺诈行为的,应当按照消费者的要求增加赔偿其受到的损失,增加赔偿的金额为消费者购买商品的价款或者接受服务的费用的三倍。也就是说,法律为了保护特定群体的权益,特别法定赔偿加重了特定一方当事人的赔偿损失责任,例如上述情况消费者可以要求经营者给付三倍赔偿,此时的赔偿责任不仅带有补偿性,已带有惩罚性。约定赔偿是指合同双方当事人基于对当时客观条件和未发生的损失的有限预测而通过合同事先约定违约后导致的损害赔偿。如《中华人民共和国民法典》第五百八十五条第一款规定:"当事人可以约定一方违约时应当根据违约情况向对方支付一定数额的违约金,也可以约定因违约产生的损失赔偿额的计算方法。"约定赔偿虽然是为了弥补法定损害赔偿的不足而产生的,可是由于合同法是以当事人意思自治为基础的,约定赔偿相比较于法定赔偿来说更能体现当事人意思自治,维护合同的平等关系,所以在不违背法律强制性规定的情况下,约定赔偿优先于法定赔偿适用。

赔偿损失在我国一般是金钱赔偿,而对于赔偿金额的确定,《中华人民共和国民法典》第五百八十四条规定了损失赔偿额应当相当于因违约所造成的损失,包括合同履行后可以获得的利益;但是,不得超过违约一方订立合同时预见到或者应当预见到的因违约可能造成的损失。在审判实务中,《最高人民法院关于当前形势下审理民商事合同纠纷案件若干问题的指导意见》对此作出了可操作性的规定,其中第十条规定,人民法院在计算和认定可得利益损失时,应当综合运用可预见规则、减损规则、损益相抵规则以及过失相抵规则等,从非违约方主张的可得利益赔偿总额中扣除违约方不可预见的损失、非违约方不当扩大的损失、非违约方因违约获得的利益、非违约方亦有过失所造成的损失以及必要的交易成本。这个指导意见对于人民法院统一适用自由裁量权确定赔偿数额提供了具有可操作性的标准。

5. 其他补救措施

其他补救措施,也是一种独立的违约责任形式,顾名思义就是除继续履行、违约金、违约定金和赔偿损失四种违约责任之外的违约责任。《中华人民共和国民法典》第五百八十三条将这种责任形式与履行义务并列,也说明了其他补救措施与继续履行等措施之间具有互补性。而《中华人民共和国民法典》第五百八十二条对于采取补救措施依据的前提条件、适用范畴、表现形式等进行了列举式的规定,规定对违约责任没有约定或者约定不明确,依据该法第五百一十条的规定仍不能确定的,受损害方根据标的的性质以及损失的大小,可以合理选择请求对方承担修理、重作、更换、退货、减少价款或者报酬等违约责任。比如,履行数量不足的情况下,债权人可要求违约方补足数量;履行地点不正确的,债权人可要求违约方按照正确的地点履行合同①。由于其他补救措施的形式多种多样,在合同订立时选择合理的补救措施,对于合同的顺利履行与减少双方当事人的损失尤为重要,当然,即使当事人事先未曾约定或者事后不能合意,法律也提供了多种形式可供选择,这就要依赖于人民法院的自由裁量权对各种因素通篇考虑作以裁判。

第五节 买卖合同

一、买卖合同概述

《中华人民共和国民法典》第三编二十九章共五百二十六条是关于合同的具体规定,占了民法典全部法律条款的四成之多,而第九章"买卖合同"居于第二分编十九个合同之首,且《中华人民共和国民法典》第六百四十六条规定:"法律对其他有偿合同有规定的,依照其规定;没有规定的,参照适用买卖合同的有关规定。"因此,第九章"买卖合同"有"小总则"之称。通过搜索中国裁判文书网②,全国各级人民法院公开的裁判文书总量为110113905篇,民事法律文书为68233465篇,案由为合同纠纷的案件涉及的法律文书为31837855篇,其中买卖合同纠纷的案件涉及的法律文书为7912605篇。通过最高人民法院这个司法统计数据不难看出,合同纠纷尤其是买卖合同纠纷案件的数量在民商事纠纷案件中占据首位。所以说,买卖合同是现代

---

① 刘恋.网络团购合同违约责任问题研究[D].长沙:湖南师范大学,2013.
② 2020年12月20日通过中国裁判文书网 wenshu.court.gov.cn 查询。

社会经济生活中最典型、最普遍、最基本的交易形式,也被人称为"合同之王",在社会生活中被广泛地运用,是商品交换的典型法律形式[①]。基于买卖合同的重要性及囿于本书篇幅所限,不再对赠与合同、借款合同、保证合同、租赁合同等典型合同一一赘述,而仅对买卖合同这一种典型合同稍作研讨。

二、买卖合同的概念和特征

买卖合同是出卖人转移标的物所有权于买受人,买受人支付价款的合同。该概念已经《中华人民共和国民法典》第五百九十五条明文确定,所以出卖人和买受人的概念亦明确,即依照双方协议应交付标的物并转移标的物所有权的一方为出卖人,因支付价款而取得标的物所有权的一方为买受人。

买卖合同主要有以下几个方面的法律特征:

(1)买卖合同是典型合同,也叫有名合同。以法律是否对某一类合同设立明确的规范并赋予名称,将合同分为典型合同(有名合同)与非典型合同(无名合同)。《中华人民共和国民法典》第三编第二分编典型合同一章中,规定了十九个典型合同,除买卖合同外,还有供用电、水、气、热力合同及赠与合同等有明确名称的合同。

(2)买卖合同是双务合同。以合同双方当事人之间是否互相担负一定的义务,将合同分为双务合同与单务合同。买卖合同中买受人有支付价款的义务,出卖人有转移标的物所有权的义务,所以买卖合同是典型的双务合同。与之相反,一方负有义务,另一方无对等义务的保证合同就是单务合同。

(3)买卖合同是有偿合同。以合同一方当事人是否因为给付另一方相应的对价而取得标的物,将合同分为有偿合同与无偿合同。买卖合同是因买受人支付了价款才取得出卖人所有标的物,所以是有偿合同,如未支付价款而取得标的物的赠与合同就是典型的无偿合同。

(4)买卖合同是诺成合同。以合同是否仅以双方当事人意思表示一致、无须给付行为即可成立,将合同分为诺成合同和实践合同。包括买卖合同在内的大部分合同都是诺成合同,是基于双方当事人意思表示一致而成立的,仅少部分如保管合同只有寄存人交付欲寄存的保管物时才能成立。

三、买卖合同的当事人及义务

(一)买卖合同的当事人

如上所述,《中华人民共和国民法典》第五百九十五条规定了买卖合同具有双方当事人,其中出卖自己所有的标的物的一方是出卖人,也称作卖方;与之相对的是支付价款取得他人所有物的一方,是买受人,也称作买方。

1. 买受人

在绝大多数情况下,法律对买受人并无过多的要求,认为具有相应的民事行为能力、意思

---

① 魏振瀛,郭明瑞.民法[M].北京:高等教育出版社,2010:456.

表示真实的行为人,在不违反法律、行政法规的强制性规定,不违背公序良俗时所作的民事法律行为即有效,也就是说,这样的行为人就可以成为买卖合同中的买受人。但我们通过对法律条款及立法原意分析,在极少数的时候法律仍将这些人排除在买受人的范围之外。比如说,《中华人民共和国民法典》第三十四条第一款规定:"监护人的职责是代理被监护人实施民事法律行为,保护被监护人的人身权利、财产权利以及其他合法权益等。"如果监护人以代理人的身份出卖被监护人的财产,其又作为买受人购买被监护人的财产,那么谁能保证监护人在买卖时不侵犯被监护人的合法权益,所以被监护人在这种情况下就不能成为买受人。又如,《中华人民共和国民法典》第四十三条第一款规定:"财产代管人应当妥善管理失踪人的财产,维护其财产权益。"第四十四条第一款规定:"财产代管人不履行代管职责、侵害失踪人财产权益或者丧失代管能力的,失踪人的利害关系人可以向人民法院申请变更财产代管人。"同理,财产代管人如果以买受人身份购买其管理的失踪人财产,也会出现侵犯失踪人权益的情况,所以说财产代管人也必然不得成为其代管财产的买受人。

2. 出卖人

对于出卖人而言,买受人的限定条件同样适用于出卖人,同时要求出卖人理应是有权处分之人。有权处分之人,就是指依法律规定或者当事人约定可以处分标的物之人。一般情况下出卖人应该就是所有权人,就是对自己的不动产或者动产,依法享有占有、使用、收益和处分权利的人。《中华人民共和国民法典》第五百九十七条第二款规定:"法律、行政法规禁止或者限制转让的标的物,依照其规定。"这就包括《中华人民共和国文物保护法》,该法规定禁止买卖国家禁止买卖的文物或者将禁止出境的文物转让、出租、质押给外国人,否则将承担行政责任,严重的可能构成犯罪,将面临刑事处罚。故,法律、行政法规禁止或者限制转让标的物的所有权人在某种情形下也不能成为出卖人。

除了所有权人外,法律还规定了下列几种有处分权人可以成为出卖人:

第一种是担保物权人,包括抵押权人、质权人和留置权人。即债务人不履行到期债务或者发生当事人约定的实现抵押权、质权和留置权的情形,抵押权人、质权人和留置权人可以与抵押人等协议以该财产折价或者以拍卖、变卖该抵押财产所得的价款优先受偿。

第二种是人民法院。根据《中华人民共和国民事诉讼法》第二百四十三条规定,被执行人未按执行通知履行法律文书确定的义务,人民法院有权扣留、提取被执行人应当履行义务部分的收入。根据该规定,在被执行人未履行法定义务的情况下,人民法院有权对被执行人的特定财产进行处分,可以作为该特定财产的出卖人。

第三种是行纪人。《中华人民共和国民法典》第九百五十一条规定:"行纪合同是行纪人以自己的名义为委托人从事贸易活动,委托人支付报酬的合同。"所以行纪人在得到委托人的授权后,就能够以自己的名义独立自主地处分被委托人的财产,作为该财产的出卖人进行交易。

特别需要注意的是,《中华人民共和国民法典》第五百九十七条第一款实际上扩大了出卖人的范围,将无权处分人也纳入出卖人的范围,该法条规定:"因出卖人未取得处分权致使标的物所有权不能转移的,买受人可以解除合同并请求出卖人承担违约责任。"也就是说,出卖人除了可以出卖自己所有的财产,还可以出卖所有权为他人的财产,特别强调的是,该法条只是肯定了无权处分行为所致买卖合同的效力,并不意味着出卖的财产物权发生了转移,这也是民法典中物权效力和合同效力的不同。

(二)买卖合同当事人的义务

《中华人民共和国民法典》第五百零九条第一款规定:"当事人应当按照约定全面履行自己的义务。"买卖合同作为一个典型的双务合同,买受人与出卖人都负有相应的义务,但双方的义务并非一样的,而是双方间的债务具有牵连关系,具体来说就是有三种牵连关系:成立上的牵连关系、履行上的牵连关系、存续上的牵连关系。

1. 买受人的义务

(1)买受人的首要义务是受领标的物。买受人与出卖人达成买卖合同,其目的就是买受人通过合法途径取得他人之物的所有权,所以买受人必然具有按照合同约定或者交易习惯受领买卖合同标的物的义务。如果买受人无正当理由拒绝受领的,出卖人可以请求买受人赔偿增加的费用,但同时,法律也赋予买受人对于出卖人多交付或者提前交付标的物、交付的有瑕疵标的物,可以选择接收或者拒绝接收多交的部分。

(2)买受人最主要的义务是按照与出卖人约定的数额和支付方式支付价款。买卖合同订立时,买受人与出卖人必然要对标的物的价格与支付方式等进行约定,买受人应按照约定向出卖人支付价款,如果双方就价款没有约定或者约定不明确的,可以协议补充;不能达成补充协议的,按照合同相关条款或者交易习惯确定。对于如何支付价款,法律也作出了相应的规定,如买受人应当按照约定的地点支付价款。对支付地点没有约定或者约定不明确,经双方协商后仍不能确定的,买受人应当在出卖人的营业地支付;但是,约定支付价款以交付标的物或者交付提取标的物单证为条件的,在交付标的物或者交付提取标的物单证的所在地支付。此外,买受人应当按照约定的时间支付价款,对支付时间没有约定或者约定不明确,经双方协商后仍不能确定的,买受人应当在收到标的物或者提取标的物单证的同时支付。

(3)检验的义务。买受人收到标的物时,应当在双方约定的检验期限内检验标的物的数量和质量,没有约定检验期限的,应当在合理的期限内及时检验,这也是确保买卖合同履行的重要内容。

(4)通知的义务。通知义务也是买受人受领并检验标的物的附随义务,在出卖人交付的标的物多出合同约定时,买受人如果拒绝接收多出部分的,应当及时通知出卖人;或者在发现标的物的数量或者质量不符合约定的,也应该在约定的检验期限内或者合理期限内通知出卖人。

2. 出卖人的义务

(1)交付标的物。依照法律规定和合同约定,出卖人向买受人完成的标的物的交付,是出卖人最主要的义务。

出卖人应当按照约定的时间交付标的物。约定交付期限的,出卖人可以在该交付期限内的任何时间交付。当事人没有约定标的物的交付期限或者约定不明确的,可以通过协商补充交易期限;如果不能达成补充协议的,按照合同相关条款或者交易习惯确定。如果仍不能确定交付的期限,那么出卖人可以随时交付标的物,买受人也可以随时请求交付,但是应当给对方必要的准备时间。

出卖人应当按照约定的地点交付标的物。当事人没有约定交付地点或者约定不明确,也可以通过再次协议补充交易地点;如果不能达成补充协议的,按照合同相关条款或者交易习惯确定。如果仍不能确定,则适用下列规定:标的物需要运输的,出卖人应当将标的物交付给第一承运人以运交给买受人。标的物不需要运输,出卖人和买受人订立合同时知道标的物在某一地点的,出卖人应当在该地点交付标的物;不知道标的物在某一地点的,应当在出卖人订立合同时的营业地交付标的物。

出卖人应当按照约定的质量要求交付标的物。出卖人提供有关标的物质量说明的,交付的标的物应当符合该说明的质量要求,出卖人交付的标的物不符合质量要求的,买受人可以请求出卖人承担违约责任。

出卖人应当按照约定的包装方式交付标的物。对包装方式没有约定或者约定不明确,依据双方协商仍不能确定的,应当按照通用的方式包装;没有通用方式的,应采取足以保护标的物且有利于节约资源、保护生态环境的包装方式。

(2)将标的物所有权转移给买受人。如果说出卖人向买受人完成的标的物的交付是出卖人最主要的义务,那么出卖人将标的物所有权转移给买受人则是买卖合同的根本目的。

我国民法典明确规定,出卖人承担转移标的物所有权的义务,如果因出卖人未取得处分权致使标的物所有权不能转移的,买受人可以解除合同并请求出卖人承担违约责任。买卖合同的标的物一般分为动产和不动产。动产物权的设立和转让,自交付时发生效力,但是法律另有规定的除外。这表明,我国法律规定了交付作为动产所有权变更的主要形式,仅有极少数的例外情形由法律单独规定。同时,对于船舶、航空器和机动车等的特殊动产所有权虽然也是通过交付转移,但是没有依法办理登记手续的,不得对抗善意第三人。而对于不动产的所有权变更,法律规定必须依法办理登记手续,如果没有登记则所有权不发生变更。

(3)担保标的物权利无瑕疵。出卖人就交付的标的物,负有保证第三人对该标的物不享有任何权利的义务。出卖人出卖的标的物应是自己有处分权的标的物,否则因出卖人未取得处分权致使标的物所有权不能转移的,买受人可以解除合同并请求出卖人承担违约责任,买受人也可以在有确切证据证明第三人对标的物享有权利的情况下,选择中止支付相应的价款。但是法律也有例外规定,即买受人订立合同时知道或者应当知道第三人对买卖的标的物享有权利的,出卖人不承担上述规定的义务。

(4)交付有关单证和资料。如果将出卖人的上述三项义务都归于主合同义务的话,那么交付有关单证和资料的义务就是合同附随义务。出卖人通过向买受人交付标的物或者交付提取标的物的单证,完成对标的物的交付,同时出卖人也应当按照约定或者交易习惯向买受人交付提取标的物单证以外的有关单证和资料,包括普通发票、增值税专用发票、产品使用说明书、质量检验证书等。

四、买卖合同的内容

买卖合同的内容由出卖人和买受人自行约定,但一般应包括标的物的名称、数量、质量、价款、履行期限、履行地点和方式等条款,同时还可以约定包装方式、检验标准和方法、结算方式、合同使用的文字及其效力等内容。我国民法典对于买卖合同的内容采用了列举式,并且使用了"一般应包括"而非"必须包括"的用语,表明这些内容仅是法律从有助于买卖合同双方当事人缔结合同的角度出发,所作出的提示性规定而非强制性规定,而且上述条款也不是每一个买卖合同必须包括的全部条款。买卖合同的内容必然是当事人明示的条款,明示的条款并不仅限于书面条款,口头条款亦属于明示的条款,所以说,买卖合同的成立必然要由合同条款体现合同的内容。按照买卖合同的内容是否是不可或缺的条款,可以将买卖合同的内容分为必备的买卖合同内容和可选择的买卖合同内容。

1. 必备的买卖合同内容

买卖合同就是指两个或者两个以上的人作出转移物品所有权的意思表示后,最终所达成的合意,所以买卖合同要成立必须具备买卖合同当事人和合意内容两个方面,这就犹如鸟的两翼,缺一不可。一般认为,当事人对买卖合同是否成立存在争议的,人民法院能够确定当事人的名称或者姓名、标的和数量的,应当认定买卖合同成立,但法律另有规定或者当事人另有约定的除外。所以买卖合同的必备内容就是当事人、标的和标的数量。买卖合同的当事人就是指买受人和出卖人,在买卖合同中作为自然人的当事人要体现其姓名、作为法人和非法人组织的当事人要体现其名称,用以区分买卖合同当事人与非买卖合同当事人;买卖合同的标的就是当事人通过订立买卖合同以转变所有权的物品,包括有形之物与无形之物;买卖合同标的数量则是确定买受人支付价款的依据。

2. 可选择的买卖合同内容

买卖合同的内容大多数是通过买卖合同约定的条款表现出来的,但其又不限于合同条款,而是通过多种多样的形式予以表现,比如还包括交易习惯、法律的补充等。所以买卖合同成立除必须不能缺少当事人的名称或者姓名、标的和数量外,其余质量、价款、履行期限、履行地点和方式等条款,如果当事人在买卖合同中没有明确约定时,可以双方合意后达成补充协议,如果还是不能确定的,就按以下方式处理:

(1)质量要求不明确的,按照强制性国家标准履行;没有强制性国家标准的,按照推荐性国家标准履行;没有推荐性国家标准的,按照行业标准履行;没有国家标准、行业标准的,按照通常标准或者符合合同目的的特定标准履行。

(2)价款或者报酬不明确的,按照订立合同时履行地的市场价格履行;依法应当执行政府定价或者政府指导价的,依照规定履行。

(3)履行地点不明确,给付货币的,在接受货币一方所在地履行;交付不动产的,在不动产所在地履行;其他标的,在履行义务一方所在地履行。

(4)履行期限不明确的,债务人可以随时履行,债权人也可以随时请求履行,但是应当给对方必要的准备时间。

(5)履行方式不明确的,按照有利于实现合同目的的方式履行。

(6)履行费用的负担不明确的,由履行义务一方负担;因债权人原因增加的履行费用,由债权人负担。

思考题

1. 合同无效的法律规定有哪些?
2. 劳动合同与普通合同的关系是什么?

第四章　婚姻家庭继承相关法律制度

婚姻家庭继承法作为调整婚姻家庭关系的法律规范体系,由于不同国家、不同时代因其调整对象、表现形式、立法体例等方面的不同而出现了不同的表述。2020年5月我国通过的《中华人民共和国民法典》,已将《中华人民共和国婚姻法》和《中华人民共和国继承法》整合为《中华人民共和国民法典》婚姻家庭编和继承编。

第一节　婚姻

一、婚姻法概述

(一)婚姻法的概念及调整对象

婚姻法是调整一定社会婚姻关系的法律规范的总和,是一定社会的婚姻制度在法律上的集中表现。其内容主要包括婚姻的成立和解除、婚姻的效力,特别是夫妻间的权利和义务等。从调整对象的性质看,婚姻法既包括因婚姻而引起的人身关系,又包括由此而产生的夫妻财产关系。

《中华人民共和国婚姻法》是第五届全国人民代表大会第三次会议于1980年9月10日通过自1981年1月1日起实行的。2020年5月28日,第十三届全国人民代表大会第三次会议通过了《中华人民共和国民法典》,自2021年1月1日起施行,《中华人民共和国婚姻法》同时废止,其内容编入《中华人民共和国民法典》婚姻家庭编。

婚姻法调整的对象是婚姻家庭方面的人身关系和由此而引起的财产关系。其中,人身关系是主要的,财产关系从属于人身关系。婚姻家庭方面的人身关系,是指以婚姻和血缘为中介的身份关系,它本身并不直接具有财产内容。婚姻家庭方面的财产关系是指以人身关系为前提,直接体现经济内容的关系。

(二)婚姻法的基本原则

婚姻法的基本原则主要有以下原则。

1. 婚姻自由原则

婚姻自由是指男女双方有依法缔结或解除婚姻关系,而不受对方强迫或他人干涉的自由,包括结婚自由和离婚自由两个方面。结婚自由是指缔结婚姻关系的自由即结婚必须男女双方完全自愿,不许任何一方强迫他方或任何第三者加以干涉。离婚自由是指在夫妻双方感情确已破裂的条件下,有权解除婚姻关系的请求。

结婚自由是婚姻自由的主要方面,离婚自由是结婚自由的重要补充,在我国婚姻自由是有条件的、相对的,即在贯彻这个原则时,既要保证结婚离婚自由的权利,又要反对轻率结婚和离婚的不慎重态度,既要反对包办、买卖婚姻和其他干涉婚姻自由的行为,又要反对借婚姻自由玩弄异性的卑鄙行为,绝不允许滥用这种权利去损害家庭、子女和社会利益。

2. 一夫一妻原则

一夫一妻制是指一男一女结为夫妻的婚姻制度。按照我国婚姻法所确立的一夫一妻原则,任何人都不得同时有两个或两个以上的配偶,禁止一切形式的一夫多妻或一妻多夫的婚姻。要保障一夫一妻制的实现,就必须禁止重婚、姘居、通奸等违反一夫一妻的行为。重婚不仅在法律上无效,而且是一种犯罪行为,应受到刑事法律的追究。

3. 男女平等原则

仅就婚姻法而言,男女平等是指男女在婚姻家庭关系中的权利和义务平等。但这一原则具有十分广泛的内容,具体表现在男女在结婚和离婚上的权利和义务平等,夫妻在人身和财产关系上的权利义务平等,父母双方抚养教育保护子女的权利义务平等,其他家庭成员之间的权利义务也是平等的。实现婚姻自由和一夫一妻制,首先要求实现男女平等,没有男女平等就没有真正的婚姻自由和一夫一妻制。实现男女平等,必须坚决反对夫权思想和男尊女卑的旧传统观念,禁止虐待和歧视妇女的行为,真正实现男女从法律到实际生活中的完全平等。

4. 保护妇女、儿童和老年人合法权益的原则

(1)切实保护妇女的合法权益。这是对男女平等原则的必要补充。我国民法典对妇女的合法权益加以特殊保护,如女方在怀孕期间、分娩后一年内或者终止妊娠后六个月内,男方不得提出离婚;离婚时分割共同财产要照顾女方权益;离婚时一方有困难,另一方应给予适当的经济帮助等。

(2)切实保护儿童的合法权益。我国民法典规定,父母对未成年子女有教育和保护的权利和义务;子女有继承父母遗产的权利;父母对子女的义务不因父母离婚而消除;非婚生子女、养子女或继子女享有与婚生子女同等权利等。

(3)切实保护老年人的合法权益。我国民法典规定,子女对父母有赡养的义务;父母有继承子女遗产的权利;养父母、符合规定的继父母的权利和生父母相同;有负担能力的孙子女、外孙子女,对于子女已经死亡或者子女无力赡养的祖父母、外祖父母有赡养的义务等。

(4)法律禁止家庭暴力,禁止家庭成员间的虐待和遗弃。家庭暴力是指行为人以殴打、捆绑、残害、强行限制人身自由或者其他手段,给家庭成员的身体、精神等方面造成一定伤害后果的行为。

二、结婚

(一)结婚的条件

结婚是指男女双方依照法律规定的条件和程序,确立夫妻关系的法律行为。

为了保障婚姻当事人和社会的利益,防止违法婚姻的发生,我国民法典对结婚规定了严格的条件和必经的程序。只有符合法定条件和履行法定程序的婚姻,才能得到国家法律的承认和保护。

结婚条件包括必备条件和禁止条件。

1. 结婚的必备条件

(1)男女双方完全自愿。结婚必须男女双方自愿,而不是一厢情愿;当事人本人自愿,而不是出于父母或者其他第三者的意愿;当事人双方完全自愿,而不是勉强同意。但是,结婚自愿并不意味着不许第三者提出意见和建议。结婚当事人就自己的婚姻问题征求组织、父母或亲友的意见,是正常的,也是必要的。

(2)达到法定结婚年龄。法定结婚年龄,即法律上规定男女结婚必须达到的最低年龄。我国民法典规定,结婚年龄,男不得早于22周岁,女不得早于20周岁。在我国,男女公民只有达到法定的结婚年龄,才具备申请结婚的资格,婚姻登记机关方予登记,婚姻关系才有效。

(3)符合一夫一妻制。

2. 结婚的禁止条件

直系血亲或者三代以内的旁系血亲禁止结婚。直系血亲是指与自己有直接血缘关系的亲属,即生育自己和自己所生育的上下各代亲属。其包括生育自己的父母、祖父母、外祖父母,以及这以上的直接长辈和自己所生的子女、孙子女、外孙子女以及这以下的直接晚辈。

三代以内的旁系血亲,是指直系血亲以外的同源于祖父母、外祖父母的亲属。其包括同源于父母的兄弟姊妹,同源于祖父母的堂兄弟姊妹或姑表兄弟姊妹,同源于外祖父母的姨表或舅表兄弟姊妹以及不同辈的叔、伯、姑、舅、姨与侄(侄女)、甥(甥女)。

禁止上述近亲结婚,这不仅是伦理观念和自然规律的要求,也是优生的要求。

(二)结婚的程序

1. 结婚登记

结婚登记是建立婚姻关系的法定程序。《中华人民共和国民法典》第一千零四十九规定:"要求结婚的男女双方必须亲自到婚姻登记机关进行结婚登记。符合本法规定的,予以登记,发给结婚证。完成结婚登记,即确立婚姻关系。未办理结婚登记的,应当补办登记。"

男女双方一经办理结婚登记手续,领取了结婚证,不论是否举行结婚仪式,也不论是否同居,都为合法的夫妻关系。婚约不是成立婚姻关系的必经程序,不具有法律效力,不受法律保护。

2. 结婚登记的程序

结婚登记的程序大致分为申请、审查和登记三个步骤。

(1)申请。结婚的男女双方必须亲自持本人居民身份证、户口簿、照片和本人无配偶以及与对方当事人没有直系血亲和三代以内旁系血亲关系的签字声明,共同到一方户口所在地的婚姻登记机关,申请结婚登记。离过婚的申请再婚时,还应持离婚证件。

(2)审查。婚姻登记机关对当事人的身份证明、户口簿必须认真审查,对当事人进行询问,还可以做必要的调查,以便查明当事人是否符合结婚的条件。

(3)登记。婚姻登记机关经过全面审查了解,对符合结婚条件的,应准予登记,发给结婚证;对不符合条件的,不予登记,并向当事人说明理由。

(三)无效婚姻与可撤销婚姻

1. 无效婚姻

无效婚姻是指不符合结婚的实质条件的男女两性结合,在法律上不具有合法效力的婚姻。有下列情形之一的,婚姻无效:①重婚;②有禁止结婚的亲属关系;③未到法定婚龄。

无效婚姻不发生合法婚姻的效力,但是要对双方当事人在同居期间的人身关系和财产关系进行处理,因而其认定必须经法定程序。在我国,无效婚姻通过司法程序予以确认。

无效婚姻自始没有法律约束力。在当事人之间不产生夫妻人身及财产方面的权利义务关系。同居期间所得的财产,除有证据证明为当事人一方所有的以外,按共同共有处理。当事人所生子女为非婚生子女,与婚生子女享有同等的权利。

2. 可撤销婚姻

可撤销婚姻,是指已经成立的婚姻关系,因欠缺结婚的真实意思,受胁迫的一方当事人可以依法向人民法院请求撤销婚姻。一方当事人因本人或其近亲属的生命、身体、健康、名誉、财产等方面受到加害的威胁产生恐惧,从而作出结婚的意思表示,有违其结婚的真实意愿,因而法律赋予其撤销该婚姻的权利,婚姻一旦被撤销,自始不发生法律效力。

(1)程序。撤销权人行使撤销权的意思表示须向人民法院作出,而不是向相对人作出。可以申请人民法院依照民事诉讼法中的简易程序或普通程序予以撤销。

(2)法定期间。请求撤销婚姻的,应当自胁迫行为终止之日起一年内提出。被非法限制人身自由的当事人请求撤销婚姻的,应当自恢复人身自由之日起一年内提出。该期间为除斥期间,不适用诉讼时效中止、中断或者延长的规定。

三、离婚

(一)离婚制度概述

1. 离婚的概念

离婚是指配偶双方依照法定条件和程序解除婚姻关系的法律行为。离婚制度是婚姻家庭制度的重要组成部分。

2. 离婚的原则

社会主义婚姻家庭制度要求公民在对待离婚问题和司法实践中处理离婚纠纷时,必须采取严肃慎重的态度,遵循下列两个原则:

(1)保障离婚自由。离婚自由是婚姻自由的一个重要方面。没有离婚自由,就没有真正的婚姻自由。

婚姻应当是以男女双方爱情为基础的,由于种种原因,如果夫妻双方感情确已破裂,又无和好可能,强行维持这种名存实亡的婚姻关系,不仅会给双方带来痛苦,而且对子女、家庭和社会也是无益的。

(2)反对轻率离婚。保障离婚自由,并不意味着可以轻率离婚。在我国,离婚自由不是绝对的而是相对的,不是无条件的而是有条件的,是受法律规定限制的自由。只有在夫妻感情完全破裂又无和好可能时,才允许用离婚这种迫不得已的办法来解决。

(二)离婚的程序

1. 协议离婚

(1)协议离婚是指夫妻双方在协商一致的基础上,按照行政程序解除婚姻关系的离婚方式。夫妻双方自愿离婚的,应当签订书面离婚协议,并亲自到婚姻登记机关申请离婚登记。离婚协议应当载明双方自愿离婚的意思表示和对子女抚养、财产以及债务处理等事项协商一致的意见。

(2)程序:我国内地协议离婚需要按照行政程序进行,夫妻双方需要办理离婚登记手续。依据《中华人民共和国民法典》婚姻家庭编第一千零七十六、一千零七十七、一千零七十八条,协议离婚应当符合以下程序。

①申请。协议离婚的第一步需由男女双方到婚姻登记机关申请离婚登记。

内地居民自愿离婚的,男女双方应当共同到一方当事人常住户口所在地的婚姻登记机关办理离婚登记。中国公民同外国人在中国内地自愿离婚的,内地居民同香港特别行政区居民、澳门特别行政区居民、台湾地区居民、华侨在中国内地自愿离婚的,男女双方应当共同到内地居民常住户口所在地的婚姻登记机关办理离婚登记。

内地居民办理婚姻登记的机关是县级人民政府民政部门或者乡(镇)人民政府,省、自治区、直辖市人民政府可以按照便民原则确定农村居民办理婚姻登记的具体机关。中国公民同外国人,内地居民同香港特别行政区居民、澳门特别行政区居民、台湾地区居民、华侨办理婚姻登记的机关是省、自治区、直辖市人民政府民政部门或者省、自治区、直辖市人民政府民政部门确定的机关。

内地居民申请离婚登记需要的证件和证明材料包括本人户口簿、居民身份证、内地婚姻登记机关或中国驻外使(领)馆颁发的结婚证、双方当事人共同签署的离婚协议书、双方的近期照片。香港特别行政区居民、澳门特别行政区居民、台湾地区居民还应当出具本人的有效通行证、身份证,华侨、外国人应当出具本人的有效护照或者其他有效国际旅行证件。

②撤回。《中华人民共和国民法典》第一千零七十七条规定:"自婚姻登记机关收到离婚登记申请之日起三十日内,任何一方不愿意离婚的,可以向婚姻登记机关撤回离婚登记申请。前款规定期限届满后三十日内,双方应当亲自到婚姻登记机关申请发给离婚证;未申请的,视为

撤回离婚登记申请。"这是针对"离婚冷静期"或者"离婚熟虑期"的规定。"离婚冷静期"是指夫妻双方自愿申请离婚,自婚姻登记机关收到申请之日起一定期间内,任何一方都可以撤回离婚申请、终结离婚程序的冷静思考期间。"离婚冷静期"不是离婚审查期,是以离婚自由自愿为前提,给予夫妻双方自登记机关收到离婚登记申请之日起三十日的时间。通过设置一个期间,让夫妻双方深思熟虑,从而避免申请即可离婚。在此期间内,任何一方都享有撤回权,可以撤回离婚登记申请,从而使离婚冷静期结束。此立法的目的在于避免轻率离婚、冲动离婚,维护婚姻家庭的稳定性,保护未成年人的权益。如果经过离婚冷静期,夫妻双方仍然确定离婚,应当亲自到婚姻登记机关申请发给离婚证。

③审查与登记。《中华人民共和国民法典》第一千零七十八条规定:"婚姻登记机关查明双方确实是自愿离婚,并已经对子女抚养、财产以及债务处理等事项协商一致的,予以登记,发给离婚证。"婚姻登记机关应当对离婚登记当事人出具的证件、证明材料进行审查并询问相关情况,应当向当事人说明《中华人民共和国民法典》关于协议离婚的条件,询问当事人的离婚意愿以及对离婚协议内容的意愿。对当事人确属自愿离婚,并已对子女抚养、财产、债务等问题达成一致处理意见的,应当予以登记,发给离婚证。

当事人应当向婚姻登记机关提供真实有效的证明材料。结婚证、离婚证遗失或者损毁的,当事人可以持户口簿、身份证向原办理婚姻登记的机关或者一方当事人常住户口所在地的婚姻登记机关申请补领。婚姻登记机关对当事人的婚姻登记档案进行查证,确认属实的,应当为当事人补发结婚证、离婚证。完成离婚登记,发给离婚证,即解除婚姻关系。

2. 诉讼离婚

(1)男女一方要求离婚的,可由有关组织进行调解或直接向人民法院提出离婚诉讼。

①诉讼外的调解。诉讼外的调解,即在当事人所在单位、群众团体、基层调解组织、婚姻登记机关的主持下,对一方要求离婚的纠纷进行调解,处理离婚纠纷。但是,这种调解并不是一方要求离婚的必须程序,要求离婚的一方可以不经有关组织调解直接向人民法院提出离婚诉讼。

②诉讼离婚。男女一方直接提起的离婚诉讼和经有关组织调解无效而提出的离婚诉讼,由人民法院通过诉讼程序进行审理和裁决。人民法院审理离婚案件,应当首先在自愿、合法的原则下进行调解。如果调解无效,人民法院应依法判决。判决准予或不准予离婚应以夫妻感情是否确已破裂作为区分界限。如何认定夫妻感情是否已破裂,应当从婚姻基础、婚后感情、离婚原因、有无和好可能等方面综合分析判定。如感情确已破裂,调解无效,应准予离婚。

(2)诉讼离婚中的特殊保护。

①现役军人的配偶要求离婚,应征得军人同意,但军人一方有重大过错的除外。现役军人是指在中国人民解放军或者中国人民武装警察部队服现役的军人。退伍、复员、转业和在部队中不具有军籍的从事后勤管理生产经营的人员均不属于现役军人。现役军人的配偶是指非军人一方。双方都是军人和军人一方向非军人一方提出离婚的不适用此规定。

②女方在怀孕期间、分娩后一年内或中止妊娠后六个月内,男方不得提出离婚。女方提出离婚的,或人民法院认为确有必要受理男方离婚请求的,不在此限。确有必要是指在此期间双方确实存在不能继续共同生活的重大而紧迫的事由,已经对他方有危及生命、人身安全的可能;女方怀孕或分娩的婴儿是因与他人通奸所致。

(三)离婚的法律效力

1. 离婚时财产处理

夫妻婚姻关系存续期间所得的财产没有约定或约定不明确的,适用共同共有。约定归个人所有,离婚时不发生财产分割问题,共同共有须对其进行分割。夫妻共同财产不包括夫妻一方的个人财产,也不完全等同于家庭共同财产。如果家庭成员除了夫妻之外尚有父母、子女等人且他们拥有自己的个人财产或者夫妻与他们共同所有的财产,夫妻的共同财产就要从家庭财产中分离出来。

人民法院在判决时应该在保护女方和子女的合法权益、照顾无过错方,不得损坏财产的价值和使用价值的原则下进行处理。

离婚时,原为夫妻共同生活所负的债务,应当共同偿还。共同财产不足清偿的,或财产归各自所有的,由双方协议清偿;协议不成时,由人民法院判决。夫妻一方的个人债务由本人偿还。

2. 离婚后的子女抚养

离婚后的婚生子女、养子女仍是父母双方的子女。离婚后,不满两周岁的子女,以由母亲直接抚养为原则。已满两周岁的子女,父母双方对抚养问题协议不成的,由人民法院根据双方的具体情况,按照最有利于未成年子女的原则判决。子女已满八周岁的,应当尊重其真实意愿。父母离婚后原定的抚养方式可因父母抚养条件的变化和子女要求变更抚养关系而变更。具体变更方式可先由父母协议,协议不成时,要求变更的一方可向人民法院提起变更之诉,人民法院应从有利于子女身心健康、维护子女权益的角度出发,结合父母双方的情况作出判决。离婚后,子女由一方直接抚养的,另一方应当负担部分或全部抚养费。负担费用的多少和期限的长短,由双方协议;协议不成的,由人民法院判决。关于子女抚养费的协议或判决,不妨碍子女在必要时向父母任何一方提出超过协议或者判决原定数额的合理要求。当父母双方就抚养费达成协议时,法院可根据子女的需要、父母双方的负担能力和当地的实际生活水平加以确定。

3. 探望权

离婚后,不直接抚养子女的父或者母,有探望子女的权利,另一方有协助的义务。行使探望权利的方式、时间由当事人协议;协议不成时,由人民法院判决。探望的方式分为逗留式探望和看望式探望。逗留式探望是指在约定或者判定的时间内,由探望人领走并按时送回被探望子女的方式。探望人如果有固定的工作、稳定的生活和居住条件,具有在短时间内抚养、教育的经济收入和行为能力的,可以采取逗留的探望方式。

(四) 离婚无过错方的损害赔偿请求权和行使条件

有下列情形之一,导致离婚的,无过错方有权请求损害赔偿:①重婚;②与他人同居;③实施家庭暴力;④虐待、遗弃家庭成员;⑤其他重大过错。

婚姻关系存续期间,夫妻双方不起诉离婚而单独依据上述情形提起损害赔偿诉讼请求的,人民法院不予受理。

无过错方作为原告向人民法院提起损害赔偿请求的,必须在离婚诉讼的同时提出。无过错方作为被告的离婚诉讼案件,如果被告不同意离婚也不基于该条规定提起损害赔偿请求的,可以就此单独提起诉讼。

无过错方作为被告的离婚诉讼案件,一审被告未提出损害赔偿请求而在二审期间提出的,人民法院应进行调解,调解不成的,告知当事人另行起诉。双方当事人同意由第二审人民法院一并审理的,第二审人民法院可以一并裁判。

婚姻关系无过错方请求损害赔偿的范围包括物质损害赔偿和精神损害赔偿。精神损害赔偿请求权是指无过错方请求对方给付相应的精神损害抚慰金的权利,具体赔偿的数额依据《最高人民法院关于确定民事侵权精神损害赔偿责任若干问题的解释》予以确定。

第二节 家庭关系

家庭关系是指基于婚姻、血缘或法律拟制而形成的一定范围的亲属之间的权利和义务关系。家庭关系以主体为标准可以分为夫妻关系、父母子女关系和其他家庭成员之间的关系。

一、夫妻关系

(一) 夫妻关系的含义和内容

1. 夫妻关系的含义

夫妻关系是指由合法婚姻而产生的男女之间的人身和财产方面的权利义务关系。夫妻关系是家庭产生的前提,是家庭关系的基础和核心。夫妻在婚姻家庭中地位平等。

2. 夫妻关系的内容

我国民法典规定夫妻在婚姻家庭中地位平等,其主要内容是:夫妻对于共同生活中的共同事务如住所、生活方式等拥有平等的决策权,夫妻拥有平等的姓名权、人身自由权,夫妻对共同财产拥有平等的所有权、管理权、用益处分权,对子女拥有平等的监护权。

(二) 夫妻人身关系

1. 夫妻人身关系的含义

夫妻人身关系是指夫妻双方在婚姻中的身份、地位、人格等多个方面的权利义务关系。

2. 夫妻人身关系的内容

(1)夫妻双方地位平等。

(2)夫妻双方都享有姓名权。夫妻双方都有各自使用自己姓名的权利。子女可以随父姓、母姓或者用其他姓。

(3)夫妻之间的忠实义务。夫妻应当互相忠实,互相尊重,互相关爱。

(4)夫妻双方的人身自由权。夫妻双方都有参加生产、工作、学习和社会活动的自由,一方不得对另一方加以限制或者干涉。

(5)夫妻住所选定权。登记结婚后,按照男女双方约定,女方可以成为男方家庭的成员,男方可以成为女方家庭的成员。夫妻应有权协商决定家庭住所,可选择男方或者女方原来住所或者另外的住所。

(6)禁止夫妻一方以殴打、捆绑、残害、强行限制人身自由或者其他手段给对方的身体或精神方面造成一定伤害后果的暴力行为;禁止构成虐待的持续性、经常性的家庭暴力;禁止有抚养义务的一方不尽抚养义务的其他违法行为。

(三)夫妻财产关系

夫妻财产关系是派生于夫妻身份关系的重要法律关系,是实现家庭经济职能的基础性要素。

1. 夫妻财产关系包括夫妻财产所有权、夫妻间相互扶养的义务和夫妻间相互继承遗产的权利

夫妻财产关系是指夫妻之间在财产方面的权利义务关系。它是夫妻人身关系引起的法律后果,直接体现一定的经济内容。夫妻财产方面的权利义务包括:①夫妻对共同财产享有平等的所有权,夫妻在婚姻关系存续期间所得的财产,归夫妻共同所有,双方另有约定的除外;夫妻对共同所有的财产,有平等的处理权。这里所说的夫妻在婚姻关系存续期间所得的财产归夫妻共有,包括这期间双方或一方的劳动收入、继承的财产、接受赠与的财产和其他合法收入。但夫妻婚前财产和双方约定为个人所有的财产,以及家庭其他成员的财产,不属于夫妻共同财产的范围。②夫妻有相互扶养的义务:一方不履行扶养义务时,需要扶养的一方,有要求对方给付扶养费的权利。③夫妻有相互继承遗产的权利。

2. 法定夫妻财产制

法定夫妻财产制是指夫妻双方在婚前婚后都没有约定或约定无效时,直接使用有关法律规定的夫妻财产制度。夫妻共同财产制,是指夫妻的全部或部分财产归属双方共同所有,按共同共有原则行使权利、承担义务。有下列情形之一的,为夫妻一方的财产:①一方的婚前财产;②一方因受到人身损害获得的赔偿或者补偿;③遗嘱或者赠与合同中确定只归一方的财产;④一方专用的生活用品;⑤其他应当归一方的财产。夫妻一方所有的财产,不因婚姻关系的延续而转化为夫妻共同财产,但当事人另有约定的除外。

3. 约定财产制

夫妻可以约定婚姻关系存续期间所得的财产以及婚前财产归各自所有、共同所有或部分各自所有、部分共同所有。夫妻约定财产制分为两种形式:第一,自由式的约定财产制。当事人可以自由约定夫妻财产关系的内容,只要不违反合同的一般禁止性规定法律不加以限制,允许自由约定。第二,选择式的约定财产制。当事人虽然可以对夫妻财产约定排除法定财产制的适用,但只能在法律所规定的数种典型的夫妻财产制中选择一种,不得全面另行约定其内容。约定应当采用书面形式。没有约定或约定不明确的,适用法律规定。

二、父母子女关系

(一)父母子女关系的范围

父母子女关系是一种自然血亲关系,基于子女出生的事实而发生,包括婚生的父母子女关系和非婚生的父母子女关系。因父母一方死亡或离婚而再婚所发生的继父母与受其抚养教育的继子女关系,因依法收养而发生的养父母与养子女关系,虽然不是自然血亲关系,但法律确认其权利义务关系与亲生父母子女关系相同。

(二)父母子女关系的内容

我国民法典对父母与子女之间的权利义务作出了明确规定:

(1)父母对子女有抚养的义务。父母不履行抚养义务的,未成年子女或不能独立生活的成年子女,有要求父母给付抚养费的权利。

(2)父母有教育、保护未成年子女的权利和义务。未成年子女造成他人损害的,父母应当依法承担民事责任。

(3)子女对父母有赡养的义务。成年子女不履行赡养义务的,缺乏劳动能力或生活困难的父母,有要求成年子女给付赡养费的权利。

(4)父母和子女有相互继承遗产的权利。

(5)非婚生子女享有与婚生子女同等的权利,任何组织或者个人不得加以危害和歧视。不直接抚养非婚生子女的生父或者生母,应负担未成年子女或者不能独立生活的成年子女的抚养费。

继父母与受其抚养教育的继子女间的权利义务和养父母与养子女间的权利义务,除适用上述对父母子女关系的规定外,我国民法典还特别强调,继父母与继子女间,不得虐待或者歧视;养子女与生父母间的权利义务,因收养关系的成立而消除。

三、其他家庭成员间的关系

其他家庭成员间的关系,是指祖父母与孙子女、外祖父母与外孙子女以及兄弟姐妹之间的关系。

我国民法典规定,有负担能力的祖父母、外祖父母,对于父母已经死亡或者父母无力抚养的未成年孙子女、外孙子女,有抚养的义务。同时又规定,有负担能力的孙子女、外孙子女,对于子女已经死亡或者子女无力赡养的祖父母、外祖父母,有赡养的义务。

兄弟姐妹之间是一种同胞关系。我国民法典规定,有负担能力的兄、姐,对于父母已经死亡或父母无力抚养的未成年的弟、妹,有扶养的义务。当然,由兄、姐扶养长大的有负担能力的弟、妹,对于缺乏劳动能力又缺乏生活来源的兄、姐,有扶养的义务。

第三节 继承

《中华人民共和国继承法》于1985年4月10日经第六届全国人民代表大会第三次会议通过,于1985年10月1日起施行。2020年5月28日,第十三届全国人民代表大会第三次会议表决通过了《中华人民共和国民法典》,自2021年1月1日起施行,《中华人民共和国继承法》同时废止,其内容编入《中华人民共和国民法典》继承编。

继承相关法律法规对于调整我国的继承关系,保护公民的合法权利,起到了重要作用。

一、继承概述

(一)继承的概念

就法律范畴来讲,我国民法典继承编中的继承专指财产的继承。财产继承是一种民事法律制度,即公民死亡后,依法定程序把死者遗留的个人合法财产转移给继承人所有的法律制度。按照这种制度,遗留财产的死亡公民叫被继承人;接受遗产的人称为继承人;死者遗留的个人合法财产,称为遗产;继承人依法取得的被继承人遗产的权利称为继承权。

(二)继承权的概念

继承权是指自然人按照被继承人所立的合法有效遗嘱或法律的直接规定而享有的继承被继承人财产的权利。《中华人民共和国民法典》第一百二十四条规定:"自然人依法享有继承权。自然人合法的私有财产,可以依法继承。"

继承权的概念应从以下几方面理解:第一,在继承权的主体方面,继承权只能是自然人享有的权利,而不能是法人、其他社会组织和国家。第二,在取得根据方面,继承权是自然人依照合法有效的遗嘱或者法律的直接规定而享有的权利。继承权的发生根据有两种:或者是法律的直接规定,或者是合法有效的遗嘱的指定。第三,继承权的客体是被继承人的财产权利,而不是被继承人的遗产,更不能是被继承人的身份或者其他人身利益。

(三)继承的基本原则

继承的基本原则是继承相关法律法规的指导思想,也是研究、解释和贯彻执行继承相关法律法规的依据和出发点。继承的基本原则包括:

一是保护自然人私有财产继承权原则。我国宪法规定,国家依照法律保护公民的私有财产权和继承权。这是我国继承相关法律法规的立法依据,也同时决定了我国继承相关法律法规的立法宗旨和首要任务就是保护自然人的私有财产权和继承权。我国民法典继承编一方面规定了继承权的主体、客体、内容、变动等事项,起到确权的作用;另一方面规定了继承权受到侵害时的法律保护措施,起到护权的作用,充分体现了保护公民私有财产继承权的原则。

二是继承权男女平等原则。自然人无论男女都是平等的民事主体。《中华人民共和国民法典》第一千一百二十六条明确规定:"继承权男女平等。"这是宪法中男女平等原则在民法中的体现。

三是权利义务相一致原则。该原则是指将继承人对被继承人生前所尽义务的情况以及继承人对被继承人所遗留债务的清偿情况与继承人是否享有继承权以及如何行使继承权相结合,使继承人的继承权与其承担的义务相一致。

四是养老育幼原则。养老育幼是人类文明的体现,也是家庭的一项重要职能。它既是一项道德的要求,也是我国民法典继承编确立的一项基本原则。我国民法典继承编中的"特留份"制度、对缺乏劳动能力又没有生活来源的继承人的照顾都是这一原则的体现。

五是互谅互让、协商处理遗产的原则。《中华人民共和国民法典》第一千一百三十二条对此作了规定。这一原则要求继承人在遗产处理的过程中能相互体谅,在平等协商的基础上公平合理地分割遗产,实现物尽其用与家庭和睦的目标。

二、法定继承

(一)法定继承的概念和特征

法定继承是指继承人范围、继承顺序、继承条件、继承份额、遗产分配原则及继承程序均由法律直接规定的继承方式。

法定继承具有以下特征:

1. 法定继承具有强烈的身份性

法定继承中的继承人是由法律直接加以规定的,而不是由被继承人指定。各国法律规定法定继承人的范围、顺序和份额,一般依据婚姻关系、血缘关系和扶养关系。法定继承人是与被继承人有亲属身份关系的人。

2. 法定继承具有法定性

法定继承的法定性,是指法定继承的继承人范围、继承人的继承顺序、继承人的应继份以及遗产的分配原则都是由法律直接规定的,而不是由被继承人决定的。

3. 法定继承具有强行性

法律关于法定继承的规范为强行性规范,不得任意排除其适用,任何人不得改变法律规定的继承人的范围,也不得改变法律规定的继承人参加继承的先后顺序等,继承人在继承遗产时须按照法律规定的应继份及遗产分配原则来分配遗产。

(二)法定继承人的范围

法定继承人的范围是指在适用法定继承方式时,哪些人能够作为被继承人遗产的继承人。确定法定继承人范围的主要因素包括:一是血缘关系;二是婚姻关系;三是扶养关系;四是民族传统和继承习惯。

《中华人民共和国民法典》第一千一百二十七条对法定继承人范围作了规定,我国法定继承人的范围如下:

1. 配偶

在继承相关法律法规中,配偶特指在被继承人死亡时没有离婚且生存的配偶。对于配偶的继承权,采取男女平等主义。作为继承人的配偶必须在被继承人死亡时与被继承人之间存在合法婚姻关系,在被继承人死亡时已经解除婚姻关系的,不为被继承人的配偶,不得享有继承权。对于无效或可撤销的婚姻,已经宣告无效或者予以撤销,即自始无效,当事人不具有夫妻的权利和义务。在无效或被撤销的婚姻中的配偶不属于继承法所称的配偶,一方死亡,另一方对其遗产不享有继承权。

2. 子女

子女作为被继承人的最近的直系卑亲属,规定为第一顺序法定继承人。《中华人民共和国民法典》第一千一百二十七条第三款规定:"本编所称的子女,包括婚生子女、非婚生子女、养子女和有扶养关系的继子女。"

3. 父母

父母作为被继承人最直接的直系尊血亲,也是子女最亲近的尊亲属。根据权利义务对等原则,子女有权继承父母的遗产,父母也有权继承子女的遗产。《中华人民共和国民法典》第一千零七十条规定:"父母和子女有相互继承遗产的权利。"

4. 兄弟姐妹

兄弟姐妹是被继承人最近的旁系血亲,兄弟姐妹一般都在家庭中共同生活多年,生活上互相照顾,经济上互相帮助,精神上互相慰藉,而且有负担能力的兄、姐,对于父母已经死亡或父母无力抚养的弟、妹有扶养的义务,因而兄弟姐妹间有相互继承的权利。兄弟姐妹的范围界定为:同父母的兄弟姐妹、同父异母或者同母异父的兄弟姐妹、养兄弟姐妹、有扶养关系的继兄弟姐妹。堂兄弟姐妹和表兄弟姐妹不属于我国民法典继承编兄弟姐妹的范畴,相互间不享有继承权。

5. 祖父母、外祖父母

祖父母、外祖父母与孙子女、外孙子女之间是除父母子女以外的最近的直系血亲,彼此间的血缘联系密切。在现实生活中,祖父母、外祖父母与孙子女、外孙子女共同生活,彼此间形成抚养、赡养关系的十分普遍。

6. 对公婆或岳父岳母尽了主要赡养义务的丧偶儿媳或丧偶女婿

《中华人民共和国民法典》第一千一百二十九条规定:"丧偶儿媳对公婆,丧偶女婿对岳父母,尽了主要赡养义务的,作为第一顺序继承人。"这种做法为我国所独有,称得上具有中国特色,受到广泛好评。儿媳或女婿继承公婆或岳父母的遗产,应当具备一定的条件:第一,必须存在丧偶的情形;第二,丧偶儿媳或女婿必须对公婆或岳父母尽了主要的赡养义务。只要儿媳或女婿符合了这两个条件,其就可以作为第一顺序继承人参与继承,取得遗产,而且不论有无代位继承人代位继承。

(三)法定继承人的继承顺序

法定继承人的继承顺序又称为法定继承人的顺位,是指法律直接规定的法定继承人参加继承的先后次序。法定继承人皆有一定的继承顺序,顺序在先者有优先继承权,对于顺序在后者,得绝对排除之。

法定继承开始后,法定继承人按照我国民法典继承编规定的法定顺序参加继承,即先由前一顺序的继承人继承,没有前一顺序的继承人继承时,才由后一顺序的继承人继承。法定继承人的继承顺序具有以下的特征:

1. 法定性

继承人法定顺序的法定性,是指法定继承人的具体继承顺序是由法律根据继承人与被继承人之间关系的亲属程度、密切程度直接规定的,而不是由当事人自行决定的。

2. 强行性

法律确定法定继承人参加继承的先后次序的目的,是保护不同情况的法定继承人的继承利益。在适用法定继承方式时,对于法律规定的继承顺序,任何人、任何机关都不得以任何理由改变。

3. 排他性

在法定继承中,继承人只能依法定的继承顺序依次参加继承,前一顺序的继承人总是排斥后一顺序继承人继承。只要有前一顺序的继承人继承,后一顺序的继承人就不能取得和实现继承既得权,无权主张继承遗产。

4. 限定性

作为遗产继承的两种基本方式,法定继承人的继承顺序只限定在法定继承中适用,各法定继承人须按照法律规定的继承顺序依次取得被继承人的遗产。

我国民法典规定了两个继承顺序,即第一顺序的配偶、子女、父母及对公婆或岳父母尽了主要赡养义务的丧偶儿媳或女婿,第二顺序的兄弟姐妹、祖父母与外祖父母。孙子女、外孙子女列为代位继承人,不规定于法定继承顺序之中。

(四)代位继承

《中华人民共和国民法典》第一千一百二十八条规定:"被继承人的子女先于被继承人死亡的,由被继承人的子女的直系晚辈血亲代位继承。被继承人的兄弟姐妹先于被继承人死亡的,由被继承人的兄弟姐妹的子女代位继承。代位继承人一般只能继承被代位继承人有权继承的遗产份额。"

三、遗嘱继承

(一)遗嘱和遗嘱继承的概念和特征

1. 遗嘱的概念和特征

遗嘱是指自然人在生前按照法律的规定对自己的财产处分作出意思表示,安排与此有关的事务,并与死后发生法律效力的单方法律行为。

在遗嘱中,设立遗嘱的自然人称为立遗嘱人或遗嘱人,而遗嘱指定的继承人则为遗嘱继承人。在订立遗嘱的过程中,有的遗嘱需要有人予以见证,这就是遗嘱见证人。此外,有的遗嘱还规定了遗嘱执行人。

遗嘱的法律特征如下:第一,遗嘱是无相对人的单方法律行为。遗嘱仅有立遗嘱人自己的意思表示即可成立,无须取得遗嘱指定继承人的同意,不存在合意问题,因此遗嘱属于单方法律行为。因此,在遗嘱生效前的任一时刻,遗嘱人都可以对自己的意思予以变更或撤回。第二,遗嘱是遗嘱人亲自作出的独立的法律行为。遗嘱是遗嘱人处分自己身后财产的法律行为,影响其处分决定的因素,主要是遗嘱人与有关亲属之间的感情和遗嘱人的愿望,具有强烈的感情色彩,必须由遗嘱人亲自进行,不得代理。故遗嘱是独立的民事法律行为。第三,遗嘱是于遗嘱人死亡后发生法律效力的法律行为。遗嘱虽是遗嘱人生前因其单独意思表示即可成立的行为,但遗嘱人死亡时才能发生法律效力,因此是死因行为。只要遗嘱人还健在,不管遗嘱订立了多长时间,均不发生法律效力,任何继承人都不能要求按照已订立的遗嘱继承财产。第四,遗嘱是要式法律行为。我国民法典明确规定了公证遗嘱、自书遗嘱、代书遗嘱、打印遗嘱、录音录像遗嘱、口头遗嘱的形式,立遗嘱人必须根据这些形式订立遗嘱,否则无效。

2. 遗嘱继承的概念和特征

遗嘱继承是指于继承开始后,继承人按照被继承人合法有效的遗嘱,继承被继承人遗产的继承方式。在遗嘱继承中,具体的继承人、继承顺序、应继份、遗产管理、遗嘱执行等,都可由被继承人在遗嘱中指定,故遗嘱继承也被称作指定继承,与法定继承相对应。

遗嘱继承具有以下特征:第一,遗嘱继承以事实构成作为发生依据,除了必须具备被继承人死亡这一法律事实外,还须以被继承人所立的合法有效的遗嘱为要件,这两个法律事实缺一不可。第二,遗嘱继承直接体现被继承人的意志,在遗嘱继承中,不仅继承人,甚至继承人的顺序、继承人继承的遗产份额或者具体的遗产,都是被继承人在遗嘱中指定的。第三,遗嘱继承具有效力优先性,这关系到谁可以实际参与继承,关系到遗嘱继承人可以得到多少遗产份额。第四,遗嘱继承的主体具有限定性,限定在一定的范围之内。

(二)遗嘱的效力

遗嘱的效力是指遗嘱人设立的遗嘱所产生的法律后果。遗嘱作为一种单方民事法律行为,只要有遗嘱人单独的意思表示就可以成立。但已经成立的遗嘱只有具备法律规定的条件才能发生法律效力;不具备法律规定的条件的遗嘱不能发生法律效力。

根据遗嘱订立后的具体情形,遗嘱的效力可以划分为遗嘱有效、遗嘱无效、遗嘱不生效以及遗嘱变更与撤回。

1. 遗嘱有效

遗嘱有效是指遗嘱符合法律规定的要素,能够发生遗嘱人预期的法律后果,有关当事人可以请求执行该遗嘱。

遗嘱有效须具备以下条件：第一，遗嘱人须有遗嘱能力。第二，遗嘱须是遗嘱人的真实意思表示。第三，遗嘱内容须合法。如果遗嘱的内容违法或者违反公序良俗，都将无效，不得执行。第四，遗嘱的形式须符合法律规定的形式要求。第五，须遗嘱人死亡。符合上述要件时，遗嘱发生法律效力，可以按照遗嘱处置被继承人的遗产，实现遗嘱人的意思表示。

2. 遗嘱无效

遗嘱无效是指遗嘱因不符合法律规定而不能发生法律效力，遗嘱人在遗嘱中的意思不能实现，不能发生遗嘱人所预期的法律后果。

遗嘱无效，主要有以下几种情况：一是无民事行为能力人或者限制民事行为能力人所立的遗嘱；二是受胁迫、受欺诈所设立的遗嘱；三是伪造遗嘱及代理订立遗嘱；四是被篡改的遗嘱内容；五是遗嘱中处分不属于遗嘱人自己财产的部分内容；六是遗嘱非法处分必留份。

3. 遗嘱不生效

遗嘱不生效是指遗嘱虽然合法成立，但某种客观原因的发生，使遗嘱人死亡时该遗嘱不发生法律效力，不能执行遗嘱，遗嘱人的意思表示就无法实现。

遗嘱不生效与遗嘱无效的根本区别在于：遗嘱不生效并非因遗嘱违法，该遗嘱的有关要件合法，只是某些客观原因致使该遗嘱不发生效力，不得依据该遗嘱进行处分；而遗嘱的无效是因遗嘱不符合法律规定的条件而不能发生效力。

遗嘱不生效包括以下几种情形：一是遗嘱所指定的遗嘱继承人或受遗赠人已经先于遗嘱人死亡；二是遗嘱继承人或受遗赠人已经丧失继承权或受遗赠权；三是遗嘱人死亡时遗嘱中处分的财产标的已不复存在；四是附解除条件的遗嘱在遗嘱人死亡之前或之时条件成就；五是附停止条件遗赠的受遗赠人于条件成就前死亡。

4. 遗嘱变更和遗嘱撤销

遗嘱变更是指遗嘱人在遗嘱订立后对遗嘱内容的部分进行修改。遗嘱撤销是指遗嘱人在订立遗嘱后又通过一定的方式取消原来所立的遗嘱。

遗嘱人虽可在遗嘱设立后的任一时间、以任一理由变更或撤销遗嘱，但撤销或变更遗嘱也须具备一定条件，才能发生遗嘱变更或撤销的效力。其条件是：第一，遗嘱人须有遗嘱能力；第二，须为遗嘱人的真实意思表示；第三，须由遗嘱人亲自依法定的方式和程序为之。

遗嘱变更或撤销只要符合变更或撤销的条件，自作出之日起即可发生效力。遗嘱变更或撤销的效力，就在于使被变更或撤销的遗嘱内容不生效力。遗嘱变更的，自变更生效时起，以变更后的遗嘱内容为遗嘱人的真实意思表示，应以变更后的遗嘱来确定遗嘱的有效、无效，依变更后的遗嘱执行。即使变更后的遗嘱内容无效而原遗嘱内容有效的，也应按变更后的遗嘱内容确认遗嘱无效。

遗嘱撤销的，自撤销生效时起，被撤销的原遗嘱作废，以新设立的遗嘱为遗嘱人处分自己财产的真实意思表示，以新设立的遗嘱来确定遗嘱的效力和执行。遗嘱撤销后遗嘱人未设立新遗嘱的，视为被继承人未立遗嘱。

(三)遗赠和遗赠扶养协议

1. 遗赠

(1)遗赠的概念和特征。遗赠指遗嘱人用遗嘱的方式将其个人财产的一部分或全部,于死后赠给国家、集体和法定继承人以外的人的一种法律制度。

遗赠具有以下法律特征:第一,遗赠是一种单方法律行为,遗赠的成立并不以受遗赠人的意思表示为必要,只需有遗赠人一方的意思表示就可以成立。第二,遗赠是一种无偿的法律行为,在遗赠中遗赠人可以对遗赠附加某种负担,但所附加的负担也不是遗赠的对价。第三,遗赠是死因行为,遗赠人在其生前可以随时变更或撤销自己的遗赠,任何人不得干涉。第四,遗赠是必须由受遗赠人亲自接受的行为,受遗赠的主体具有不可替代性。第五,遗赠是对特定范围内的人赠与财产的行为,受遗赠人的范围具有特定性。

(2)遗赠的分类。遗赠主要有三种类型:一是概括遗赠,即遗赠人将自己全部的财产权利和义务都遗赠给国家、集体或法定继承人以外的公民。二是特定遗赠,指遗赠人在遗嘱中,特别指定将自己的某项财产赠给某受遗赠人。三是附义务或附条件的遗赠,是指遗赠人在遗赠中附有某种义务,受遗赠人只有履行了该义务,才能获得受赠财产。

2. 遗赠扶养协议

(1)遗赠扶养协议的概念和特征。遗赠扶养协议指公民与扶养人或集体所有制组织订立的有关扶养人或集体所有制组织承担该公民生养死葬的义务、享有受遗赠的权利的协议。

遗赠扶养协议具有以下特征:第一,遗赠扶养协议是双方法律行为。遗赠扶养协议是自然人生前对自己死亡后遗留遗产的一种处置方式,与被继承人立遗嘱处分遗产不同。在遗赠扶养协议中存在双方当事人,一方为接受扶养的遗赠人,另一方为扶养人,双方订立协议对有关扶养与遗赠事项进行明确,显然为双方法律行为。第二,遗赠扶养协议是诺成法律行为。遗赠扶养协议自双方意思表示达成一致时起即发生效力,因此遗赠扶养协议是诺成法律行为。第三,遗赠扶养协议是要式法律行为。根据遗赠扶养协议的性质,遗赠扶养协议应采用书面形式,不能用口头形式。由于遗赠扶养协议涉及扶养人与遗赠人双方利益,而且存续时间较长,法律对其形式采取严格要求。第四,遗赠扶养协议是双务有偿法律行为。遗赠扶养协议是当事人双方都负有一定义务的法律行为,属于双方法律行为。在遗赠扶养协议中,通过协议确定扶养人负有负责受扶养人的生养死葬的义务,受扶养人也有将自己的财产遗赠给扶养人的义务。遗赠扶养协议是一种有偿的法律行为,任何一方享受权利都以履行一定的义务为对价。第五,遗赠扶养协议具有效力优先性。在自然人死亡后,如果遗赠扶养协议与遗赠、遗嘱继承并存,则应当优先执行遗赠扶养协议。遗赠扶养协议一经签订即发生效力。

(2)遗赠扶养协议的效力。遗赠扶养协议的效力可分为对当事人双方的内部效力和对其他人的外部效力。

①遗赠扶养协议的内部效力。遗赠扶养协议是一种双务合同关系,当事人双方都享有权利和负有义务,且双方的权利义务具有对应性。

一是扶养人的义务。扶养人的义务就是在受扶养人生前扶养受扶养人,在受扶养人死后安葬受扶养人。扶养人不认真履行扶养义务的,受扶养人有权请求解除遗赠扶养协议。受扶养人未解除协议的,对不尽扶养义务或者以非法手段谋夺遗赠人财产的扶养人,经遗赠人的亲属或者有关单位的请求,人民法院可以剥夺扶养人的受遗赠权;对不认真履行扶养义务,致使受扶养人经常处于生活缺乏照料状况的扶养人,人民法院也可以酌情对扶养人受遗赠的财产数额予以限制。

二是受扶养人的义务。受扶养人的义务是将其财产遗赠给扶养人。受扶养人对在遗赠扶养协议中指定遗赠给扶养人的财产,在其生前可以占有、使用、收益,但不得处分。受扶养人擅自处分财产,致使扶养人无法实现受遗赠权利的,扶养人有权解除遗赠扶养协议,并得要求受扶养人补偿其已经付出的供养费用。

②遗赠扶养协议的外部效力。遗赠扶养协议的对外效力,表现为遗赠扶养协议是遗产处理的依据,在遗产处理时排斥遗嘱继承和法定继承。《中华人民共和国民法典》第一千一百二十三条规定:"继承开始后,按照法定继承办理;有遗嘱的,按照遗嘱继承或者遗赠办理;有遗赠扶养协议的,按照协议办理。"

四、遗产的处理

(一)继承开始

继承开始是指因一定法律事实的发生,导致继承法律关系的发生。继承开始具有以下意义:

1. 确定遗产的范围

遗产是被继承人死亡时所遗留的个人合法财产,是继承法律关系的客体。在被继承人死亡以前,其生前享有的各种财产经常处在不断变动之中,财产的数额、形态都会发生变化。因此,遗产范围的确定只能以继承开始时为准。

2. 确定继承人的范围

继承开始后,继承人的继承期待权即转换为继承既得权,产生了具体的继承法律关系,只有具备继承资格的人才能成为继承人,才有权要求取得遗产。

3. 确定遗产所有权的转移

在被继承人死亡后,因为其民事权利能力消灭,死亡的被继承人自然不能对其所遗留下的财产再享有所有权。根据当然继承主义,继承开始后,被继承人的遗产所有权便转归继承人。继承人为一人的,继承人单独继承,取得遗产的所有权;继承人为多人的,继承人共同继承,遗产归共同继承人共有。

4. 确定继承人的应继份

同一顺序法定继承人继承遗产的份额,一般应当均等,在特殊情况下也可以不均等。在分配遗产时,根据继承人的具体情况,有的应当予以照顾,有的可以多分,有的应当不分或少分。对于需要特别考虑的继承人的具体情况,应当以继承开始时的状况为准。

5. 确定放弃继承权及遗产分割的溯及力

继承人在继承开始后至遗产分割前,可以放弃继承权。继承人放弃继承权,意味着继承人不参加继承法律关系,从继承开始就对遗产不享有任何权利。放弃继承的效力,追溯到继承开始的时间。继承开始后,继承人可以具体确定遗产的分割时间。但无论何时分割遗产,其效力都应溯及继承开始。

6. 确定遗嘱的效力及执行力

继承开始,遗嘱即发生法律效力,同时具有了执行力。有时遗嘱继承的具体情况的确定亦取决于继承开始。

7. 确定二十年最长时效的起算点

继承权受到侵害,向人民法院请求保护的期间,从继承人知道或者应当知道其权利被侵犯之日起计算。自继承开始之日起超过二十年的不得再提起诉讼。

(二)遗产管理

遗产管理是指对死者遗产负责保存和管理的制度。在继承开始后,为了保护遗产不被损毁或丧失,必须确定遗产管理人对遗产进行管理。《中华人民共和国民法典》第一千一百五十一条规定:"存有遗产的人,应当妥善保管遗产,任何人不得侵吞或者争抢。"

遗产管理人是指对死者遗产负责保存和管理的人。遗产管理人在许多情形下都存在,比如在法定继承中由承认继承的继承人作为管理人,遗嘱继承中的遗嘱执行人作为管理人,还有无人继承遗产中被指定的遗产管理人。

遗产管理人的职责范围主要包括以下几个方面:

1. 清点遗产,制作遗产清单

遗产管理人对于由其管理或应由其管理的遗产应当进行清点,并登记造册、制作遗产清单。这样做的好处在于:便于遗产管理,防止遗产散失;便于计算遗产的价值及清算移交遗产;便于继承人或利害关系人随时查阅。

2. 为保存遗产,可以对遗产采取必要的措施

遗产管理人在管理遗产时,如认为不采取必要的处分措施不足以保护遗产的,可以采取必要的措施,包括为保存遗产而采取的诸如变卖、修缮等;对被继承人紧急债务和税款的清偿;继续进行必要的营业行为等。

3. 公告及通知

遗产管理人有权也有职责公告、通告或个别通知继承人、受遗赠人、死者生前的债权人,以使他们能够继承或者接受遗赠的遗产或能够获得债权的实现。

(三)遗产债务的清偿

遗产债务的清偿,就是遗产的清算。

遗产债务,是指应当以遗产负责的债务。在继承开始后,被继承人在遗留遗产的同时,也可能遗留下有关债务,在继承开始后还会基于遗产产生一些新的债务,如继承费用。对于这些遗产债务应当进行清偿。

遗产债务的范围包括:第一,被继承人生前所欠债务。其包括被继承人因合同、侵权行为、无因管理、不当得利所欠债务以及依法应当缴纳的税款等。第二,继承费用。继承费用是指为完成管理、清算、分割遗产及执行遗嘱而支出的费用。这些费用是必须支出的,应从遗产中开支,并应将遗产费用作为享有优先权的债权。第三,酌给遗产债务。对继承人以外的依靠被继承人扶养的缺乏劳动能力又没有生活来源的人,或者继承人以外的对被继承人扶养较多的人,可以分给他们适当的遗产。酌给遗产债务是基于法律规定和扶养事实产生的,属于遗产债务。第四,遗赠债务。在继承开始后,受遗赠人有权请求有关义务人履行遗赠,交付遗赠财产。

遗产债务清偿的原则包括:一是有限责任原则。即继承人对被继承人应缴纳税款与所欠债务不负无限清偿责任,而仅以继承遗产的实际价值负有限的清偿责任。《中华人民共和国民法典》第一千一百六十一条第一款规定:"继承人以所得遗产实际价值为限清偿被继承人依法应当缴纳的税款和债务。超过遗产实际价值部分,继承人自愿偿还的不在此限。"二是保留特留份额原则。我国的继承制度体现着养老育幼的精神,不论是在法定继承还是遗嘱继承中,法律都要求对生活困难的缺乏劳动能力的继承人给予照顾,并不得取消他们必要的遗产份额。与此相一致,在清偿税款和债务方面也应保护他们的权益。《中华人民共和国民法典》第一千一百五十九条规定:"分割遗产,应当清偿被继承人依法应当缴纳的税款和债务;但是,应当为缺乏劳动能力又没有生活来源的继承人保留必要的遗产。"三是清偿债务优于执行遗赠原则。《中华人民共和国民法典》第一千一百六十二条规定:"执行遗赠不得妨碍清偿遗赠人依法应当缴纳的税款和债务。"其目的在于防止公民利用遗赠形式转移财产,从而损害国家和债权人的利益。

(四)无人继承又无人受遗赠的遗产

无人继承又无人受遗赠的遗产是指继承开始后,没有继承人或继承人全部放弃继承,且无人接受遗赠的遗产。这类异常主要包括下列情况:没有法定继承人、遗嘱继承人和受遗赠人的遗产;法定继承人、遗嘱继承人全部放弃继承,且受遗赠人全部放弃受遗赠的遗产;法定继承人、遗嘱继承人全部丧失继承权,受遗赠人全部放弃受遗赠的遗产。

继承开始后,如果继承人和受遗赠人仍处于不明确的状态,则必须通过公告程序寻找继承人和受遗赠人。我国继承相关法律法规对公共程序没有作出规定,实践中的一般做法是由遗产保管人或保管单位及时发出寻找公告,公告期至少为一年,逾期若无继承人或受遗赠人出现,则将该遗产确定为无人继承又无人受遗赠的遗产。

依照《中华人民共和国民法典》第一千一百六十条规定,无人继承又无人受遗赠的遗产,归国家所有,用于公益事业;死者生前是集体所有制组织成员的,归所在集体所有制组织所有。另外,税款与债务清偿的法律原则同样适用于无人继承又无人受遗赠的遗产。无人继承又无人受遗赠的遗产无论是收归国家还是归于集体所有制组织,均应在遗产价值范围内清偿死者生前未缴的税款和欠负的债务。

思考题

1. 如何建立和谐的婚姻家庭关系?
2. 在继承中如何区分夫妻共同财产?

第五章 知识产权相关法律制度

《中华人民共和国民法典》第一百二十三条规定："民事主体依法享有知识产权。知识产权是权利人依法就下列客体享有的专有的权利：（一）作品；（二）发明、实用新型、外观设计；（三）商标；（四）地理标志；（五）商业秘密；（六）集成电路布图设计；（七）植物新品种；（八）法律规定的其他客体。"知识产权作为财产权利，属于民事权利的一种，知识产权法作为财产法属于民法的组成部门之一。知识产权法学是以知识产权的理论、制度与实践为研究对象的一门法律科学，知识产权法学属于民法学的一个重要分支。

知识产权是基于创造成果和商业标记依法产生的权利的统称。知识产权是一种私权，所反映和调整的社会关系是基于平等地位的自然人、法人、非法人组织等主体之间的财产关系。虽然在知识产权的保护中，公权力具有关键作用，但并不会改变知识产权的私权属性。知识产权管理部门的职能，依然是进行依法确权、私权登记、颁发证照，最终向社会公示私权的存在、变动及其合法性。

知识产权具有不同于其他财产权的典型特点。首先，知识产权的客体是知识，是一种无形的思想或者情感的表现形式，具体表现为科技成果、文学艺术作品、商业标记等，是一种非物质的客观存在。

其次，知识产权专有性的实现离不开法律的保障。物权人的利益，既可以借助法律保护，又可以通过事实上对物权客体"物"的占有来实现。而知识产权的权利人无法通过对无形的"知识"的占有，以实现利益追求，必须依靠法律的保障。因此，知识产权的保护对象、权利类型、垄断范围等均必须由法律明确规定，不同国家之间存在差异。知识产权的排他效力亦弱于物权。虽然同为独占的排他权利，但是知识产权人很难通过对"知识"赖以栖身的物质"载体"的控制，来形成独占或者排他。同时，法律还规定了对知识产权的限制制度，如"合理使用""强制许可"等，即在知识产权法律制度中，存在着一个对权利人的垄断权利予以限制、允许非权利人共享的领域。

再次，知识产权具有时间性。知识产权是一种具有法定期限的专有权。期限届满，权利归于消灭，创造成果进入公有领域，成为人人可以无偿利用的公共资源。而物权期限与物的自然寿命竞合。

最后，知识产权具有地域性。除非有国际条约、双边或多边协定的特别规定，否则，知识产权的效力只局限于本国境内。知识产权是法律规定的权利，也是一国公共政策的产物，必须通过法律的规定才得以存在，其权利的范围和内容也取决于本国法律。而各国法律规定存在差异，因此，一国的知识产权无法在他国自动获得保护。

根据不同知识、技术的社会功能，知识产权法律体系项下可以分为著作权法、专利法、商标法和反不正当竞争法。其中，著作权法主要保护具有非物质功能的知识；专利法主要保护具有物质功能的技术方案和应用于工业生产的外观设计;商标法服务于商品交换环节,主要通过区别商品、服务来源,保护商业标志财产权,以维护良好的市场秩序,保护消费者的利益;反不正当竞争法中的一部分规定也发挥着保护技术方案和商业标记利益的功能。本章主要围绕著作权法、专利法和商标法展开介绍。

第一节 著作权法

一、著作权概述

(一)著作权的概念

著作权是自然人、法人或者其他组织对文学、艺术和科学作品依法享有的财产权利和人身权利的总称。在我国,著作权又称版权,通常有狭义和广义之分。狭义上的著作权仅指作者及相关主体基于各类作品的创作依法享有的权利。广义的著作权不仅包括狭义上的著作权,还包括表演者对其表演、录音录像制作者对其制作的录音录像制品、广播组织对其播出的节目信号和出版者对其设计的版式享有的专有权利,即相关权(与著作权有关的权利),又称邻接权。

(二)著作权的特征

著作权是知识产权中的一部分,除了具有知识产权的四个特征(客体具有非物质性、排他性、地域性、时间性)外,还具有以下独特的特点:

1. 专有性

著作权的专有性是指作者对其所创作的作品具有独占的权利,这项权利只有作者可以行使,不进入公有领域,从而禁止他人未经作者许可对其作品进行使用。不经过作者同意或者在法律没有规定的情况下使用作品的,构成侵权行为。

2. 广泛性

著作权的广泛性是针对主体和客体而言的。和专利权、商标权相比较,著作权的主体范围更加广泛,我国著作权法规定,自然人、法人或者非法人组织都可成为著作权主体,并且法律对主体的年龄并无严格限制,因而未成年人也可以成为著作权主体。著作权客体的广泛性表现在其客体类型涉及多种作品,范围很广泛,包括文字作品,口述作品,音乐、戏剧、曲艺、舞蹈、杂技艺术作品,计算机软件等。

3. 丰富性

伴随着时代的发展,著作权的内容跟随时代的脚步与时俱进,越来越丰富,主要包括著作人身权和著作财产权。其中,著作人身权的权项主要有发表权、署名权、修改权、保护作品完整权;而著作财产权足足有十三项权利,我国著作权法规定的著作财产权主要有复制权、发行权、出租权、展览权、表演权、放映权、广播权、信息网络传播权、摄制权、改编权、翻译权、汇编权和其他法律赋予的权利。可见,著作权的内容极为丰富。

4. 自动性

自动性是就著作权的产生和保护而言的,与专利权、商标权不同的是,著作权的产生实行自动取得原则,也就是说作品一旦产生,无论作者是否选择发表,著作权也会自动产生,受著作权法保护。而专利权和商标权需经过国家主管机关的批准方可产生。

二、著作权的主体

(一)著作权主体的概念

著作权主体,也称为著作权人,是对作品享有著作权的人,包括作者和其他享有著作权的自然人、法人或非法人组织。国家也能作为著作权主体,在符合法定条件的情况下,外国人也可以成为著作权主体。

(二)著作权主体的种类

1. 原始主体和继受主体

原始主体是指作品在创作完成时,就取得著作权的作者。①自然人作者须具备三个条件:第一,作者是直接参与创作的人,即对作品的完成作出创造性贡献的人;第二,作者通过创作活动,产生了著作权法规定的作品;第三,作者享有最完整的著作权,但只是相对而言,没有绝对的意义,如转让或赠与后,即不完整,又如职务作品中,作者享有署名权。②法人或非法人组织在特定条件下也视为作者。《中华人民共和国著作权法》第十一条第三款规定:"由法人或者非法人组织主持,代表法人或者非法人组织意志创作,并由法人或者非法人组织承担责任的作品,法人或者非法人组织视为作者。"

而继受主体是通过受让、继承、受赠和其他法定方式从原始著作权处继受取得的著作权人,即作者以外的其他著作权人。继受其他主体著作权取得主要有以下几种情况:一是因继承、遗赠、遗赠扶养协议而取得。二是因合同关系而取得。在这种情况下,又分为三种情况:①委托合同,如在委托作品中,委托人因合同而取得著作权。《中华人民共和国著作权法》第十九条规定:"受委托创作的作品,著作权的归属由委托人和受托人通过合同约定。合同未作明确约定或者没有订立合同的,著作权属于受托人。"②著作权的转让。③著作权的赠与。在继受主体中,有一个特殊的继受主体即国家,国家作为特殊继受主体,分为以下几种情况:一是购买著作权,如购买国歌的版权;二是接受赠送;三是依法律规定,如公民死亡后在保护期内无继承人或法人等组织终止后无权利义务承受人。

2. 完整主体和不完整主体

著作权的完整主体是指依法享有全部著作财产权和著作人身权的自然人、法人或非法人组织,不完整主体就是依法享有部分著作财产权或著作人身权的自然人、法人或非法人组织,二者是根据著作权人所享有著作权完整性的情况来划分的。

3. 本国主体、外国主体和无国籍主体

按照著作权主体的国籍,可以将著作权主体分为本国主体、外国主体和无国籍主体。本国主体即拥有著作权保护国国籍的自然人或者根据著作权保护国法律设立的法人或非法人组织;外国主体即拥有的国籍不是著作权保护国国籍的自然人或者依据著作权保护国之外的法律设立的法人或非法人组织;无国籍主体即在主张著作权保护时,不具有国籍的自然人,法人或非法人组织不存在无国籍的情况。

4. 自然人主体、法人或者非法人组织主体

按照著作权人的标准,著作权主体可以分为自然人主体和法人或者非法人组织主体。自然人主体是依法享有著作权的自然人,而法人或者非法人组织主体是依法享有著作权的法人或者非法人组织。《中华人民共和国著作权法》第九条规定:"著作权人包括:(一)作者;(二)其他依照本法享有著作权的自然人、法人或者非法人组织。"

三、著作权的客体

(一)作品的概念

在生活中,我们要想让他人了解我们的思想感情和语言,就必须通过一定的形式去表达出来,而这个过程可称之为创作,由此形成的智力成果即为作品。《中华人民共和国著作权法》第三条对作品的定义为"本法所称的作品,是指文学、艺术和科学领域内具有独创性并能以一定形式表现的智力成果"。

(二)著作权客体的条件

我国著作权法中所称的作品,必须具有独创性和能够以一定形式表现两个实质条件。

1. 独创性

独创性,即原创性,是指作品是作者独立创作出来的,不是对现有作品的复制、抄袭、剽窃和完全或实质的模仿。独创性是作品的外在表达,对于独创性,我们可以从"独"和"创"这两方面来理解。

"独"意味着作者独立完成作品,一般有两种情况:一是作者对于作品的完成是从无到有独立创作的结果。即使完成的作品和他人的成果是一样的,但只要是作者独立创作的,那就符合独创性中对于"独"的要求。比如,两位摄影师用相同的照相机在相同的地方运用同样的方法、角度、技巧等拍摄的两张几乎没有差别的照片,因为两张照片是摄影师各自独立拍摄完成的,所以这种情况是满足独创性中对于"独"的要求的。二是作者在已有作品上再进行的创作。这种情况下,只要最后创作的成果和已有作品是存在区别的,这种区别是显而易见的、能被识别出来的,那么其创作的成果也是满足独创性中对于"独"的要求的。

独创性中除了对于"独"的要求外,还有关于"创"的要求。"创"意味着作品必须具有智力创作成果。一个作品,除在完成时能满足"独"的要求外,还能体现作者的智力劳动成果,是作者作出的个性化选择,才能满足"创"的要求。在作品中,"独"和"创"是不可分离的,两者缺一不可,这样的作品才能受到著作权法的保护。

2. 能够以一定形式表现

能够以一定形式表现,强调作品可以被人们借助某种设备感知到,并且运用某种物质载体复制下来,一般通过印刷、复印、临摹、拓印、录音录像、翻拍、翻录等方式复制作品,在此基础上作品的内容和思想不会被改变。

(三)作品的类型

我们所称的作品,并不是一种作品,而是多种类型的。在我国著作权法中,根据作品表现形式的不同,将作品分为文学、艺术、自然科学、社会科学以及工程技术等领域,具体有以下九种类型的作品:

(1)文字作品,是指小说、诗词、散文、论文等以文字形式表现的作品。

(2)口述作品,是指即兴的演说、授课、法庭辩论等以口头语言形式表现的作品。

(3)音乐、戏剧、曲艺、舞蹈、杂技艺术作品。音乐作品是指歌曲、交响乐等能够演唱或者演奏的带词或者不带词的作品;戏剧作品是指话剧、歌剧、地方戏等供舞台演出的作品;曲艺作品是指相声、快书、大鼓、评书等以说唱为主要形式表演的作品;舞蹈作品是指通过连续的动作、姿势、表情等表现思想情感的作品;杂技艺术作品是指杂技、魔术、马戏等通过形体动作和技巧表现的作品。

(4)美术、建筑作品。美术作品是指绘画、书法、雕塑等以线条、色彩或者其他方式构成的有审美意义的平面或者立体的造型艺术作品;建筑作品是指以建筑物或者构筑物形式表现的有审美意义的作品。

(5)摄影作品,是指借助器械在感光材料或者其他介质上记录客观物体形象的艺术作品。

(6)视听作品,是指通过机械装置能直接为人的视觉和听觉所感知的作品。该作品需要借助适当的装置才能反映作品的形式和内容。

(7)工程设计图、产品设计图、地图、示意图等图形作品和模型作品。

(8)计算机软件。

(9)符合作品特征的其他智力成果。

(四)不受著作权法保护的对象

1. 超过保护期的作品

任何作品,一旦超过保护期,就不再受到著作权法的保护。只有在特定的作品保护期内,才能得到著作权法的保护,这表明著作权是具有时间性的。

2. 不适用著作权法的对象

《中华人民共和国著作权法》第五条规定了三种不适用的对象:①法律、法规,国家机关的决议、决定、命令和其他具有立法、行政、司法性质的文件,以及其官方正式译文;②单纯事实消息;③历法、通用数表、通用表格和公式。

3. 思想

著作权法保护的是以文字、音乐、美术等各种各样的有形形式对于思想的表达,而不保护思想本身。如前所述,历法和公式不受保护,这是因为二者仅仅是对计算方法和数学原理的简单反映,是作为一种思想而存在的,理所当然不能得到保护。比如,如果一名钢琴家在世界上第一次想出要为一些流浪的小动物弹奏一首曲子,那么即便他将这个创意告诉别人,这个创意也不能作为作品受到著作权法的保护,他必须将这个创意以音乐的形式具体表达出来才能受到著作权法的保护。

四、著作权的内容

(一)著作权的内容概述

著作权的内容是指著作权人具有哪些具体的权利,是著作权人专有权利的总和。我国著作权法规定,著作权包括两类具体的权利,即著作人身权(又称精神权利)和著作财产权(又称经济权益)。我国著作权法同时保护与著作权有关的权益,如著作邻接权。所以,著作邻接权不在狭义著作权的内容范围内。

(二)著作权的内容类型

1. 著作人身权

(1)发表权。发表权是指决定作品是否公之于众的权利。所谓公之于众是指作品完成后,以复制、表演、播放、展览、朗诵、发行、摄制或者改编、翻译等方式使作品在一定数量、不特定人的范围内公开。作品仅在与作品有特定关系的人之间为征询意见而传阅等,不属于发表。发表权具体内容包括对作品发表时间、发表形式以及发表地点等的决定权。需要注意的是:发表权只能使用一次,通常不能转移,并且有时候会受到第三人的制约。

(2)署名权。署名,是指作者为表明身份在作品上署名的权利。署名有多种形式,既可以署作者的真实姓名,也可以署作者的笔名,或者作者自愿不署名。作者的署名权是指作者在作品上署上自己名字以表示作者身份的权利。反之,对一部作品来说,通过署名即可对作者的身份给予确认。《中华人民共和国著作权法》第十二条第一款规定:"在作品上署名的自然人、法人或者非法人组织为作者,且该作品上存在相应权利,但有相反证明的除外。"因此,作品的署名对确认著作权的主体具有重要意义。

(3)修改权。修改是指对作品的内容、文字等进行改动、修饰、润色和增删等以提高、完善原作品的做法。修改权即作者享有的修改或者授权他人修改作品的权利,我国著作权法将其规定为"修改或者授权他人修改作品的权利"。

(4)保护作品完整权。保护作品完整,是指保护作品不受歪曲、篡改的权利。修改权作为著作权人身权之一有着十分重要意义,因为作品体现的是作者个人的思想、意志,如果允许他人任意改动,就必然破坏作者对作品的整体构思,改变作品的原意,势必对作者的名誉、声望造成影响。即使得到作者许可对作品进行修改,也应当维护作品的完整性,不得对该作品进行歪曲、篡改。

在法律法规规定的某些情况下,作者的修改权受到一定的限制:一是在著作权许可他人将其作品摄制成电影、电视、录像作品的,视为已同意对其作品进行必要的改动,而无须特别授权,但这种改动不得歪曲、篡改原作品。二是报社、杂志社可以对作品进行文字性的修改、删节,而对作品内容的修改,应当经作者许可。三是图书出版者对作者书稿的惯常性修订、更改、纠正错误等的改动,视为出版编辑权限范围内的职责,不认为侵犯作者的修改权。经作者与出版者合同约定,出版者可以对作品内容进行修改、删节。

2. 著作财产权

著作权中的财产权是指能够给著作权人带来经济利益的权利。这种经济利益的实现,要依靠著作权人对作品使用才能获得。著作财产权包括以下几种权利：

（1）复制权。《中华人民共和国著作权法》第十条第一款第五项规定，复制权是指以印刷、复印、拓印、录音、录像、翻录、翻拍、数字化等方式将作品制作一份或者多份的权利。对于如何符合复制权中以上复制行为，应当满足以下要件：第一，复制行为应当在有形物质载体上再现作品，这是其与其他再现作品行为的本质区别。第二，该复制行为应当使作品长时间稳定地固定在有形物质载体之上。

（2）发行权，即以出售或者赠与方式向公众提供作品的原件或者复制件的权利。发行权规制的是对作品的有形利用，其发行行为转让有形载体。与复制权不同，发行权不是对作品内容的再现，而是通过作品有形载体的传播获得利益。此外，发行权是著作权中唯一一项可穷竭的权利。发行权穷竭原则又称为发行权一次用尽或者首次销售原则，即不管是作品原件又或者复制件，在首次向公众销售后，著作权人对载体的所有人对作品载体进行再次销售的行为无法进行控制。

（3）出租权，即有偿许可他人临时使用视听作品、计算机软件的原件或者复制件的权利。需要注意的是：出租计算机软件时，计算机软件中的程序本身不是出租的主要标的除外，比如Windows XP、Office等软件著作权人不能主张出租权，即使电脑所有者向他人出租电脑，出租的标的也是电脑，而不包括计算机软件程序本身。我国著作权法规定的出租权的适用对象主要是视听作品和计算机软件，除此以外的其他形式的作品都不是出租权的客体。

（4）展览权，即公开陈列美术作品、摄影作品的原件或者复制件的权利。著作权人可以选择自己展览或者许可他人展览，《中华人民共和国著作权法》第二十条第一款规定："作品原件所有权的转移，不改变作品著作权的归属，但美术、摄影作品原件的展览权由原件所有人享有。"这表明展览权与美术、摄影作品息息相关，即便作品载体已经转移，但却不影响著作权人对载体中的作品享有的权利。

（5）表演权，即公开表演作品，以及用各种手段公开播送作品的表演的权利。表演权的表现方式有两种：一是现场表演，比如在公开场合下表演舞蹈、表演诗歌朗诵等，这属于《中华人民共和国著作权法》第二十四条中规定的免费表演，不构成侵权；二是机械表演，即通过适当的机械设备对作品进行公开播放。现如今，很多经营场所在营业时都会播放一些背景音乐，比如超市、餐厅、咖啡店等，但这些经营场所如果未经许可，擅自播放录制的歌曲，就会构成表演权侵权。

（6）放映权，即通过放映机、幻灯机等技术设备公开再现美术、摄影、视听作品等的权利。从定义可以看出，放映权的适用对象主要是美术作品、摄影作品和视听作品等，应当在获得作品著作权人许可的情况下放映，并且支付报酬，否则，放映行为会构成侵权。

（7）广播权，即以有线或者无线方式公开播放或者转播作品，以及通过扩音器或者其他传送符号、声音、图像的类似工具向公众传播广播的作品的权利。由此可知，关于广播权的广播行为主要有以下三种：第一，以有线或者无线方式广播；第二，以有线或者无线方式转播；第三，公开播放接收到的广播。

（8）信息网络传播权，即以有线或者无线方式向公众提供，使公众可在其选定的时间和地点获得作品的权利。信息网络传播权是我国为了针对网络环境下的作品规定的一项权利，其规制的行为是交互式传播行为,即在网络中作品传播的方式是双向传播,使用者可以在自己选定的时间和地点下通过网络获取作品。

(9)摄制权,即以摄制视听作品的方法将作品固定在载体上的权利。具体来说,就是著作权人通过摄制视听作品的方法将作品固定在一定的载体上,或者许可他人从而自己获得报酬。未经著作权人的许可,他人不得通过摄制视听作品的方法将作品固定在载体上。

(10)改编权,即改变作品,创作出具有独创性的新作品的权利。具而言之,改编是一种创作方式,是对现有作品的改变,而改变的具体内容包括作品构成要素的改变,构成要素结合规律、规则以及顺序的改变,作品少数内容的改变。

(11)翻译权,即将作品从一种语言文字转换成另一种语言文字的权利。比如,将中文小说翻译为法语就是受翻译权控制的行为,未经著作权人许可,不能进行翻译。然而,不是所有的翻译行为都是著作权法意义上的行为,比如,将一篇中文小说改变为盲文,由于汉语与盲文符号之间互相对应,个人的智力创造发挥空间很小,不符合独创性要求,此行为不属于翻译行为。

(12)汇编权,即将作品或作品的片段通过选择或者编排,汇集成新作品的权利。要想构成汇编作品,必须在作品选择和编排方面表现出自己的独创性,比如对历代汉民族的散文诗所汇编而成的散文总集《古文观止》,这本散文总集整体上是具有独创性的,汇编者也对整本散文总集的汇编成果享有著作权,但是就单篇散文而言,是不具有独创性的。

除以上权利外,著作财产权还包括其他法律赋予的权利。

五、著作权保护期

对于著作人身权的保护期,我国著作权法有明确的规定,主要分为两种:一是署名权、修改权、保护作品完整权的保护期不受限制,因为这三项权利具有人身性。二是发表权的特殊保护期。虽然发表权同属人身权利,但是由于其与财产权利之间的特殊关系,自然人作品的发表权保护期是作者终生及其死亡后五十年,截止于作者死亡后第五十年的12月31日,与著作财产权的保护期相同。

就著作财产权保护期而言,分为一般原则和特殊规定。著作财产权保护期的一般原则是作者有生之年加上死后若干年。《中华人民共和国著作权法》第二十三条规定,自然人的作品,其发表权和著作财产权的保护期为作者终生及其死亡后五十年,截止于作者死亡后第五十年的12月31日。例如,假设某位作者在2000年6月6日去世,那么他的著作权保护期将于2050年12月31日届满,从2051年1月1日起其发表权和著作财产权不再受到保护。如果是合作作品,其保护期也是作者终生及其死亡后五十年,不过这里是截止于最后死亡的作者死亡后第五十年的12月31日。

著作财产权保护期的特殊规定是法律规定不能适用或者不便适用一般原则的情况。主要有以下三种特殊情形:一是法人或者非法人组织的作品、特殊职务作品;二是视听作品;三是作者身份不明的作品,主要是假名作品[①]和匿名作品[②]。对于假名作品而言,如果假名是公众所

[①] 假名作品是指作者以假名方式在作品原件或者复印件上署名的作品。
[②] 匿名作品是指作者未在作品原件或者复印件上用真名或者假名署名的作品。

知的名字,那么作品为作者身份明确的作品,适用一般原则;若是假名不被公众所知,那其作品为作者身份不明作品。对于匿名作品而言,因其是匿名,所以只能是作者身份不明的作品。因此,对于作者身份不明的假名作品和匿名作品适用特殊保护期规定。以上三种特殊情形中的作品,其发表权和著作财产权保护期均为五十年,截止于作品首次发表后第五十年的12月31日,但是作品自创作完成后五十年内未发表的,将不再受到著作权法的保护。

六、相关权

(一)相关权的概念及其特点

相关权是指不构成作品的特定文化产品的创造者对该文化产品所享有的专有权利,又称为邻接权。相关权始于德国,意思是与著作权相邻、相关的权利,我国著作权法称之为"与著作权有关的权利"。在我国著作权法中,相关权特指表演者权、录音录像制作者权、广播组织权以及出版者权。与著作权相比较而言,相关权有其自身的特点:①相关权的主体主要是法人或者非法人组织,在特殊情况或者少数情况下是自然人,而著作权与之相反;②相关权的客体是通过传播行为产生的智力创造性成果,因其独创性不够,不构成作品,所以法律对其保护水平较低;③相关权的权利获得方式为主体通过传播现有作品获得,而著作权是由著作权主体通过创作作品而获得的。

(二)表演者权

1.表演者权概述

表演者权是表演者对其表演依法享有的专有权利,其主体是表演者。我国著作权法对表演者只是进行了抽象规定,是指演员、演出单位或者其他表演文学、艺术作品的人,并没有具体地规定。而《保护表演者、音像制品制作者和广播组织罗马公约》对此进行了具体规定,表演者是指演员、歌唱家、音乐家、舞蹈家和表演、歌唱、演说、朗诵、演奏或以别的方式表演文学或艺术作品的其他人员,强调的是表演作品的人。可见,著作权法意义上的表演者必须是表演作品的人,否则不能享有表演者权。

法人或者非法人组织要想成为表演者,必须同时具备以下三个条件:一是以自己的名义进行了表演活动的组织工作;二是在其表演活动中,有自然人作为表演者;三是以自己的名义对其表演活动承担法律责任。需要注意的是:如果被表演的不是著作权法意义上的作品,那么进行表演活动的人也就不是表演者,所以不能享有表演者权。比如,一场篮球比赛中,篮球比赛活动并不是作品,篮球运动员也不是著作权法意义上的表演者,不能享有表演者权。因为在我国体育运动员所进行的体育活动不属于表演活动,理所当然其运动员不享有表演者权。除此之外,只要是对作品进行了表演,那么表演的人就是表演者,至于作品的具体情况,不予讨论。

2.表演者权的内容

表演者对其表演依法享有以下权利:

(1)表明表演者身份。由于传播表演活动的方式不同,所以表明表演者身份的方式也不同,主要包括以下几种情况:一是进行表演时;二是将表演录制成录音制品或视听作品时;三是播放录制有其表演的录音制品或视听作品时;四是发行、销售或者出租录制有其表演的录音制品或者视听作品。

(2)保护表演形象不受歪曲。这是表演者维护其表演完整性的权利。比如,表演者摄制的电影或电视片,其他任何人不得作歪曲性改编,使其失去原有的表演风格和表演形象。表演者录制的唱片,他人也不得作改变声音形象使其失去原有风格的篡改。

在文学评论中对某演员的演技、戏路进行评论,如果被评论的主体是表演者本人(实际生活中的人而非被表演的对象),则不属于歪曲表演形象;如果有诬陷、攻击等行为,则是对名誉权的侵犯,而不是歪曲表演形象,被诬陷的演员可以侵害名誉权为由对评论人提起侵权之诉,这不属于著作权法的调整范围。以上两项权利均属于表演者人身权。

(3)许可他人从现场直播和公开传送其现场表演,并获得报酬。《中华人民共和国著作权法》第三十九条规定,表演者对其表演享有许可他人从现场直播和公开传送其现场表演的权利,即表演现场直播许可权。作为表演者的一项重要财产权利,在未经表演者许可的情况下,广播电台、电视台或者其他组织不得对其表演进行现场直播。

(4)许可他人录音录像,并获得报酬。根据《中华人民共和国著作权法》第三十九条规定,表演者有权许可他人对其表演录音录像并获得报酬。国际上将这项权利称为首次固定权,因为在对表演者的表演活动进行录音录像之前,其是没有物质载体的,在对表演活动进行录音录像后,它就首次被固定在有形物质载体上,称为首次固定权。

(5)许可他人复制、发行、出租录有其表演的录音录像制品,并获得报酬。《中华人民共和国著作权法》第三十九条规定,表演者有权许可他人复制、发行、出租录有其表演的录音录像制品并获得报酬。通过对现场表演进行录音录像,此时表演活动固定在一定的物质载体上,形成了录音录像制品,那么对此录音录像制品进行发行、出租必然影响表演者的利益,因此,表演者可以对此录音录像制品进行约束。

(6)许可他人通过信息网络向公众传播其表演,并获得报酬。此项权利也就是信息网络传播许可权,是指任何单位或者个人若想对表演者的表演活动进行传播的,都应当取得表演者的许可。未经表演者的许可,擅自将录音录像制品进行传播,以供公众在特定时间和地点欣赏的行为都是对表演者权的侵犯。和作品著作权人的信息网络传播权相同,表演者的信息网络传播权也是"交互式"的信息网络传播行为。

以上(3)~(6)项权利均属于表演者财产权,在行使时都有权获得相应的报酬。

3. 表演者权的保护期

表演者权的保护期有两种情况:一是表演者身份权的保护期不受限制;二是表演者财产权的保护期是五十年,截止于该表演发生后第五十年的12月31日。

(三)录音录像制作者权

1. 录音录像制作者权概述

录音录像制作者权,即录制者权,是指录音录像制品的制作者对其制作的录音录像享有的专有权利。录音录像制作者权的主体为录音制品制作者和录像制品制作者,也就是首次制作录音录像的人,包括自然人、法人和非法人组织;录音录像制作者权的客体即包含在录音制品和录像制品中的录音和录像。

2. 录音录像制作者权的内容

录音录像制作者权主要包括复制权、发行权、信息网络传播权和出租权。复制权是指录音录像制作者享有许可他人对其录音录像制品进行复制的权利。发行权是指录音录像制作者有许可他人对其录音录像制品以出售或者赠与方式向公众提供原件或复制件的行为。信息网络传播权是指录音录像制作者有许可他人将录音录像制品上传到网络上的权利。未经录音录像制作者同意,将其录音录像制品上传到网络上的行为是对录音录像制作者的侵权。出租权是指录音录像制作者有出租自己录音录像原件或者复制件并许可他人使用的权利。需要注意的是,《中华人民共和国著作权法》第四十八条规定,电视台播放他人的视听作品、录像制品,应当取得视听作品著作权人或者录像制作者许可,并支付报酬。这意味着录像制作者享有许可电视台播放其录像制品的权利,但录音制作者不存在此项权利。

3. 录音录像制作者权的保护期

录音录像制作者权的保护期为五十年,截止于录音录像制品首次制作完成后第五十年的12月31日。

(四)广播组织权

1. 广播组织权概述

广播组织权是指广播电台、电视台对其制作的广播电视节目依法享有的权利。广播组织权的主体是制作并播放广播电视节目的组织,即广播电台、电视台。广播组织权的客体是广播组织播放的载有声音和图像的节目信号。

2. 广播组织权的内容

广播组织权主要有转播权、录制权、复制权三种。所谓转播权就是广播电台、电视台有禁止他人未经许可将其播放的广播、电视节目进行转播的权利。就录制权而言,是广播电台、电视台有禁止他人未经许可将其播放的广播、电视节目录制在音像载体上的权利。复制权,即广播电台、电视台有禁止他人未经许可将其录制有广播、电视节目的音像制品进行复制的权利。

3. 广播组织权的保护期

广播组织权的保护期为五十年,截止于广播、电视节目首次播放后第五十年的12月31日。

七、著作权的限制

(一)著作权限制的概述

著作权限制即法律规定自然人、法人或非法人组织可以不经著作权人许可,而利用其版权作品或受相关权保护之对象,且不构成侵权的制度。这是对著作权进行的适当限制,为了让著作权人之外的其他人能够对其作品进行使用。各国也都对著作权的限制进行了规定,比如美国和日本在著作权限制方面都规定了合理使用和强制许可。我国著作权法对著作权限制的规定包括合理使用、法定许可使用以及公共秩序保留。

(二)合理使用

1. 合理使用的条件

合理使用是指对于法律规定的特定行为,自然人、法人或非法人组织可以不经著作权人许可,对其发表的作品进行使用并且不用支付报酬的制度。合理使用的成立是有前提的,主要包括以下条件:①使用的目的是非营业性的;②使用的作品必须是已经发表的作品;③使用者所使用的部分占版权作品的数量和实质性,即对于有些作品,使用者可以对其整体进行使用,而有些作品,使用者只能引用一部分,对其作品的实质部分不能引用;④使用者在使用作品时不能影响其潜在市场和价值。以上条件必须同时具备,合理使用才能成立,但凡有一个条件不满足,就不能构成合理使用行为。

2. 合理使用的种类

我国著作权法对合理使用主要规定了以下十三种情形,在这些情形下使用作品可以不经过著作权人许可,也可以不支付报酬,但是必须标明作者的姓名或者名称以及作品的名称,并且不能影响该作品的正常使用,也不得不合理地损害著作权人的合法权益:

第一,为个人学习、研究或欣赏,使用他人已发表的作品。该项情形的合理使用必须限定在个人领域内,不能超出个人领域范围,也不能出于商业目的。

第二,为介绍、评论某一作品或者说明某一问题,在作品中适当引用他人已经发表的作品。该引用必须满足"适当"的标准。

第三,为报道新闻,在报纸、期刊、广播电台、电视台等媒体中不可避免地再现或者引用已经发表的作品。此外,网站也应包含在内。

第四,报纸、期刊、广播电台、电视台等媒体刊登或者播放其他报纸、期刊、广播电台、电视台等媒体已经发表的关于政治、经济、宗教问题的时事性文章,但著作权人声明不许刊登、播放的除外。

第五,报纸、期刊、广播电台、电视台等媒体刊登或者播放在公众集会上发表的讲话,但作者声明不许刊登、播放的除外。

第六,为学校课堂教学或者科学研究,翻译、改编、汇编、播放或者少量复制已经发表的作品,供教学或者科研人员使用,但不得出版发行。这种合理使用中的学校限于我国教育法和高等教育法中规定的全日制学历教育学校,除此之外,该项合理使用还对使用行为以及使用人员进行了限制,即限于翻译、改编、汇编、播放或少量复制,除了教学或科研人员,其他人员不能使用。

第七,国家机关为执行公务在合理范围内使用已经发表的作品。国家只有在执行公务时才能构成合理使用,其他情况下使用他人已经发表的作品,也应当取得著作权人的许可,并且支付报酬。

第八,图书馆、档案馆、纪念馆、博物馆、美术馆、文化馆等为陈列或者保存版本的需要,复制本馆收藏的作品。

第九,免费表演已经发表的作品,该表演未向公众收取费用,也未向表演者支付报酬,且不以营利为目的。

第十，对设置或者陈列在公共场所的艺术作品进行临摹、绘画、摄影、录像。

第十一，将中国公民、法人或者非法人组织已经发表的以国家通用语言文字创作的作品翻译成少数民族语言文字作品在国内出版发行。

第十二，以阅读障碍者能够感知的无障碍方式向其提供已经发表的作品。

第十三，法律、行政法规规定的其他情形。

（三）法定许可

法定许可使用是指法律明确规定的可以不经著作权人许可而使用其作品，但应当向著作权人支付报酬的行为。我国著作权法对法定许可使用的规定主要有以下情形：

第一，报刊转载的法定许可。《中华人民共和国著作权法》第三十五条第二款规定："作品刊登后，除著作权人声明不得转载、摘编的外，其他报刊可以转载或者作为文摘、资料刊登，但应当按照规定向著作权人支付报酬。"正因为此项法定许可，一些文摘类报刊才能合法地存在。然而，这项法定许可的适用范围是有限的，只适用于报刊之间的转载，在各类书籍之间或者书籍和报刊之间不能适用法定许可。

第二，制作录音制品的法定许可。《中华人民共和国著作权法》第四十二条第二款规定："录音制作者使用他人已经合法录制为录音制品的音乐作品制作录音制品，可以不经著作权人许可，但应当按照规定支付报酬；著作权人声明不许使用的不得使用。"该项法定许可的适用范围是已经被合法录制为录音制品发行的音乐制品，并且有特定的对象，即为了出版录音制品而关涉的音乐作品著作权人的复制权和发行权，而表演者和录音制作者的复制权和发行权不包含在内。

第三，播放作品的法定许可。《中华人民共和国著作权法》第四十六条第二款规定："广播电台、电视台播放他人已发表的作品，可以不经著作权人许可，但应当按照规定支付报酬。"需要注意的是，《中华人民共和国著作权法》第四十八条规定，电视台播放他人的视听作品、录像制品，应当取得视听作品著作权人或者录像制作者的许可，并支付出报酬。那么播放作品的法定许可不能在电视台播放视听作品中适用，这是播放作品法定许可的一条限制。

第四，为实施义务教育和国家教育规划而编写出版教科书的法定许可。在这种情况下，可以不经过著作权人许可，将已经发表的作品片段或者短小的文字作品、音乐作品或者单幅的美术作品、摄影作品、图形作品汇编入教科书中，但是应当指明作者姓名或者名称、作品名称，并且按照相关规定支付报酬。

八、著作权的法律责任

（一）著作权侵权行为

著作权侵权行为是指侵犯著作权或者相关权的行为。其主要特征表现为：一是侵权对象的多样性，即著作权侵权行为关涉的对象包括著作人身权和著作财产权以及相关权。二是行为的多样性，即著作权侵权行为方式多种多样，原因在于著作权的权利种类具有多样性，与之相对应的侵权行为也就多种多样。三是著作权侵权行为的作为性。在民法中，侵权行为既有作为方式,也有不作为方式,但是在著作权法中,侵权行为主要表现为作为方式。此外,在判断某种行为是否是著作权侵权行为时,需要考虑以下要件:第一,侵权行为中受侵害的主体是著作权人;第二,侵权行为的客体是受著作权法保护的作品;第三,侵权行为的内容为侵权人未经著作权人授权,也没有法律上的规定而非法使用他人的作品。

(二)著作权的侵权类型

1. 侵犯著作人身权

侵犯著作人身权也就是侵犯作者的发表权、署名权、修改权和保护作品完整权,还有就是在合理使用作品时没有指明作者姓名或名称和作品名称。这项义务是为了保护作者与作品之间的身份关系,保护的是作者享有的人身利益或精神利益。

2. 侵犯著作财产权

由于我国著作财产权类型较多,侵犯著作财产权的表现形式也是多种多样的。著作权分为著作人身权和著作财产权,那么除了侵犯著作人身权以外的类型,都可以归为侵犯著作财产权。此外,还包括侵犯获得报酬权和侵犯利益分配权。侵犯获得报酬权主要是指在法定许可条件下,著作权使用人需要向著作权人支付报酬而没有支付的侵权行为,类似于民法中的合同义务,著作权使用人不支付报酬的行为构成违约。侵犯利益分配权主要是针对合作作品和职务作品而言的,即在合作作品的作者之间、职务作品的单位与员工之间对作品所得收益没有进行合理分配,侵犯对方利益分配权。

(三)著作权诉讼时效

著作权的诉讼时效为三年,自著作权人知道或者应当知道权利受到损害以及义务人之日起计算。著作权人超过三年起诉的,若侵权行为在起诉时仍在继续,在该著作权的保护期内,人民法院应该判决被告停止侵权行为;侵权损害赔偿数额应当自权利人向人民法院起诉之日起向前推算三年计算。

(四)著作权法律救济

侵权人在侵犯著作权后理应承担法律责任,我国著作权法规定的法律责任主要有以下三种。

1. 民事责任

承担民事责任是侵犯著作权的主要救济措施,在民事责任中,侵权人主要的救济措施有停止侵害、消除影响、赔礼道歉、赔偿损失。《中华人民共和国著作权法》第五十二条对应当承担民事责任的侵权行为作出了具体的规定,分为十一种类型。

2. 刑事责任

著作权的侵权行为在大多数情况下承担民事责任,但对于严重损害公共利益的侵权行为,比如大量贩卖盗版书籍,严重损害市场经营秩序,此时侵权人需要承担刑事责任。在刑事责任中,《中华人民共和国刑法》第二百一十七条侵犯著作权罪中作出了相应的规定,对于侵犯著作权的行为,最高可判十年有期徒刑,并处罚金。

3. 行政责任

《中华人民共和国著作权法》第五十三条对适用行政责任的侵权行为进行了具体规定,主要针对八种侵权行为,其行政处罚方式包括:①责令停止侵权行为;②予以警告;③没收违法所得;④没收、无害化销毁处理侵权复制品以及主要用于制作侵权复制品的材料、工具、设备等;⑤罚款。

另外,我国著作权法对惩罚性赔偿制度也作出了改变,惩罚性赔偿在2013年修正《中华人民共和国商标法》时首次被引入我国知识产权法中,之后2019年修正的《中华人民共和国反不正当竞争法》引入了惩罚性赔偿制度,2020年修改的《中华人民共和国专利法》中引入了惩罚性赔偿条款。《中华人民共和国著作权法》第五十四条第一款和第二款也规定:"侵犯著作权或者与著作权有关的权利的,侵权人应当按照权利人因此受到的实际损失或者侵权人的违法所得给予赔偿;权利人的实际损失或者侵权人的违法所得难以计算的,可以参照该权利使用费给予赔偿。对故意侵犯著作权或者与著作权有关的权利,情节严重的,可以在按照上述方法确定数额的一倍以上五倍以下给予赔偿。权利人的实际损失、侵权人的违法所得、权利使用费难以计算的,由人民法院根据侵权行为的情节,判决给予五百元以上五百万元以下的赔偿。"惩罚性赔偿主要有两个构成要件,一是主观"故意",这是惩罚性赔偿适用的核心要素;二是侵权"情节严重"。在如今的互联网时代下,侵犯著作权会获得巨大利益,原有的法定赔偿不足以保护权利人的权益,其救济作用部分失灵,惩罚性赔偿制度可以弥补著作权人的侵权损失,提高著作权人的维权积极性,预防侵权行为。

第二节 专利法

一、专利法律制度基本概述

(一)专利权的概念

"专利"一词译自英语patent,是中世纪欧洲的封建君主特许授予发明人一种垄断权时,所采用的一种公开文件的名称。"专利"一词在生活中有多重含义,经常与"专利权"一词混用。从法律角度理解来看,"专利"指经国务院专利行政部门审批,获得专利权的发明创造的统称。结合各国的专利法律制度,以及英文patent的原意,在此可以把"专利权"定义为:发明人、设计人或其权利受让人对特定的发明创造,在一定期限内依法享有的一项排他性权利。专利制度指基于法律规定和相关激励创新的各项政策,对申请专利的发明创造进行科学审查,对符合规定的发明创造授予专利权并公之于众,以促进技术交流和转让,激励整个行业和社会不断创新的一系列制度。

(二)专利权的基本特征

1. 客体的无形性

专利权的客体即发明创造,属于智力成果,是一种无形的精神财富。智力成果不具有物质形态,不占据一定的空间,是人们看不见、摸不着的,是客观上无法被人们实际占有和控制的无形财产,只是通过一定的客观形式物化在物质载体之上的知识和技能。因此,客体的无形性是专利权的本质属性所在。

2. 更强的排他性

与著作权相比,专利权的排他性更强,专利权人可对其发明享有使用、制造、销售和进口的权利,其他人要实行专利,除法律有规定外,必须获得专利权人的许可,并按双方协议缴纳使用费,否则就是侵权行为。

3. 以向社会公开技术为条件

在著作权中,作者创造作品的目的之一就是使其作品传播,并在传播的过程中得以行使权利、取得利益。同样,在专利权中,发明人或设计人要划定自己的权利范围,就必须公布专利的技术内容。如果发明人或设计人的某项技术方案一旦被授予专利权,那么除了个别例外情形,未经过专利权人许可,他人均不得以生产经营为目的实施这项技术。所以为了更好地促进技术的发展进步,以及促进研究和创造活动,法律明确要求发明人或设计人已经向社会公开其技术方案来换取专利权,从而他人可以从公开的技术方案中获得经验和启示,进一步激发创造性。

4. 经审查后才能依法定程序授予

专利权不是自动产生的,发明创造只有经过国家专利主管部门的审查,确认其符合法律规定的授予条件后,发明人或设计人才能被授予专利权。如果专利权像著作权一样,依法律规定自动产生,那么在无法确认技术方案能够对社会产生重大利益的情况下,使发明人或设计人获得专利权,对他人和社会来讲,无疑是不公平的。假如一个研究所研发出了一种特效药,将该药的生产步骤、相关试验及操作方法等整理成一篇论文在国内发表,后来有许多企业参照该论文制出了特效药,并将其投入市场获利颇丰,但研究所却没有获得任何经济报酬。此时研究所是不能向法院请求企业停止生产药品的,因为专利权的产生必须经过一定的程序审查和主管机构授予,没有法律的授权,仅仅发表学术论文是不能获得专利权的,只享有对学术论文的著作权。

5. 地域性

专利权具有严格的领土性,即在空间上的效力并不是无限的,只限于本国境内。并且各国专利法对授权条件的规定有很大的差异,仅在一国获得的专利权在其他国家并不能受到承认和保护。例如张三在美国发现一种非常畅销的净水装置,并且该装置已经在美国获得专利权,张三回国后经过查询了解到该技术没有在中国申请专利,于是经过对净水装置的拆卸研究,制造出了同样的净水装置,在生产后投入市场获得了巨大的成功。张三的行为并没有侵犯美国净水装置公司的专利权,因为地域性特征,除非有国际条约、双边或多边协定的特别规定,否则在一个国家授予专利权,仅在该国地域有效,在其他国家没有效力。

6. 时间性

专利权的时间性也有限制,法律对专利权期限的规定,既要适当保护专利权人利益的同时,也要考虑国家和社会公众的利益,所以保护期不宜太长,也不能太短,要在调动发明创造积极性的同时又可以利于先进技术的推广和应用。所以我国发明专利权的期限为二十年,实用新型专利权的期限为十年,外观设计专利权的期限为十五年,均自申请日起计算。

(三)专利法律制度的作用

1. 鼓励和调动发明创造的积极性

专利制度的建立有效地保护了发明创造,专利行政部门依法将申请的发明创造向社会公开,授予专利权,给予发明人在一定期限内对其发明创造享有独占权,把发明创造作为一种财产权予以法律保护,从而鼓励公民、法人提高发明创造的积极性,充分发挥全民族的聪明才智。

2. 促进技术信息传播,推动产业发展

专利制度以向社会公开技术方案为获得专利权的前提条件,因此大量的技术资料和文献资料得以公开,方便技术人员从中获得经验和启示,根据现有技术进一步开展研究活动,从而尽可能地避免对相同技术的重复研究开发,有利于促进发明技术向全社会公开与传播,促进科学技术的不断发展。

(四)专利权的客体制度

专利权的客体,也称专利权的保护对象。我国专利权的客体有发明、实用新型和外观设计三种。

1. 发明

发明作为我国专利法保护的三大客体之首,与我们日常生活中的"发明"含义略有不同,它是指对产品、方法或者其改进所提出的新的技术方案。专利法意义上的"发明"必须是正确利用自然规律的结果,例如利用太阳能原理发明了某太阳能动力装置。但单纯的发现并不能构成专利法意义上的发明,例如牛顿提出的万有引力定律,并不是"发明",因为它是客观世界存在的自然规律。

根据定义和最终形态,可以将发明分为产品发明和方法发明两大类,同时对现有的产品发明和方法发明进行改进而获得的新成果可以形成改进发明。产品发明指通过智力劳动创造,最终表现为一种实物形态的各种制成品或产品,包括制造品、零件、化合物、组合物、材料、各种机器设备、装置和工具等。例如医药学中的新化合物、药物组合物、微生物及其代谢物、制药设备及药物分析仪器、医疗器械等都是产品发明。

方法发明指把一种物品或者物质改变成另一种状态、物品或者物质所利用的手段和步骤的发明。例如制造工艺,加工方法以及化学方法、生物学方法等。比如原先乙肝疫苗价格高昂,后来因发明了使用基因工程技术制造疫苗的方法,大大降低了疫苗的价格,这种利用新的基因工程技术制造疫苗的方法就属于方法发明;或者一种为实现血流速度测量仪器的连续超声波多普勒方法也是方法发明。

改进发明是指对已有的产品发明或方法发明所作出实质性革新的技术方案。改进发明不是新产品或新方法的创造,而是在已有产品和方法的基础上进行的创造性改善。例如关于微生物,未经人类任何技术处理而存在于自然界的微生物不授予医药专利权,不具工业实用性,属于科学发现,只有当微生物经过分离成为纯培养物,并具有特定的工业用途时,微生物本身才可以授予医药专利。

2. 实用新型

实用新型又叫作"小发明",是指对产品的形状、构造或者其结合所提出的适于实用的新的技术方案,但它在技术的创造性上低于发明,只适用于通过产品的形状和构造来解决一般性的实用技术问题。具体而言它有以下特征:

(1)实用新型必须是一种具有确定的形状或者构造的产品。具有一定的可通过外部观察得到的外形,任何无确定形状的产品,如气态、液态物质,或自然存在的形状,如假山状态,以及非确定的形状,如将物体堆积而成的形状,都不符合实用新型的要求。并且产品的各个组成部分之间要有相互关系,例如手表各个零件之间的组合以及收音机各个器件的组合。

(2)实用新型必须具有实用价值,能够解决技术问题。在医药领域中,某些与功能相关的药物剂型、形状、结构的改变,尤以避孕药具居多,诊断用药的试剂盒与功能有关的形状、结构,生产药品的专用设备,某些药品的包装容器的形状、结构,某些医疗器械的新构造等,都可以申请实用新型专利。如果产品的形状只能带给人美感而无法解决任何技术问题,则对该产品的设计只可能属于外观设计,而非实用新型。

3. 外观设计

外观设计是指对产品的整体或者局部的形状、图案或者其结合以及色彩与形状、图案的结合所作出的富有美感并适于工业应用的新设计。外观设计与发明和实用新型在法律上有着本质上的区别,不要求解决任何实际技术问题,只要能使产品美观,对消费者产生吸引力即可。具体而言它有以下特征:

(1)外观设计是对产品的形状、图案和色彩的结合。只有对产品的整体设计才能获得外观设计专利权,单独的色彩不能构成外观设计。

(2)外观设计是适用于工业应用的设计。如果脱离了工业产品,则可能构成著作权法意义上的平面或立体的美术作品,而不是外观设计。

(3)外观设计必须富有美感。即被一部分消费者认为是美观的、令人赏心悦目的,增加产品对消费者的吸引力。例如在医药领域中,有形药品的新造型或其与图案色彩的搭配和组合、药品盛放容器(如药瓶、药袋、药品瓶盖)、富有美感和特色的说明书等,都可以通过外观设计专利给予保护。

(五)专利权的主体制度

专利权的主体指的是有权提出申请并获得专利权,同时承担相应义务的人。专利法规定了自然人、法人和其他组织都可以申请专利并获得专利权,所以可以将专利权主体分为完成发明创造的人和专利申请人两种。

1. 发明人或设计人

发明人或设计人是对发明创造作出创造性贡献的自然人,也是实际完成人。这种发明创造活动不受自然人行为能力的影响,属于事实行为,假如一名九岁的儿童完成了符合专利法要求的发明创造或设计,那他就是其发明人或者设计人。发明创造也可以由两人或两人以上共同完成,这些人互为合作发明人,且享有署名权、获得奖励权和获得报酬权。在完成发明创造过程中只负责组织工作的人、为物质条件的利用提供便利的人或者从事其他辅助性工作的人,如描图员、试验员等,不能认为是发明人或创造人。并且只有非职务发明创造发明人或设计人才能作为专利申请人,在此有一定的限制。

2. 专利申请人

专利申请人包括发明、设计人本人或者其所在的单位、专利申请权的受让人等。专利申请权和专利权是可以转让的,通过合同或继承而依法取得该专利权的单位或个人就叫受让人。专利申请权转让之后,如果获得了专利,那么受让人就是该专利权的新主体;一个单位或者个人接受其他单位或者个人委托所完成的发明创造,如果双方约定发明创造的申请专利权归委托方,从其约定,申请被批准后,申请的单位或者个人为专利权人。如果单位或者个人之间没有协议,构成委托开发的,申请专利权以及取得的专利权归受托人,但委托人可以免费实施该专利技术。

专利申请人还包括具有外国国籍的自然人和法人。在中国有经常居所或者营业所的外国人,享有与中国公民或单位同等的专利申请权和专利权。

中国单位或者个人向外国人、外国企业或者外国其他组织转让专利申请权或者专利权的,应当依照有关法律、行政法规的规定办理手续。转让专利申请权或者专利权的,当事人应当订立书面合同,并向国务院专利行政部门登记,由国务院专利行政部门予以公告。专利申请权或者专利权的转让自登记之日起生效。

3. 职务发明创造主体

执行本单位的任务或者主要是利用本单位的物质技术条件所完成的发明创造为职务发明创造。职务发明创造申请专利的权利属于该单位,申请被批准后,该单位为专利权人。该单位可以依法处置其职务发明创造申请专利的权利和专利权,促进相关发明创造的实施和运用。如果发明人或设计人的创造活动是为某个法人单位或其他组织履行职务完成的,则该法人单位或其他组织享有专利申请人资格。这种职务发明创造,是发明人或设计人执行本单位的任务或者主要是利用本单位的物质技术条件所完成的发明创造,例如本单位的资金、设备、零部件、原材料或者不对外公开的技术资料等。这里所称的"单位",包括固定工作单位,也包括临时工作单位。职务发明创造包括三种情形:第一种是在本职工作中作出的发明创造;第二种是履行本单位交付的本职工作之外的任务所作出的发明创造;第三种是退休、调离原单位后或者劳动、人事关系终止后一年内作出的,与其在原单位承担的本职工作或者原单位分配的任务有关的发明创造。

非职务发明创造,申请专利的权利属于发明人或者设计人;申请被批准后,该发明人或者设计人为专利权人。

利用本单位的物质技术条件所完成的发明创造,单位与发明人或者设计人订有合同,对申请专利的权利和专利权的归属作出约定的,从其约定。

对发明人或者设计人的非职务发明创造专利申请,任何单位或者个人不得压制。

4. 委托创造和合作创造主体

两个以上单位或者个人合作完成的发明创造、一个单位或者个人接受其他单位或者个人委托所完成的发明创造,除另有协议的以外,申请专利的权利属于完成或者共同完成的单位或者个人;申请被批准后,申请的单位或者个人为专利权人。

二、授予专利的条件

(一)发明专利和实用新型专利的授予条件

《中华人民共和国专利法》第二十二条第一款规定:"授予专利权的发明和实用新型,应当具备新颖性、创造性和实用性。"

1. 新颖性

新颖性需要满足两个要求:

第一是该发明或者实用新型不属于现有技术,即发明创造是"新"的,如果一项发明创造与专利申请日之前的现有技术相同,则该发明创造就没有新颖性。这里的"现有技术"指的是在专利申请日之前,在国内外为公众所知悉的技术,但处于保密状态的技术除外。如果有人发明了与处在保密状态的技术同样的技术并申请专利,都是符合新颖性要求的。《中华人民共和国专利法》第二十四条规定:"申请专利的发明创造在申请日以前六个月内,有下列情形之一的,不丧失新颖性:(一)在国家出现紧急状态或者非常情况时,为公共利益目的首次公开的;(二)在中国政府主办或者承认的国际展览会上首次展出的;(三)在规定的学术会议或者技术会议上首次发表的;(四)他人未经申请人同意而泄露其内容的。"

在专利法上,有三种行为会导致技术被公开,成为可以为公众所获得的现有技术。如果能够确定申请专利的技术已经公开或者使用,已经公开的基础内容相同,都可以确定其不具备新颖性。

(1)以出版物方式公开,也叫书面公开。这是最为普遍的一种公开方式,属于"绝对新颖性",即无论在世界哪个地方,只要在申请日以前找到相同发明创造在出版物上有过记载,该发明创造即不具有新颖性。这里的"出版物"涵盖的范围包括一般的书籍、杂志、文献、正式公布的会议记录和报告等纸质出版物,还包括微缩胶片、影片、照片、磁带、光盘等其他载体的出版物。

(2)以使用方式公开。一些产品或技术方案虽然没有在任何出版物上发表过,但假如由于使用导致一项或多项技术方案的公开,或者处于任何人都可以使用该技术方案的状态,这种公开的方式也会使其成为现有技术的一部分。

(3)以其他方式公开,主要是口头公开,如口头交谈、报告、讨论会的发言、广播电台或者电视台或电子网络的传播方式,以及科研鉴定、科研总结、设计文件、图纸、橱窗展示、展览、展销广告等方式。

第二是不存在抵触申请,即没有任何单位或个人就同样的发明创造或者实用新型,在专利申请日以前,向国务院专利行政部门提出过申请,并记载在申请日以后公布的专利申请文件或者公告的专利文件中。当出现抵触申请时,视为先申请案为后申请案的现有技术,故后一申请不具备新颖性。但如果前一申请没有公开而中止申请,则不属于抵触申请。抵触仅仅指他人在申请日以前提出的,不包括他人在申请日提出的,也不包括申请人本人在申请日以前提出的同样的申请。

2. 创造性

发明专利和实用新型专利的主要区别就在于创造性不同,创造性在一些国家也被称作"非显而易见性"。创造性的核心在于"实质性特点",即发明相对于现有技术和对所属技术领域的技术人员而言,是非显而易见的。所以专利法对发明专利和实用新型专利的创造性作了分别规定。与申请日以前的已有技术相比,对于发明专利,应具有突出的实质性特点和显著性进步;对于实用新型专利,则具有实质性特点和进步即可。

3. 实用性

相对新颖性和创造性,实用性的审查判断较为简单,因此在程序上最先进行实用性审查。实用性是指该发明或者实用新型能够制造或者使用,并且能够产生积极效果。这意味着一项发明创造要付诸实施,首先必须具有翔实的具体方案,即具备可实施性。只有一个构思,而没有具体实施方案的发明创造被称作未完成发明,它是不具备可实施性的。同时,只有能够在实际中得到应用,在任何一个工业部门能够创造或使用,才具有工业实用性。其次,应当满足重复再现性,即所属领域的技术人员,根据申请文件公开的内容,能够重复实施专利申请中的技术内容。这种重复实施不依赖于任何随机因素,并且实施结果是相同的。最后,具备实用性的发明创造必须能够带来积极的效果,表现为提高产品质量、改善工作和生长环境、节约资源、减少环境污染、降低生产成本等。

(二)外观设计获得专利授权的条件

授予专利权的外观设计应当具备下列条件:

(1)不属于现有设计,也没有任何单位或者个人就同样的外观设计在申请日以前向国务院专利行政部门提出过申请,并记载在申请日以后公告的专利文件中,符合新颖性的要求。

(2)与现有的外观设计相比具有明显区别,同申请日以前在国内外出版物上公开发表过,或者与国内公开使用过的外观设计不同和不相近似,符合创造性的要求。

(3)非冲突性,不得与他人在先取得的合法权利相冲突。比如,专利申请人要把一件摄影作品申请为某产品的外观设计专利,那么这里的摄影作品的著作权对该专利申请而言,就是在先取得的合法权利。如果未经著作权人的许可,使用其作品申请外观设计专利,则该外观设计申请与他人在先取得的合法权利就受到了冲突。根据我国专利法相关规定,将不会授予其外观设计专利权。专利法作这样的规定,是为了减少专利权与在先权利的冲突。

(三)专利授予的排除条件

并不是所有符合"三性"要求的发明创造都能被授予专利,《中华人民共和国专利法》第二十五条规定了不予授予专利权的排除客体。主要分为三大类:

(1)"公共秩序"层面。对违反法律、社会公德,妨害公共利益的发明创造,不授予专利权。因为这些发明创造对社会没有进步作用,违背了专利法立法的宗旨,有些甚至还会对人民的生命财产构成重大威胁。例如万能钥匙,若推广应用会导致不良的后果,严重损害人民的利益和社会秩序。

(2)不属于发明创造的项目。如科学发现、智力活动的规则和方法、疾病的诊断和治疗方法。

(3)某些特定技术领域的发明。如动物和植物品种、原子核变换方法以及用原子核变换方法获得的物质、对平面印刷品的图案和色彩或者二者结合作出的主要起标识作用的设计。

三、专利的申请、审批、复审制度

(一)专利申请原则

1. 书面申请原则

专利申请必须以书面形式提交到国务院专利行政部门。除专利申请外,在后续的审批程序中的所有手续,都必须以书面形式办理。书面申请原则还体现在,取得受理通知书后必须提交合格的书面文件。对于发明专利和实用新型的专利申请,应当提交请求书、权利要求书、说明书及其摘要等文件;对于外观设计专利申请,应当提交请求书、该外观设计的图片或者照片以及对该外观设计的简要说明等文件。

2. 先申请原则

同样的发明创造只能授予一项专利权,严格按照"一发明,一专利"实行。我国专利制度以"申请日"作为申请先后的判断标准。当两个及以上的申请人,分别就同样的发明创造申请专利时,专利权授予最先申请的人。如果是在同一天申请的,申请人应当在收到国务院专利行政部门通知后,自行协商确定申请人。申请日从专利申请文件递交到国务院专利行政部门之日起算,如果是采取邮寄方式递交的,以文件寄出的邮戳日为申请日。专利申请一旦被受理,国务院专利行政部门会对该申请给予一个编号。

3. 优先权原则

优先权有国际优先权和国内优先权之分。申请人自发明或者实用新型在外国第一次提出专利申请之日起十二个月内,或者自外观设计在外国第一次提出专利申请之日起六个月内,又在中国就相同主题提出专利申请的,依照该外国同中国签订的协议或者共同参加的国际条约,或者依照相互承认优先权的原则,可以享有优先权。这称为国际优先权。申请人自发明或实用新型在中国第一次提出专利申请之日起十二个月内,或者自外观设计在中国第一次提出专利申请之日起六个月内,又向国务院专利行政部门就相同主题提出专利申请的,可以享有优先权。这称为国内优先权。

优先权作为一种请求权,只能在优先权期内提出书面申请,并且在第一次提出申请之日起十六个月内,提交第一次提出的专利申请文件的副本。申请人要求外观设计专利优先权的,应当在申请的时候提出书面声明,并且在三个月内提交第一次提出的专利申请文件的副本。申请人未提出书面声明或者逾期未提交专利申请文件副本的,视为未要求优先权。

4. 单一性原则

单一性原则,也称"一发明,一申请"原则,是指一件发明或实用新型专利的申请,应当限于一项发明或实用新型;一件外观设计专利的申请,应当限于一种产品所使用的一项外观设计。对属于一个总的发明构思的两项以上的发明或者实用新型,可以作为一件申请提出。同一产品两项以上的相似外观设计,或者用于同一类别并且成套出售或者使用的产品的两项以上外观设计,可以作为一件申请提出,此称为合案申请。合案申请应当符合同一发明的目的,并具有相同的技术效果,在专利申请不符合单一性原则时,会通知申请人在规定的期限内将其专利申请分案。

(二)专利申请文件

1. 发明专利和实用新型专利申请文件种类

(1)请求书。请求书是由专利主管机关统一印制,按申请专利的不同类型的请求书表格的栏目要求填写即可。主要写明发明或实用新型的名称,发明人的姓名,申请人的姓名或者名称、地址,以及其他事项等。另外发明或实用新型的名称不得超过 25 个字,并且应当简短、准确地表明发明技术,不应当有含糊不清的词语。

(2)权利要求书。权利要求书是申请文件中最重要、最基本的文件,其作用是指出发明创造中最关键的技术特征。权利要求书应当以说明书为依据,清楚、简要地限定要求专利保护的范围。权利要求书中没有体现和要求的,法律不予保护。权利要求书中,至少应当包括一项独立权利要求,也可以包括从属权利。独立权利要求需写明保护的发明或者实用新型技术方案的主题名称、与主题最接近的现有技术共有的必要技术特征。从属权利要求应当写明引用的权利要求的编号及其主题名称、发明或者实用新型附加的技术特征。

(3)说明书。说明书是专利申请的核心文件。发明或者实用新型专利申请的说明书应当写明:发明或者实用新型的名称(该名称应当与请求书中的名称一致),要求保护的方案所属技术领域,对理解、审查有用的背景技术,发明目的,技术方案,有益效果,附图说明,实施方式八个部分,清楚完整地说明发明创造的技术方案。

(4)说明书附图。附图是对发明或使用新型具体方案的图形描述,例如电路图、结构图、流程图以及各种视图、示意图等。如果文字足以清楚完整地描述,发明技术方案可以没有附图,但实用新型专利申请必须有附图。

(5)说明书摘要。摘要是对整个发明创造的概述,只是一种迅速获取内容的检索性文件,因而不具有法律效力。摘要主要写明发明或使用新型的名称、所属的技术领域、用途、所具有的优点和积极效果。全文文字部分不超过 300 字,且不能使用宣传用语。

(6)其他文件。委托专利代理机构办理的,应当在代理机构一栏填写专利代理机构的全称、接受委托的具体专利代理人姓名及在国务院专利行政部门登记的编号。要求享受优先权的,应当提交优先权的有关证明文件。要求申请费用减缓的,应当填写费用减缓请求书。对于特殊领域的专利申请要提供特殊文件,比如微生物菌种的申请。

2. 外观设计专利申请文件种类

(1)请求书。请求书应当填写使用外观设计的产品名称,最多不超过 15 个字。应避免使用人名、地名、公司名、商标、代号或以历史时代命名的产品名称,不能使用概括、抽象、富有功能构造的名称,不能使用富有产品规格数量单位的名称。申请外观设计专利的请求书中的其他栏目的要求,同发明和实用新型专利的请求书相同。

(2)图片或照片。申请产品的立体外观设计时,应当递交六面视图和立体图。申请平面外观设计的,应当是两面视图,且各个视图的名称应当标注在相应视图下面。

(3)简要说明。简要说明是外观设计专利申请文件的必要部分,用于解释图片或照片所表示的专利产品。简要说明应当包括外观设计产品的名称、用途、设计要点等。

(4)其他规定。关于委托书等其他文件,与发明专利和实用新型专利的要求相同。申请人就同一产品的多项近似设计提出一件专利申请时,应当指定一项基本设计,且相似设计的数量不得超过十项。

(三)专利权的审查和授权

1. 发明专利的审批

我国发明专利采用"早期公开,延迟审查"制度。审批流程如下:受理申请→初步审查→公布申请(自申请日期满十八个月公布)→实质审查(自申请日起三年内)→授权公告→无效请求期及无效审查(自授权后任何时间)→专利权终止(自申请日满二十年)。

具体来说,首先国务院专利行政部门在收到申请文件后,对申请文件的格式、法律要求、费用缴纳等情况进行形式审查。初审不合格的,国务院专利行政部门发出通知,由申请人进行补正或陈述意见。如仍然不符合专利法要求的,予以驳回。初审合格后,自申请日起满十八个月公开申请文件。其次,根据申请人的请求,进入实质审查程序。发明专利的申请自申请日起三年内,国务院专利行政部门可以根据申请人随时提出的请求,对其申请进行实质审查。审查主要内容有:对发明主题的新颖性、创造性、实用性、单一性、说明书和权利要求书进行审查。如果申请人在三年之内没有提出实质审查请求的,该申请即被视为撤回。但由于不可抗力或者其他正当理由没有及时提出的,可以出具证明再提出请求。

2. 实用新型和外观设计专利的审批

实用新型和外观设计采取"初审登记"制度,自申请之日起专利权生效,这样可以加快审批速度。审批流程如下:受理申请→初步审查→授权公告。其中每一流程中的工作内容都与发明专利相同,只是实用新型和外观设计授权公告的文件没有实质审查。

(四)专利权的复审

专利申请人对国务院专利行政部门驳回专利申请的决定不服的,可以自收到通知之日起三个月内向国务院专利行政部门请求复审。国务院专利行政部门应当针对驳回决定所依据的理由和证据进行审查,在复审后作出决定并通知专利申请人。复审请求书也应当采取书面原则,在说明理由的同时也应当附上有关证明。

国务院专利行政部门在收到复审请求书之后,应当对其进行形式审查,在形式审查完后,国务院专利行政部门作出的复审决定主要有以下三种类型:①复审请求的理由不成立,驳回复审请求,维持原驳回决定;②复审请求的理由成立,撤销原驳回决定;③专利申请文件,经复审请求人修改后克服了原驳回申请决定所指的缺陷,在新的文本基础上撤销原驳回决定。如果请求人对国务院专利行政部门的复审决定不服的,可以自收到通知之日起三个月内向人民法院起诉。

四、专利权的无效和终止

(一)专利权的无效

专利在授权后并不意味着专利权就处于绝对稳定的状态。例如实用新型和外观设计专利的申请,由于不用经过实质审查,因此可能存在不符合专利实质性条件而获得授权的情况,所以专利制度中设置了无效程序。自国务院专利行政部门公告授予专利权之日起,任何单位或者个人认为该专利权的授权不符合专利法有关规定的,可以请求国务院专利行政部门宣告该专利无效。

无效宣告请求的理由主要包括:①不符合专利条件的"三性"要求的;②说明书公开不充分、权利要求书得不到说明书支持的;③权利要求书没有说明发明创造的技术特征的;④申请文件的修改超出原说明书和权利要求书记载的范围,或原图片、照片表示范围的;⑤不属于《中华人民共和国专利法》所称的发明创造的;⑥不符合在先申请原则的;⑦不符合单一性原则的;⑧属于《中华人民共和国专利法》第五条、第二十五条规定的不予授予专利权范围的。在审理机构充分听取双方当事人的意见陈述后,可以作出的审理决定有以下三种:宣告专利权全部无效、宣告专利权部分无效和坚持专利权有效。

对国务院专利行政部门宣告专利权无效或者维持专利权的决定不服的,可以在收到通知之日起三个月内向人民法院提起诉讼。宣告无效的专利权视为自始即不存在。

(二)专利权的终止

专利权的终止是指专利权因各种原因失去法律效力。专利权的终止主要有三个原因:①保护期届满;②没有按期缴纳年费;③专利权人以书面声明的方式放弃。专利权一旦终止,发明创造就进入公有领域,成为人类的共有财富,任何单位和个人均可以无偿使用。

五、专利权的内容与限制

(一)专利权的内容

在专利权的内容上,我国专利法对不同类型权利的内容规定并不相同。《中华人民共和国专利法》第十一条规定:"发明和实用新型专利权被授予后,除本法另有规定的以外,任何单位或者个人未经专利权人许可,都不得实施其专利,即不得为生产经营目的制造、使用、许诺销售、销售、进口其专利产品,或者使用其专利方法以及使用、许诺销售、销售、进口依照该专利方法直接获得的产品。外观设计专利权被授予后,任何单位或者个人未经专利权人许可,都不得实施其专利,即不得为生产经营目的制造、许诺销售、销售、进口其外观设计专利产品。"

因此,对发明和实用新型专利来说,若属于"产品专利",专利权人享有制造权、使用权、许诺销售权、销售权、进口权;若属于"方法专利",专利权人的权利不仅包括对该方法的使用,还包括使用、许诺销售、销售、进口依照该专利方法直接获得的产品。未经专利权人的同意,为生产经营目的,利用上述专利产品或方法的,即构成对专利权的侵犯。对于外观设计专利来说,专利权人享有制造权、许诺销售权、销售权和进口权。同样,未经专利权人许可,任何单位或个人为生产经营目的制造、许诺销售、销售或进口其外观设计专利产品,都是对专利权的侵犯。

(二)专利权的限制

专利权作为一种独占性的权利,专利权人在某些情况下可能会滥用其依法获得的独占权,对市场的正常竞争机制施加不良影响,甚至于阻碍科技创新。但由于专利权的立法宗旨还包括了推动发明创造、促进科技发展、保护专利权人的作用,因此,应当从两个角度对专利权进行限制。

1. 不视为侵犯专利权的行为

《中华人民共和国专利法》第七十五条规定了五种不视为侵权的情形:①专利产品或者依照专利方法直接获得的产品,由专利权人或者经其许可的单位、个人售出后,使用、许诺销售、销售、进口该产品的;②在专利申请日前已经制造相同产品、使用相同方法或者已经作好制造、使用的必要准备,并且仅在原有范围内继续制造、使用的;③临时通过中国领陆、领水、领空的外国运输工具,依照其所属国同中国签订的协议或者共同参加的国际条约,或者依照互惠原则,为运输工具自身需要而在其装置和设备中使用有关专利的;④专为科学研究和实验而使用有关专利的;⑤为提供行政审批所需要的信息,制造、使用、进口专利药品或者专利医疗器械的,以及专门为其制造、进口专利药品或者专利医疗器械的。

2. 专利实施的特别许可

2020年修正的《中华人民共和国专利法》中,将第六章修改为"专利实施的特别许可",其中开放许可是指专利权人通过专利授权部门公告作出声明,表明凡是希望实施其专利的人,均可通过支付规定的许可费而获得实施该专利的许可。开放许可属于自愿许可的范畴,但政府可以通过参与其中提供相关服务。修正后的《中华人民共和国专利法》关于专利开放许可的规定包含三个条款。第五十条规定了开放许可的声明与撤回。专利权人自愿以书面方式向国务院专利行政部门声明愿意许可任何单位或者个人实施其专利,并明确许可使用费支付方式、标准的,由国务院专利行政部门予以公告,实行开放许可。第五十一条规定了专利实施许可的获得、年费减免与许可使用费。开放许可实施期间,对专利权人缴纳专利年费相应给予减免。第五十二条规定了开放许可纠纷解决的处理。当事人就实施开放许可发生纠纷的,由当事人协商解决;不愿协商或者协商不成的,可以请求国务院专利行政部门进行调解,也可以向人民法院起诉。此次修改与国际规则接轨,顺应了专利实施的实际需求,保留了原有的强制许可制度,又根据我国市场主体和创新主体的需求,参考国外立法,新增了开放许可的相关条款,丰富了专利实施许可的类型与方式。

3. 专利实施的强制许可

强制许可是由国家行政机关在未经专利所有权人同意的情况下,决定许可其他单位或个人实施该专利。这是违反专利权人的意愿的许可,强制许可本身与专利独占权相冲突,只有在以下特殊的情况下才可以提出强制许可申请:①专利权人不履行实施义务或者构成限制竞争情况下的强制许可;②在国家出现紧急状态或者非常情况时,为了公共利益的目的,国务院专利行政部门可以给予实施发明专利或者实用新型专利的强制许可;③为了公共健康目的的药品专利强制许可;④依赖现存专利的强制许可。取得实施强制许可的单位或个人获得的只是该项发明创造的使用权,这种使用权不是独占的,专利权人有权再许可第三方使用,且取得实施强制许可的单位和个人,应当给付专利权人合理的使用费。专利权人对国务院专利行政部门关于实施强制许可的决定不服的,专利权人和取得实施强制许可的单位或者个人对国务院专利行政部门关于实施强制许可的使用费的裁决不服的,可以自收到通知之日起三个月内向人民法院起诉。

六、专利权的保护

(一)专利权保护期限和保护范围

专利权的期限是指专利权人享有的专利权从生效到正常终止的法定期间。根据我国专利法规定,我国发明专利权的期限为二十年,实用新型专利权的期限为十年,外观设计专利权的期限为十五年,均自申请日起计算。且专利权人应当自被授予专利权的当年开始缴纳年费。修正后的《中华人民共和国专利法》设置了专利的期限补偿制度,即自发明专利申请日起满四年,且自实质审查请求之日起满三年后授予发明专利权的,国务院专利行政部门应专利权人的请求,就发明专利在授权过程中的不合理延迟给予专利权期限补偿,但由申请人引起的不合理延迟除外。同时,为补偿新药上市审评审批占用的时间,对在中国获得上市许可的新药相关发明专利,国务院专利行政部门应专利权人的请求给予专利权期限补偿。补偿期限不超过五年,新药批准上市后总有效专利权期限不超过十四年。这在一定程度上鼓励了我国制药企业的研发积极性。

发明或者实用新型专利权的保护范围以其权利要求的内容为准,说明书及附图可以用于解释权利要求的内容。外观设计专利权的保护范围以图片或者照片中的该产品的外观设计为准,简要说明可以用于解释图片或者照片所表示的该产品的外观设计。

(二)法律责任

1. 专利侵权行为认定

专利侵权行为是指未经专利权人许可实施其专利的行为。侵权行为的构成必须具备下列条件:

(1)实施行为涉及的是一项有效的专利。如果实施涉及的是一项已经被宣告无效、被放弃的专利或者专利期限已经届满的技术,则不构成专利侵权。

(2)实施行为必须是未经专利权人许可或者授权的。

(3)实施行为必须是以营利为目的的。《中华人民共和国专利法》第十一条规定:"发明和实用新型专利权被授予后,除本法另有规定的以外,任何单位或者个人未经专利权人许可,都不得实施其专利,即不得为生产经营目的制造、使用、许诺销售、销售、进口其专利产品,或者使用其专利方法以及使用许诺销售、销售、进口依照该专利方法直接获得的产品。外观设计专利权被授予后,任何单位或者个人未经专利权人许可,都不得实施其专利,即不得为生产经营目的制造、许诺销售、销售、进口其外观设计专利产品。"这里禁止的前提都包括生产经营目的的考虑。

专利侵权的法律责任类型主要有民事责任、行政责任和刑事责任三种。民事责任主要有诉前禁令、停止侵害、赔偿损失、消除影响等。赔偿损失的金额可以权利人的实际损失为准,也可以侵权的非法所得为准。行政责任包括有关专利工作的部门责令改正并予公告,没收违法所得,并处以罚款。例如:假冒专利的,除依法承担民事责任外,由负责专利执法的部门责令改正并予公告,没收违法所得,可以处违法所得五倍以下的罚款;没有违法所得或者违法所得在五万元以下的,可以处二十五万元以下的罚款。我国对专利侵权的刑事责任规定较少,例如《中华人民共和国刑法》第二百一十六条对假冒专利作出规定,假冒他人专利,情节严重的,处三年以下有期徒刑或者拘役,并处或者单处罚金。

2. 专利侵权的管辖

人民法院对专利权属纠纷案件的管辖,应按照最高人民法院有关专利案件管辖分工的规定执行,即可以作为第一审法院的是:①各省、自治区、直辖市人民政府所在地的中级人民法院;②各经济特区的中级人民法院;③各省、自治区高级人民法院根据实际需要,报经最高人民法院同意,指定的中级人民法院。各省、自治区、直辖市高级人民法院为第二审法院。对于专利权属纠纷案件,在地域管辖分工上应当依据被告所在地人民法院管辖的原则。

3. 专利侵权的诉讼时效

侵犯专利权的诉讼时效为三年,自专利权人或利害关系人知道或者应当知道侵权行为以及侵权人之日起计算。发明专利申请公布后至专利权授予前使用该发明未支付适当使用费的,专利权人要求支付使用费的诉讼时效为三年,自专利权人知道或者应当知道他人使用其发明之日起计算,但是,专利权人于专利权授予之日前即已知道或者应当知道的,自专利权授予之日起计算。

第三节 商标法

一、商标与商标法概述

(一)商标概述

1. 商标的概念

"商标"是商品经济发展的产物,现代意义上的商标是伴随着19世纪欧洲的商标制度而产生的,主要是为了监督行业内产品质量,保证行业对外的垄断。

"商标"是商标法中最重要的概念。根据我国商标法的规定,商标"是任何能够将自然人、法人或者其他组织的商品与他人商品区别开的标志"。标志由文字、图形、字母、数字、三维标志、颜色组合和声音等要素组合而成。商标主要附着于商品、服务设施或相关宣传品上,其主要功能是使消费者能够区分不同商品或服务。商标作为一种标志,其具有以下特征:

(1)商标是为人所感知的标志。商标的构成要素主要包括文字、图形、字母、数字、三维标志、颜色组合和声音等,由上述要素组成的商标应当被视觉、听觉所感知。目前"味道商标"尚不允许在我国进行注册,只在少数国家被承认。

(2)商标是代表商品或服务的标志。商标是某种商品或服务对外展示的标志,其中蕴含着商品的内容、质量或内在精神等。商品或服务是商标指代的对象,任何商标都不能脱离商品或服务而存在。

(3)商标是生产经营者用来区分商品或服务来源的标志,这是商标最主要的功能。生产经营者使用商标与他人的商品或服务区别开来,商标蕴含着生产经营者的商誉,代表着商品或服务的来源与质量。一些通用的标记虽然也会用于商品或服务,但是并不具有区分来源的功能,所以不能被称为商标。

2. 商标与其他相似标志的区别

商标的本质是一种标志符号,商标代表着某项商品或服务的来源以及生产经营者的商誉。与商标相似的其他标志也有很多,它们既相互联系又相互区别。通过商标与其他标志的对比,有利于更加透彻地了解商标。

(1)商号,即生产经营者的名称中最能体现身份特征的一部分。例如,阿里巴巴集团控股有限公司的商号是"阿里巴巴";百度在线网络技术(北京)有限公司的商号是"百度";珠海格力电器股份有限公司的商号是"格力"。以上举例的企业商号与产品的商标相同,同时也存在企业商号与产品商标不同的情况。如,阿里巴巴集团控股有限公司注册的商标除了"阿里巴巴"外,还有"淘宝""天猫""支付宝"等。商标与商号的主要区别在于:商标代表着商品或服务,商号代表着生产经营者自身;商标由文字、图形、字母等多样组合,商号只能由文字表现出来;商标与商号可以在特定情形下相互转换,但是商标与商号受到的法律规制不同。

(2)商品装潢,顾名思义就是商品的装饰。其通过图案、文字、色彩、造型或其他材料来装饰商品。商标与商品装潢一同出现在商品包装上,都具有不同程度的装饰功能。但是二者不能相互替代,也相差很大。商标与商品装潢存在以下几点区别:商标的主要功能是区分不同商品或服务的来源,商品装潢主要是对产品进行美化包装,吸引消费者注意,从而提升商品销售量;商标较商品装潢而言具有稳定性,商品装潢可以随着市场的需求和人们的审美观念不断地变化,虽然商标也可以进行改变,但是如果变化过于频繁就无法达到区分商品来源的目的;商标一般不得直接使用商品的名称、原材料、图形等,但是商品装潢可以根据商品特点随时更换内容。

(3)地理标志,是指标示某商品来源于某地区,该商品的特定质量、信誉或者其他特征,主要由该地区的自然因素或者人文因素所决定的标志。例如,"周至猕猴桃""洛川苹果""涪陵榨菜""吐鲁番葡萄"等都是我国著名的地理标志。地理标志不仅能够指明商品的来源地,更重要的是它代表了一个地区某商品的特殊品质。我国商标法中规定,地理标志可以作为集体商标和证明商标进行注册,所以可以看出商标与地理标志其实有着千丝万缕的联系,但又有所不同。商标直接代表的是商品的生产经营者;地理标志指示着商品的产地和特有的品质,并且对商品的质量有着保证作用。商标由独立的民事主体进行申请注册,并排除他人使用;地理标志与普通商标不同,不被任何单位和个人所独享,它可以作为集体商标或证明商标,由某行业的代表性机构申请注册,如行业协会。

(4)特殊标志,是指全国性和国际性的文化、体育、科教研究及其他社会公益活动所使用的,由文字、图形组成的名称及缩写、会徽与吉祥物等标志。比如我们最为熟知的奥运会五环标志、北京奥运会会徽、北京奥运会吉祥物等。虽然特殊标志在外形上与商标几乎一致,但是仍有明显区别。商标的所有者是以营利为目的的生产经营者,而特殊标志的所有人是文化、体育、科学研究及其他社会公益活动的主办者,不以营利为目的;特殊标志所有人为筹集资金可以许可他人在商品上或服务中使用特殊标志;特殊标志不能像商标一样具有说明来源、质量保证等功能,它仅仅表明了生产经营者与特殊标志所代表的某项事业或活动之间存在的支持关系、赞助关系。

3. 商标的分类

(1)注册商标和未注册商标。依照登记注册与否,可以将商标分成注册商标和未注册商标。注册商标就是经商标所有人申请,商标行政机关审核登记备案后的商标。未注册商标反之亦然。无论注册还是未注册的商标都可以使用,但是未注册商标不得对抗注册商标。只有在商标行政机关进行注册的商标,其所有者才能取得商标专有权。未注册的商标一般不受我国商标法的保护,但是也存在例外:长期使用、已经为消费者接受、享有一定商誉的商标可以被商标法一定程度地保护。我国实行商标自愿注册制度,因此市场上势必存在大量未注册商标。除了在满足一定条件下,受到商标法保护外,也可以通过反不正当竞争法进行一定程度的兜底保护。

(2)商品商标和服务商标。依照适用对象的不同,商标被划分为商品商标和服务商标。顾名思义,与商品有关的就是商品商标,与服务相关的就是服务商标。在早期,商标单指商品商标,后来随着服务行业的发展,服务商标才出现。服务商标是经营者在其服务项目上使用的商标。如,长安航空有限责任公司的 AIR CHANGAN 标志、西安市轨道交通集团有限公司的 XI'AN METRO 标志。"服务"属于无形的商品,同有形商品一样,可以在市场交易,服务项目也可以拥有自己的商标。1957 年国际社会签订《商标注册用商品和服务国际分类尼斯协定》,该协定中规定了商品的分类。我国在 1988 年《采取商标注册用商品和服务国际分类》(即尼斯分类),并于 1994 年加入该协定。依据《商标注册用商品和服务国际分类》,商品分为 34 大类,服务项目分为 11 大类。

(3)集体商标和证明商标。依照商标特殊的功能,可以将商标划分为集体商标和证明商标。集体商标是指以团体、协会或者其他组织名义注册,供该组织成员在商事活动中使用,以表明使用者在该组织中的成员资格的标志。证明商标是指由对某种商品或者服务具有监督能力的组织所控制,而由该组织以外的单位或者个人使用于其商品或者服务,用以证明该商品或者服务的原产地、原料、制造方法、质量或者其他特定品质的标志。集体商标和证明商标的对象既可以是商品,也可以是服务。

(二)商标法概述

1. 商标法的概念

广义的商标法指调整在商标注册、使用、管理和保护商标专用权过程中产生的社会关系的法律规范的总和。我国商标法包括现行《中华人民共和国商标法》及其他相关法律、行政法规、条例、细则等。

商标制度是在近代商品经济发展的背景下产生的。最早的商标使用规则是靠道德和惯例维持的,但是随着社会经济发展不能适应市场的需求。1804年,法国《拿破仑民法典》将商标权规定为一种财产权。后来在此基础上,法国于1857年颁布了世界上第一部商标法。随后西方各国也纷纷颁布各自的商标法。

我国现代意义上的商标制度产生于近代,主要是为了保护外国人在华利益。后来到了1904年清政府才颁布了我国历史上第一部商标法规——《商标注册试办章程》。到了民国时期,北京政府于1923年颁布了《商标法》。1930年,南京政府又重新颁布此法。《中华人民共和国商标法》于1982年8月23日经第五届全国人民代表大会常务委员会第二十四次通过,并于1983年3月1日起实施。《中华人民共和国商标法》经多次修正,目前最后一次修正在2019年4月23日,经第十三届全国人民代表大会常务委员会第十次会议通过,于2019年11月1日起施行。

2. 商标法调整的对象

商标法调整的对象是基于商标注册、使用、管理和保护商标专用权所产生的社会关系。商标注册时所产生的社会关系,既包括商标申请人和商标注册机关产生的申请与审核关系,又包括商标申请人与其他利益相关人可能产生的商标异议、商标权争议等关系。商标使用时所产生的社会关系主要包括因商标转让或使用许可在转让人与被转让人、许可人与被许可人之间产生的社会关系。商标管理过程中产生的社会关系是指商标管理机关因行使其管理职能,与商标所有人、使用人或其他利益相关人之间产生的关系。保护商标权所产生的关系是基于侵犯商标权行为,在商标权人与侵权人之间产生的关系。

3. 商标法的基本原则

(1)保护商标专用权、保护消费者与生产、经营者利益的原则。《中华人民共和国商标法》第一条规定:"为了加强商标管理,保护商标专用权,促使生产、经营者保证商品和服务质量,维护商标信誉,以保障消费者和生产、经营者的利益,促进社会主义市场经济的发展,特制定本法。"这实际规定了商标法的立法宗旨,体现了商标法的精神,贯穿于商标法的始终。由此可以看出,商标法最为基本的原则是保护商标专用权、保护消费者与生产、经营者利益的原则。

(2)自愿注册原则。自愿注册原则包括注册原则和自愿原则两部分。我国商标法采取了注册原则。注册原则是指商标申请人必须经行政机关对商标进行注册登记才能取得商标专用权。商标专用权的取得不以是否使用过商标为必要条件。我国采取商标注册自愿原则,商标使用人有权决定是否将自己使用的商标进行申请注册,少数涉及人体健康的商品或服务的商标除外。一般情况下,商标未经申请注册不影响商标使用人的正常使用,但是未经申请注册的商标不具有排他性权利,即商标申请人不得禁止他人使用相同或相近的商标。并且当他人以相同或相近商标在相同或相近的商品上取得商标专用权后,未经注册的商标使用人将不能继续使用该商标,否则就构成侵权。

(3)申请在先原则。申请在先原则是指两个或两个以上的商标申请人就相同或相近商标在同一种或类似商品上进行申请注册,先申请人取得商标专用权。申请在先原则是采取注册原则的必然结果,《中华人民共和国商标法》第三十一条对此作了明确的规定。同时《中华人民共和国商标法》第三十一条又明确了在采用申请在先原则的同时,以使用在先制度为补充。申请日期不同的,对申请在先的商标优先审查、优先注册,申请在后的商标无条件驳回。申请日期为同一天的,优先被使用的商标优先审查、优先注册,但申请人需要提供优先使用商标的日期。使用日期为同一天或均未使用的,申请人可以协商解决,协商不成的,申请人可以抽签决定或由商标局进行裁定。

(4)优先权原则。世界上多数国家实行商标注册的优先原则,并要求商标的新颖性。若一个商标需要获得多个国家或地区的保护,为了避免商标被抢注,这就要求商标申请人同时在多个国家进行申请注册,但是在实践中是很难实现的。为了解决这一问题,《保护工业产权巴黎公约》赋予了成员国"公民优先权"这一权利,时间为六个月。我国商标法后来也增加了这一制度,分别是申请优先权和展览优先权。申请优先权是指商标注册申请人在外国第一次提出商标注册申请之日起六个月内,又向我国提出同样申请的,将优先于他人在该申请日后提出的申请,取得申请在先的地位。展览优先权是指首次使用产生的优先权,商标在中国政府主办的或承认的国际展览会展出的商品上首次使用的,自该商品展出之日起六个月内享有优先权。

优先权需要在提交商标注册申请书的同时提交书面声明,并在三个月内提交初次申请的商标注册申请文件的副本,或展出其商品的展览会名称、在展出商品上使用该商标的证据及展出日期等证明文件。未提交声明或逾期未提交相关文件的,视为未要求优先权。

(5)诚实信用原则。诚实信用原则是民法最为重要的原则之一,要求一切市场参与者在不损害他人利益和社会公共利益的前提下,追求自身的利益。诚信原则实际上要求民事主体之间的利益和民事主体利益与社会利益的平衡,民事主体在获得利益的同时不能损害他人和社会的利益。《中华人民共和国商标法》第七条第一款规定:"申请注册和使用商标,应当遵循诚实信用原则。"

(6)集中注册、分级管理原则。集中注册、分级管理原则是由我国市场经济和商标自身特点所决定的。为了预防地区分割和部门分割状态,我国商标法规定商标局统一负责对商标的审查和核准注册。分级管理则指各级工商行政管理部门依据相关法律规定,在本行政区开展商标管理工作。分级管理有利于将商标管理工作和地方的实际情况紧密结合。

(7)行政保护和司法保护并行原则。我国商标法规定,针对商标侵权行为,被侵权人可以请求工商行政管理部门处理,也可以向人民法院提起诉讼。工商行政管理部门可以依据被侵权人提供的有效证据或自行调查的证据,责令侵权人停止侵权、赔偿损失,还可同时对其进行罚款。当事人对工商行政管理部门所作出的处罚决定不服的,可以向人民法院提起诉讼。

二、商标的构成条件

(一)可感知性

1. 可视性与非可视性标志

商标本身具有代表商品或服务和区分商品或服务来源的作用,这也要求商标标志必须是真实存在和为人们所感知的。根据人们的感知方式可以将商标划分为可视性和非可视性商标。

商标信息的传递首先要考虑视觉感知,可视性商标占据注册商标的大多数。其中,平面标志占据可视性商标的大多数,立体标志和颜色组合也因为视觉的可感知性可以作为商标。目前世界各国商标法和国际公约都对"视觉可感知的标志"作为商标进行了规定。《中华人民共和国商标法》第二次修正时,将原来商标构成要素仅限于平面形象扩展到三维标志和颜色组合。其次,非可视性的声音和气味等也属于人们所感知的范围,具有可感知性。《中华人民共和国商标法》第三次修正时,将声音列入商标的构成要素的范围。但是,非可视性标志并不多见,主要原因在于其保护难度较大。所以目前商标标志大多属于可视性标志的范围。

2. 平面标志

平面标志是最基础的商标标志,也是在商标领域应用最广的标志,包括文字、图案或二者的组合。文字作为商标可以是各种文字,包括中国文字和外国文字。使用文字作为商标,既可以选择普通词汇,如"苹果""小米"等,也可以创造词汇,如"华为""淘宝"等。但是地名、数字、字母、姓氏等作为商标标志会受到一定限制,除非经过适用特定化,并且不妨碍他人继续使用。

书名、报纸和期刊的名称均属于文字,此类文字能否作为商标需要具体分析。一般来说,图书的名称不属于商标标志,报纸和期刊的名称属于商标标志。从商标的特征来看,其具有区分商品来源并代表商品质量等功能。书名仅代表了内容,并不能说明书本的来源和保证书本质量。报纸和期刊属于汇编作品,它们的名称区分各自的出版来源,并依据各自的品牌特点收录固定的内容。

图案属于平面标志,可以由创造性题材或自然题材设计构成。图案商标生动形象、个性鲜明,但是单个的图案不便用于呼叫,图案多与文字搭配构成商标。

3. 立体标志

立体标志与平面标志相比较更加直观、形象,更加具有吸引力。例如,费列罗巧克力的外形、劳斯莱斯汽车的"飞天女神"标志、海尔公司的"海尔兄弟"形象。立体标志作为商标分为以下几种情况:①与商品无关的立体形状;②商品的容器、包装的形状;③商品本身的外形。前两者一般可以直接注册为商标,因为它们不属于商品或服务的一部分,不存在直接的联系。第三种立体标志必须符合特定的条件才能注册成商标,基于商品自身的性质产生的形状、为获得一定技术效果产生的商品形状或对商品具有实质性价值的形状,不得注册成商标。我国商标法对立体标志并没有保护,部分立体标志可以通过申请外观设计或由反不正当竞争法进行保护。2001年《中华人民共和国商标法》第二次修正,在商标构成要素中增加了三维标志,并对该类标志注册范围进行了限制。

4. 颜色组合

颜色组合商标是指由两种或两种以上的颜色组合而成的标志。单一的颜色及商品本身的颜色不能作为商标,这是由于颜色的种类有限,并且同种颜色的色差难以辨别,颜色不像文字和图案那样容易让人们辨别区分。为了保证其他生产经营者正常使用颜色,单一颜色不宜作为商标。但是多种颜色的组合能给人们带来强烈的视觉冲击,如麦当劳的标志不仅使用了文字,还使用了红黄的颜色组合。颜色组合商标由于其自身的特点,往往是在使用后产生识别作用才允许注册为商标。

(二)显著性

一个商标要发挥标示商品、区分来源的功能,其自身必须具有显著性,以防止混淆。《中华人民共和国商标法》第九条对显著性进行了规定。显著性包括两个方面,即"识别性"和"区别性"。识别性是对商标标示商品的功能而言的。一个具有可识别性的商标要尽可能简洁,使人易于记忆,并且与要代表的商品没有直接的联系,不能对商品的属性直接描述。区别性是对商品区分来源的功能而言的,它要求一个商标要与他人使用的同一或近似商品上的商标不同或不近似,要与其他商标区别开来。

一个不具有显著性的标志不能作为注册商标。要判断一个商标的显著性,主要从以下几个方面判断:①要从商标的整体来判断是否使人易于记忆并且便于识别。不能从单个的商标构成要素判断是否具有显著性。一个构成要素可能缺乏显著的特征,但是与其他构成要素组合,整体上产生的显著特点,也应当认定为具有显著性。②商标与其代表的商品的关系越疏远,显著性就越强。一个与商品紧密关联的标志使用在商品上,会使消费者误以为该标志是指示商品的某种质量。若采用一个与商品无直接关联的标志,则显著性就更加凸显。③一个商标因为经过长期使用、广泛宣传等原因被消费者所熟知,即使商标本身不具有显著性,也会因为实际的使用获得显著性。

我国商标法通过反向列举的方式对显著性要求进行了规定,凡事具有以下要素的商标均被认为不具有显著性:①官方标志、徽记。如国家名称、国旗、国徽、"红十字"等。但是一些同外国政府和国际组织近似的标志,经该国或组织同意并不会误导公众的除外。②通用名称。如酒、汽车、水杯等,以及本来具有显著标志,但是经过市场使用变成通用名称的标志。③描述性标志。如鸭绒、保温、热得快等描述商品的名称。④地名,但是地名具有其他含义的除外。如长安(区)、凤凰(县)等。⑤功能性三维标志,即商品本身的外观或由商品功能决定的形状。

(三)不带欺骗性和不违反公共秩序

商标附着在商品上在市场销售,或经广告宣传大量传播必然会为公众所知晓,所以商标本身也兼具信息传播的功能。因此,一个商标及其构成要素都要符合社会公共秩序和社会道德风尚。《中华人民共和国商标法》第十条第一款的第七项和第八项,对带有欺骗性,以及违背道德或具有不良影响的商标作出禁止性规定。判断一个商标是否具有欺骗性和违反公序良俗,应当依照社会公众的一般看法和道德标准。

三、商标权的取得

商标权的取得分为原始取得和继受取得。商标权的原始取得是指商标经使用或注册后取得商标权的方式。商标权的继受取得是指,从已获得商标权的他人手中经过转让或转移取得商标权的方式。在我国,无论何种方式取得商标专用权,商标首先都要经过注册。

(一)商标注册申请的预备阶段

我国商标法规定了自然人、法人及其他组织要对商标注册后才能取得商标权,即任何民事主体都可以申请注册商标。申请人可以是两个及两个以上的自然人、法人或其他组织,多个民事主体申请商标的,共同享有和行使该商标专用权。

外国人在我国同样可以申请注册商标,但应符合该外国人所属国与我国签订的协议或共同参加的国际条约。同时我国法律明确了,外国人或外国企业在我国申请商标注册和办理其他商标事宜的,应委托依法设立的商标代理机构办理。

对一个标志进行注册,商标注册人应当提交申请书、商标图样、证明文件并交纳申请费等。商标注册申请书是一份要式文件,必须列明申请人的基本情况并加盖印章。申请书内容还包括要注册商标标示的商品或服务类型及名称,我国目前按照《商标注册用商品和服务国际分类》的标准划分分类。申请书允许多个类别的商品或服务申请同一个商标。每份申请应当向商标局提交一份商标图样。以三维标志、颜色组合申请的,应当在申请书中予以声明,说明商标的使用方式,并提交能够确定三维形状的图样。商标为外文或包括外文的应当说明其含义。证明文件应与申请书一同提交,其主要包括申请人身份证、法人的营业执照副本或登记机关颁发的附件。

(二)注册申请的审查和核准

1. 形式审查

形式审查指行政机关在接受商标注册申请对提交文件是否齐全、文件填写是否规范进行审查。经过审查后确认文件完备、填写规范的,予以受理注册申请,并编写申请号,发放受理通知书。

我国采用申请在先原则,申请日期就尤为重要,确认申请日就是形式审查的一个重要任务。申请日期以申请人向商标局正式提交申请文件的日期为准,申请人具有优先权的,优先权日为申请日。在形式审查过程中,商标局若发现申请文件存在缺漏或填写不正确等非实质问题时,会通知申请人进行补齐或改正。申请人在收到通知后应及时补正,并按时交回文件。

2. 实质审查

实质审查主要是对商标标志本身进行审查。审查的主要内容包括申请注册的商标是否符合商标的构成条件,以及是否侵犯他人的民事权利。侵犯他人的民事权利包括侵犯知识产权和其他民事权利,如申请注册商标是否侵犯他人肖像权,是否存在抢注他人商标,是否与已注册商标相同、近似或类似。商标近似和商品类似是判断申请注册商标是否存在混淆的一个重要因素,存在于商标申请的审查、异议、评审和商标侵权案件审理等各个环节。

商标近似是指商标的形状、颜色组合、字意等相似,容易使公众混淆。关于商标近似的标准,法律中并无明文规定,一般都是来自实践中总结出来的原则标准。由于司法实践中商标法实施遇到的问题,最高人民法院通过发布司法解释以及相关意见来规范和强调近似商标的认定标准。总的来看主要包括以下几点:①以相关公众的一般注意力为标准;②以不同时间、地点,分别观察所得出的印象判断;③从整体或主要部分观察商标构成,凡是商标主要部分或整体印象足以使人与其他商标混淆,就应认定为近似商标。

商品类似是商标近似的一个前提,也是判断是否混淆的重要因素。类似商品一般指在功能、用途、原料、生产部门、销售渠道、消费对象等方面相同,或者相关公众一般认为其存在特定联系,易造成混淆的商品。比如说照相机和摄影机等。一般区分类似商品主要按照以下标准划分:①相关公众对商品或服务的认识;②参考商品分类表,主要参照《商标注册用商品和服务国际分类》和《类似商品和服务区分表》。

3. 商标注册申请的初步审定及公告

初步审定是指对申请注册的商标经过形式审查和实质审查,认为符合商标法的有关规定,得出可以核准注册结论的程序。初步审定的商标未经正式核准注册,该商标仍未取得商标权。

《中华人民共和国商标法》第二十八条规定:"对申请注册的商标,商标局应当自收到商标注册申请文件之日起九个月内审查完毕,符合本法有关规定的,予以初步审定公告。"

初步审定公告的内容有审定号、申请日期、商标、指定使用商品、申请人名称及地址。刊登初步审定公告的目的,一是公开征求社会公众的意见,社会公众可以依商标法对商标局初步审定结果进行监督,以使商标局准确核准商标注册;二是为商标注册人和先申请人及其他合法在先权利人,提供维护自身权益、防止商标局核准注册与自己商标相混同或侵犯自己合法商标的机会,避免和减少商标注册后可能发生的争议。

4. 异议

《中华人民共和国商标法》第三十三条规定:"对初步审定公告的商标,自公告之日起三个月内,在先权利人、利害关系人认为违反本法第十三条第二款和第三款、第十五条、第十六条第一款、第三十条、第三十一条、第三十二条规定的,或者任何人认为违反本法第四条、第十条、第十一条、第十二条、第十九条第四款规定的,可以向商标局提出异议。公告期满无异议的,予以核准注册,发给商标注册证,并予公告。"这三个月的期间,就是异议期。所谓异议就是对初步审定公告的商标提出反对意见,要求撤销初步审定、不予注册。异议并非每一个商标注册申请的必经程序,它是一个在商标注册过程中,发生矛盾或冲突而采用补救措施的特别程序。虽然异议程序并非每一个商标注册申请必经的程序,但任何一个商标注册申请都要在初步审定公告之后经过三个月的异议期,才能获准注册。

设立异议程序,是为了提高商标审查和核准注册的质量。通过社会公众的监督和异议人的直接参与,使商标主管机关可以发现错误并及时纠正。当然异议必须在异议期内提出,超过三个月异议期提出的,商标局不予受理。

异议必须以书面形式提出,异议申请书应写明被异议商标的名称、图形、初步审定编号、商品类别和异议理由,异议人如果是商标注册人或先申请人,还须写明自己的注册商标或初步审定商标的名称、图形、核定商品及类别、注册号或初步审定号。

商标局收到异议申请书后,将异议材料副本及时送交被异议人,并限期答辩。被异议人在三十日的限期内未答辩的,异议裁定照常进行。商标局应认真听取双方陈述的理由和事实,保障异议人与被异议人平等地行使权利。经调查核实后,认为异议成立的,则裁定撤销初步审定商标。如果认为异议理由不成立,则驳回异议裁定,并将异议裁定书送达双方当事人。异议人或被异议人对异议裁定不服的,可以在收到裁定书十五日之内向商标评审委员会申请复审。商标评审委员会认为异议成立的,撤销被异议商标的初步审定;异议不成立的,驳回异议,被异议商标由商标局予以注册并公告。被异议人对商标评审委员会的裁定不服的,可以自收到通知之日起三十日内向人民法院起诉。人民法院应当通知商标复审程序的异议人作为第三人参加诉讼。

5. 核准注册

初步审定公告的商标,从公告之日起经过三个月,无异议的,由商标局核准注册,发给商标注册证,并予公告。核准注册标志着商标注册申请人取得商标专用权,商标一经注册,即为注册商标,受国家法律的保护。

6. 商标评审

商标评审制度是商标法律制度的重要组成部分。商标评审委员会是一个行政司法机构,根据法律的规定,商标评审委员会对商标评审事宜独立行使裁决权,不受行政或者其他因素的影响。除法律另有规定的情形以外,商标评审委员会处理商标争议案件实行合议制度,由商标评审人员组成合议组进行评审。合议组评审案件,实行少数服从多数的原则。商标评审委员会评审商标争议案件采取书面评审方式,但是根据当事人的请求或者实际需要,商标评审委员会可以决定进行公开评审。

商标评审委员会处理案件的范围主要包括:①不服商标局驳回商标注册申请决定,申请复审的案件;②不服商标局的异议裁定,申请复审的案件;③对已注册商标,认为注册不当或与在先合法权益发生冲突,请求裁定撤销的案件;④不服商标局作出撤销注册商标的决定,申请复审的案件。

四、商标权的内容与限制

商标权是生产经营者对自己的商标所享有的专有权利,我国商标法中规定为"商标专用权"。商标权的客体包括注册商标和未注册商标,以保护注册商标为重点。注册商标专用权包括专用权、禁止权、转让权、使用许可权等。未注册商标一般仅具有对抗不正当注册和先使用权。

(一)注册商标专用权

专用权是商标权人对注册商标独占使用的权利,法律赋予商标权人在核定使用的商品上使用核准注册的商标。商标最根本的作用就是代表商品和区分商品来源,所以商标对外彰显着生产经营者良好的商誉和商品的特有品质。这也是商标只能在特定商品范围,由商标权人专有使用的原因。

禁止权是商标权人禁止他人使用其注册商标的权利。一个商标一旦注册成功,就会具有排他性。如果他人未经许可使用注册商标,商标权人有权制止并寻求行政主管部门或人民法院的保护。

转让权是商标权人将注册商标无偿或有偿地转让给他人的权利。商标作为无形的财产，权利人有转让商标所有权的权利。转让必须按照法定程序履行。

许可权是商标权人许可他人使用注册商标的权利。许可有别于转让，许可并不转让商标的所有权，商标权人在转让后依然具有使用的权利。被许可人使用商标也视为商标权人的使用，所以商标权人有监督被许可人使用具有其商标商品质量的义务。

(二)未注册商标的法律保护

一个商标代表着商家的声誉和商品品质，长时间在市场流通，也会使消费者产生信赖。这也是保护商标的一个重要意义。但实际中大部分商标并未经过注册，虽然我国商标法赋予具有一定影响商标的商标所有人一定的权利，但是未注册商标受法律保护的程度是远远不及注册商标的。

(三)商标权的限制

商标权的限制是指在特定情形下，可以不经商标权人许可使用其注册商标。对商标权的限制实际就是对商标权人的禁止权进行的限制，主要包括正当使用、商标权利用尽、非商业性使用等情形。

1. 正当使用

正当使用，也称合理使用，是指在生产经营活动中，可以不经商标权人许可使用其注册商标。由于一些商标本身属于公共领域，但是经过长时间使用获得了显著性而成为商标，即原始标示获得了"第二含义"。基于商标专用权，商标权人可能会对他人和公共利益造成损害，所以就需要对商标权进行限制。

对于一些描述性商标，如描述商品原料、质量、功能等词汇以及地理名称、姓氏等，可能会因为长时间使用产生"第二含义"。但是原有含义并未改变，仍然不可避免地要在公共领域进行叙述性使用。为了保护公共资源不受商标权人过度的占有，则必须对其权利进行限制。

在对一个商标进行指示性使用时，也构成正当使用。指示性使用主要是用来说明经营者自己的经营范围。例如，某品牌汽车保养、某品牌手机维修等。

2. 商标权利用尽

商标权利在商品合法投放市场之后便不能对该商品之后的流通进行干预。商标作为代表商品和区分商品来源的标记，只需在首次投放市场的时候受到商标所有人的控制，之后任何人均可在市场中使用该商标销售的已投放商品。如果在首次销售后仍然允许商标所有人对商品的流通渠道进行控制，则可能使商标所有人获得不合理的权利，甚至会造成市场分割、妨碍商品的自由流通等。

3. 非商业性使用

正当使用和权利用尽都是针对商标的商业性使用而言的，在符合一定的条件后，可以作为商标侵权的抗辩事由。若商标被使用在商业领域外，通常不构成侵权。例如出现在新闻报道及评论中、教科书中作为教学内容等情形都不属于侵权。

五、商标权的无效与撤销

商标权的无效是指商标不符合注册条件但注册成功,后经法定程序宣告商标权无效的制度。商标权无效是对权利在形成之初具有瑕疵的补正制度,商标权一旦宣布无效,自始无效。商标权撤销是指注册商标的使用违法或不使用,致使商标权撤销的制度。商标权撤销的效力不溯及既往,其更偏向于是一种商标使用的惩罚制度。

(一)商标权无效

1. 商标权无效事由

商标权无效即注册商标无效,我国商标法规定了注册商标无效的事由。

第一,使用禁止用作商标的标志。商标中的某些要素包含了商标法所禁止的标志,这类商标缺乏合法性,应当归于无效。这类标志包括国家及国际组织的名称和标志,官方标志,有碍于公共秩序、带有不良影响的标志,等等。

第二,商标不具有显著性。例如,仅有本商品的通用名称、图形、型号的,仅直接表示商品的质量、主要原料、功能、用途、重量、数量及其他特点的标志。此外,功能性三维标志不能作为注册商标。

第三,以欺骗或其他不正当手段取得注册的行为。例如,商标申请人伪造申请文件等行为。

第四,与他人在先权利冲突。他人的在先权利主要包括著作权、外观设计专利权、肖像权、姓名权、商号权、注册商标专用权。

第五,对驰名商标的保护。《中华人民共和国商标法》第十三条规定:"为相关公众所熟知的商标,持有人认为其权利受到侵害时,可以依照本法规定请求驰名商标保护。就相同或者类似商品申请注册的商标是复制、摹仿或者翻译他人未在中国注册的驰名商标,容易导致混淆的,不予注册并禁止使用。就不相同或者不相类似商品申请注册的商标是复制、摹仿或者翻译他人已经在中国注册的驰名商标,误导公众,致使该驰名商标注册人的利益可能受到损害的,不予注册并禁止使用。"

2. 商标权无效程序

相对于不同的商标权无效情形,商标权无效的程序也有所差别。

有明显瑕疵的商标权无效程序有两种:商标局可依职权主动撤销该注册商标,其他单位或者个人可以请求商标评审委员会裁定撤销该注册商标,其中申请人可以是任何人。因不当注册商标需要申请无效的,商标所有人或者利害关系人可自商标注册之起五年内请求商标评审委员会裁定撤销该注册商标(对恶意抢注驰名商标的,不受五年的时间限制);由于注册商标存在争议,注册商标的先权利人可自被争议商标核准注册之日起五年内,向商标评审委员会申请裁定撤销在后注册的商标。

对核准注册前已经提出异议并经裁定的商标,不得再以相同的事实和理由申请裁定撤销这一注册商标。商标评审委员会作出维持或者撤销注册商标的裁定后,应当书面通知当事人。当事人对商标评审委员会的裁定不服的,可以自收到通知之日起三十日内向人民法院起诉。人民法院应当通知商标裁定程序的对方当事人作为第三人参加诉讼。

(二)商标权撤销

1. 商标权撤销事由

我国商标法规定了商标权撤销的相关事由。因为不正当使用或者不使用的,商标局依法撤销注册商标。

不正当使用的情形主要包括自行改变注册商标、注册人名义、地址或者其他事项。商标一经注册,就要对外公示并受到约束,不能随意更改。对注册商标的随意更改,会使消费者产生混淆,使商标制度的公信力受到损伤。

连续三年不使用注册商标,会致使商标价值无法实现,法律制度不能充分利用。商标区分商品来源等功能都是在使用中体现的,长时间不使用不仅使商标不能发挥价值,也会使他人不能正常使用该商标,造成资源浪费。

2. 商标权撤销的程序

因不正当使用注册商标的,地方工商行政管理部门责令限期改正;期满不改正的,由商标局撤销其注册商标。针对三年不使用商标的情形,任何单位或者个人都可申请撤销,并说明情况。商标局应通知商标权人,提交撤销申请前使用商标的证明或说明不使用的正当理由。

对商标局撤销或者不予撤销注册商标的决定,当事人不服的,可以自收到通知之日起十五日内向商标评审委员会申请复审。当事人对商标评审委员会的决定不服的,可以自收到通知之日起三十日内向人民法院起诉。

六、商标权的保护

(一)商标侵权的行为种类

商标权是商标所有人的一项独占性权利。若未经商标所有人同意,擅自使用相同或近似的标志,或对商标所有人使用商标构成妨碍,并使消费者产生混淆,则构成商标侵权。

我国商标法对侵权行为的种类进行了规定。下列行为均属侵犯注册商标专用权:①未经商标注册人的许可,在同一种商品上使用与其注册商标相同的商标的;②未经商标注册人的许可,在同一种商品上使用与其注册商标近似的商标,或者在类似商品上使用与其注册商标相同或者近似的商标,容易导致混淆的;③销售侵犯注册商标专用权的商品的;④伪造、擅自制造他人注册商标标识或者销售伪造、擅自制造的注册商标标识的;⑤未经商标注册人同意,更换其注册商标并将该更换商标的商品又投入市场的;⑥故意为侵犯他人商标专用权行为提供便利条件,帮助他人实施侵犯商标专用权行为的;⑦给他人的注册商标专用权造成其他损害的。

(二)商标侵权诉讼

商标权是一种私权。在发生商标侵权纠纷时,当事人可以自行协商解决。若当事人协商不成或不愿协商,可以寻求行政部门处理,或向人民法院提起诉讼。

1. 商标侵权的诉讼管辖

侵犯商标专用权案件一般由侵权行为地或者被告住所地的中级人民法院,或者有商标案件管辖权的基层法院管辖。其中侵权行为地包括侵权行为的实施地、侵权商品的储藏地或者查封扣押地。针对不同侵权行为地的多个被告提起的共同诉讼,原告可以选择其中一个被告的侵权行为地人民法院提起诉讼。

2. 商标侵权的诉讼时效

根据《最高人民法院关于审理商标民事纠纷案件适用法律若干问题的解释》,侵犯注册商标专用权的诉讼时效为三年,自商标注册人或者利害权利人知道或者应当知道权利受到损害以及义务人之日起计算。商标注册人或者利害关系人超过三年起诉的,如果侵权行为在起诉时仍在持续,在该注册商标专用权有效期限内,人民法院应当判决被告停止侵权行为,侵权损害赔偿数额应当自权利人向人民法院起诉之日起向前推算三年计算。

3. 商标侵权的诉前措施

商标侵权的诉前临时措施,是指商标权人或利害关系人在提起诉讼之前,依法请求法院采取的维护自身权利的救济措施。诉前措施主要包括诉前禁令、诉前财产保全、诉前证据保全等救济措施。被侵权人在申请诉前救济时应向法院提供担保。

在商标领域,侵权案件的审理往往会持续较长一段时间,在此期间侵权可能仍在持续,权利人将持续遭受损失,诉前禁令的责令停止侵权就可以避免损失扩大。诉前财产保全,能够避免侵权人恶意转移财产,或处分相关财产,避免胜诉后赔偿不能的问题。诉前证据保全能有效防止侵权证据损毁,避免举证不能。

4. 商标侵权的法律救济

商标权遭受侵害后商标权人可以寻求法律救济。其中民事救济和行政救济是主要措施,侵权行为严重的需要刑法来救济。

民事救济主要包括停止侵害行为、赔偿损失。我国对商标的保护实行"双轨制",商标权人除提起民事诉讼外,还可以寻求行政机关的保护。行政机关认定侵权成立的,责令停止侵权,没收、销毁侵权商品和主要用于制造侵权商品、伪造注册商标标识的工具;对未构成犯罪的,根据侵权程度进行罚款。

我国刑法主要对假冒商标的行为进行了规制,规定侵犯商标权的三种犯罪为假冒注册商标罪,销售假冒注册商标的商品罪,非法制造、销售非法制造的注册商标标识罪。

(三)驰名商标的认定和保护

1. 驰名商标的概念

驰名商标是指已经在市场中经过长期使用,为公众所熟知的,具有较高信誉的商标。驰名商标通常具有较强的识别能力,并且所代表的商品或服务的质量稳定、优质。某商品或服务具有良好且持续稳定的品质,久而久之,良好的信誉便凝结在商标中,在消费者心中形成可靠的形象。

商标的"驰名"是一种事实状态,任何称之为商标的标志都可以成为驰名商标,无论商标是否经过注册,未经注册的商标照样可以成为驰名商标。商标因为驰名,也就获得了法律特殊保护的可能性,商标所有人也因此享有权利,这一切不以"注册"为标准。法律的这种特殊保护并不是永久的,驰名商标也可能因为种种原因淡出公众的视野,遭到市场的淘汰,从而失去"驰名"的桂冠。所以驰名商标的特殊之处就体现在自身的高知名度。

驰名商标之所以受到特殊保护,是为了避免利用商标进行不正当竞争的行为。一些未经注册的商标经过长时间使用,并产生较大影响力时,可能会面临被其他人抢先注册,或对近似商标进行注册。原商标所有人经过长时间经营所获得的市场信誉极易被他人顶替利用。长此以往,市场竞争秩序将受到极大的破坏。所以驰名商标制度的初衷就是给予具有较高知名度且未获得注册商标一定的保护。

2. 驰名商标的认定

要对驰名商标进行保护,首先要进行认定。认定一个商标的"驰名",是保护的前提。我国对驰名商标的认定由商标局、商标评审委员会或人民法院决定。在商标注册审查、工商行政管理部门查处商标违法案件过程中,商标局根据审查、处理案件的需要,可以对商标驰名情况作出认定;在商标争议处理过程中,商标评审委员会根据处理案件的需要,可以对商标驰名情况作出认定;在商标民事、行政案件审理过程中,最高人民法院指定的人民法院根据审理案件的需要,可以对商标驰名情况作出认定。但是,无论哪个机关对商标驰名进行认定,都必须根据当事人申请,不得主动进行认定。对一个商标是否驰名的认定,属于案件的事实部分。也就是说,对驰名商标的认定属于个案的事实,在其他案件中需要重新认定,原认定结果只能作为参考而不能直接作为认定依据。

对驰名商标进行认定必须依照标准进行。《中华人民共和国商标法》第十四条对此进行了规定,认定驰名商标应当考虑下列因素:①相关公众对该商标的知晓程度;②该商标使用的持续时间;③该商标的任何宣传工作的持续时间、程度和地理范围;④该商标作为驰名商标受保护的记录;⑤该商标驰名的其他因素。

3. 驰名商标的保护

驰名商标的保护主要体现在商标注册程序、商标无效程序和商标使用几个方面。

就相同或者类似商品申请注册的商标是复制、摹仿或者翻译他人未在中国注册的驰名商标,容易导致混淆的,不予注册并禁止使用;就不相同或者不相类似商品申请注册的商标是复制、摹仿或者翻译他人已经在中国注册的驰名商标,误导公众,致使该驰名商标注册人的利益可能受到损害的,不予注册并禁止使用。已经注册的,驰名商标所有人可以请求商标评审委员会裁定撤销该注册商标。对恶意注册的不受五年的时间限制。

将与驰名商标相同或近似的文字作为企业名称进行登记使用,且可能引起公众混淆,行政登记机关不予登记;已经登记的,驰名商标所有人可以自知道或者应当知道之日起三年内,请求行政登记机关予以撤销。

将与驰名商标相同或近似的文字作为域名进行注册使用,且可能引起公众混淆,可向域名注册机构申请撤销该域名。

思考题

在科研工作中如何保护他人的著作权和专利权?

第六章 侵权责任相关法律制度

第一节 一般规定

一、侵权责任保护范围

法律规定侵权责任的主要目的是救济受害人,使受害人受到侵犯的权利或利益能够得到及时救助。《中华人民共和国民法典》第七编"侵权责任"是专门调整侵权责任的法律规范。侵权行为发生后,在侵权人和被侵权人之间发生侵权责任法律关系,被侵权人是侵权责任法律关系的请求权人,是权利主体;侵权人是责任主体,负担满足被侵权人侵权责任请求权的责任。《中华人民共和国民法典》第一千一百六十四条规定了侵权责任的保护范围及调整范围。本条采用概况式的立法方式,将所有民事权益包括在内,其中包含:①所有民事权利。即人格权、身份权、物权、债权、知识产权、继承权和股权及其他投资性权利。②法律保护的民事利益即法益,包括一般人格权保护的其他人格利益、胎儿的人格利益、死者的人格利益、其他身份利益和其他财产利益。这些权益受到侵害,产生侵权责任法律关系,被侵权人可行使请求权,侵权人应当承担侵权责任。

二、侵权责任归责原则

(一)过错责任原则

1. 过错责任原则的概念

过错责任原则,是指以过错作为归责的构成要件和归责的最终要件,并以此确定行为人责任范围的依据。过错责任原则是侵权责任的一般归责原则,一般侵权行为适用过错责任原则调整。《中华人民共和国民法典》第一千一百六十五条第一款对过错责任原则作了具体规定:"行为人因过错侵害他人民事权益造成损害的,应当承担侵权责任。"《中华人民共和国民法典》第七编第三章至第十章没有具体规定的侵权行为,都适用过错责任原则确定侵权责任。

2. 过错责任的构成要件

过错责任原则的构成要件如下:①损害事实。损害是指侵权行为给受害人造成的不利后果,包括财产损害、人身损害和精神损害。无损害即无责任。②违法行为。违法行为是指侵权行为具有违法性,侵犯了他人的法定权利和合法利益。如行为人的行为符合法律规定,如执行公务,即使造成损害,不能也不应当承担民事责任。③因果关系。因果关系是指侵权人实施的违法行为和损害后果之间存在因果上的联系。④主观过错。主观过错包括故意或过失两种形态。故意,是指行为人已经预见到自己行为的损害后,仍然积极追求或者听任该后果的发生。

过失,是指行为人未尽合理注意义务,疏忽大意或轻信可以避免而未能预见损害后果致使其发生。

上述四个构成要件,必须同时具备。如受害人起诉侵权人赔偿损失,又举证不能则将会承担败诉的法律后果。

(二)过错推定责任原则

1. 过错推定责任原则的概念

过错推定责任原则,是指在损害已经发生的情况下,如果受害人能够证明其所受的损害是由加害人所致,而加害人又不能证明自己没有过错,则推定加害人有过错并应承担相应侵权责任的归责原则。《中华人民共和国民法典》第一千一百六十五条第二款对过错推定原则作了具体规定。"依照法律规定推定行为人有过错,其不能证明自己没有过错的,应当承担侵权责任。"

2. 过错推定责任的构成要件

过错推定原则从本质上说,仍然还是过错责任原则,只是过错的要件实行推定而不是认定,因此适用过错推定原则的部分特殊侵权行为其构成要件与适用过错原则的一般侵权行为构成要件相同,均是违法行为、损害事实、因果关系及主观过错。但不同的是,过错推定责任是在其他构成要件证明成立的情况下,法官可以直接推定行为人有过错,行为人认为自己没有过错,应当自己举证证明,能够证明者免除责任,不能证明者责任成立。如《中华人民共和国民法典》第一千二百四十八条规定的,动物园动物致人损害的,适用过错推定原则。

(三)无过错责任原则

1. 无过错责任原则的概念

无过错责任原则,是指无论行为人致人损害有无过错,法律规定应当承担民事责任的,行为人都要承担侵权赔偿责任的归责原则。根据《中华人民共和国民法典》侵权责任编的规定,产品责任、生态环境损害责任、高度危险责任、饲养动物致害责任适用无过错责任原则。该原则具体体现在《中华人民共和国民法典》第一千一百六十六条:"行为人造成他人民事权益损害,不论行为人有无过错,法律规定应当承担侵权责任的,依照其规定。"需要特别注意的是,适用无过错责任原则救济被侵权人,需要法律有特别规定,否则适用的是一般侵权责任归则原则。

2. 无过错责任的构成要件

无过错责任原则的侵权责任构成要件是:①违法行为;②损害事实;③因果关系。具备这三个要件,即构成侵权责任。适用无过错归则原则的侵权责任,只有在行为人能够证明损害是受害人自己故意造成的,才能免除其侵权责任。

三、侵权行为及责任形态

(一)概念

侵权行为是指行为人侵害他人权利或者合法利益,应当承担民事责任的违法行为。侵权责任形态,是指侵权责任构成后,根据不同的侵权行为类型,确定侵权责任在不同当事人之间进行分配的表现形式。在侵权责任形态体系中,第一层次为自己责任和替代责任,第二层次为单方责任和双方责任,第三层次为单独责任和共同责任。而共同责任主要有四种责任形态,即连带责任、不真正连带责任、按份责任和补充责任。

(二)连带责任

受害人可以请求连带责任人中一人或数人承担部分或全部赔偿责任,但合计不得超过损害赔偿的总额。已经承担了超出自己应当承担的责任份额的连带责任人,有权就其超出部分向其他未承担责任的连带责任人行使追偿权。

连带责任有以下情形:

1. 共同侵权行为

《中华人民共和国民法典》第一千一百六十八条规定:"二人以上共同实施侵权行为,造成他人损害的,应当承担连带责任。"这是我国现行法律对共同侵权行为及责任的规定。共同侵权行为是指二人以上基于主观的或者客观的意思联络,共同实施侵权行为,造成他人损害,应当承担连带赔偿责任的多数人侵权行为。共同侵权行为构成要件为:①二人以上共同实施;②行为人之间存在主观的关联共同(即意思联络)或客观的关联共同;③造成了损害且损害不可分割;④每一个行为人的行为与损害都存在因果关系。典型案例为:赵某、钱某、孙某与李某发生口角后,赵某、钱某、孙某三人与李某厮打在一起,将李某打伤。赵某、钱某、孙某三人作为共同侵权行为人,应对李某的损失承担连带赔偿责任。

在共同故意构成的共同侵权行为中,侵权人存在行为人、教唆人、帮助人的不同身份。因为其特殊性,我国民法典以单独法条作了特殊规定。《中华人民共和国民法典》第一千一百六十九条规定了教唆人、帮助人承担侵权连带责任的归则。教唆、帮助他人实施侵权行为的,应当与行为人承担连带责任。教唆、帮助无民事行为能力人、限制民事行为能力人实施侵权行为的,应当承担侵权责任;该无民事行为能力人、限制民事行为能力人的监护人未尽到监护职责的,应当承担相应的责任。

2. 共同危险行为

《中华人民共和国民法典》第一千一百七十条规定:"二人以上实施危及他人人身、财产安全的行为,其中一人或者数人的行为造成他人损害,能够确定具体侵权人的,由侵权人承担责任;不能确定具体侵权人的,行为人承担连带责任。"该条是对共同危险行为及责任的规定。共同危险行为是指二人或者以上共同实施有侵害他人危险的行为,造成损害结果,不能确定其中谁为加害人的多数人侵权行为。能够确定具体加害人的,不属于共同危险行为,也称准共同侵权行为,但实际不是共同侵权。共同危险行为中,由于具体加害人不明,因此实施因果关系举证责任倒置,除非参与危险活动之人能够证明其行为与损害之间不存在因果关系,否则都应当向受害人负担连带赔偿。例如:三个孩子在楼上扔相同的玻璃瓶玩耍,玻璃瓶打中楼下路过行人,三个孩子均称不是自己的玻璃瓶砸的,现有证据无法确定到底是谁扔的玻璃瓶砸伤的行人。那么,三个孩子的法定代理人即孩子父母承担连带赔偿责任。这里为什么是孩子的父母而不是孩子本人,这部分知识体现在"关于责任主体的特殊规定"一节。

3. 叠加的分别侵权行为

分别侵权行为,意即无过错联系的共同加害行为,加害人之间没有任何联系,却造成了同一损害后果,不构成共同侵权行为的多数人侵权行为。分别侵权行为分为典型的分别侵权行为、叠加的分别侵权行为和半叠加的分别侵权行为。《中华人民共和国民法典》第一千一百七十一条规定的是叠加的分别侵权行为及责任:"二人以上分别实施侵权行为造成同一损害,每个人的侵权行为都足以造成全部损害的,行为人承担连带责任。"也就是说,每一个侵权人单独实施的侵权行为,造成损害后果时,每一个行为人的行为原因力都为100%,对外每一个侵权人承担的是连带责任。用公式描述为:100%+100%=100%。

(三)不真正连带责任

1. 不真正连带责任的概念

不真正连带责任是指多数债务人基于不同发生原因而偶然产生的同一内容的给付,各负全部履行义务,并因债务人之一的履行而使全体债务人的债务均归于消灭的债务。其最重要特点是损害赔偿责任最终属于造成损害发生的直接责任人,即终局责任人。如果受害人选择的侵权责任人为终局责任人,则该责任人应当最终地承担侵权责任。如果选择的责任人不是终局责任人,则承担了侵权责任的责任人可以向终局责任人追偿。

2. 适用不真正连带的情形

不真正连带责任适用于关于产品侵权责任的相关条款。《中华人民共和国消费者权益保护法》第四十条规定:"消费者在购买、使用商品时,其合法权益受到损害的,可以向销售者要求赔偿。销售者赔偿后,属于生产者的责任或者属于向销售者提供商品的其他销售者的责任的,销售者有权向生产者或者其他销售者追偿。消费者或者其他受害人因商品缺陷造成人身、财产损害的,可以向销售者要求赔偿,也可以向生产者要求赔偿。属于生产者责任的,销售者赔偿后,有权向生产者追偿。属于销售者责任的,生产者赔偿后,有权向销售者追偿。消费者在接受服务时,其合法权益受到损害的,可以向服务者要求赔偿。"可见,因产品质量不合格造成他人财产、人身损害的,产品制造者和销售者之间承担的责任为不真正连带责任。《中华人民共和国民法典》第七编第四章"产品责任"也有相关规定。如《中华人民共和国民法典》第一千二百零三条规定:"因产品存在缺陷造成他人损害的,被侵权人可以向产品的生产者请求赔偿,也可以向产品的销售者请求赔偿。产品缺陷由生产者造成的,销售者赔偿后,有权向生产者追偿。因销售者的过错使产品存在缺陷的,生产者赔偿后,有权向销售者追偿。"

(四)按份责任

1. 按份责任的概念

按份责任指两个以上的责任人按照各自份额向受害人承担民事赔偿责任。按份责任是连带责任的对称,实际是将同一责任分割为各个独立的部分,各个责任各自独立负责。

2. 按份责任的适用及规则

按份责任主要适用于无意思联络的数人侵权行为的间接结合,即既没有共同的意思联络,也没有共同过失，只存在行为上的客观结合。各行为人对各自行为所造成的后果承担责任，在共同损害无法分割情况下则按照各行为人所实施行为的原因力划分责任，而在无法区分原因力情形下，应按照公平责任区分各行为人责任。上述提及的分别侵权行为中典型的分别侵权行为适用的规则为按份责任，又称为"无过错联系的共同加害行为"。《中华人民共和国民法典》第一千一百七十二条是对典型的分别侵权行为及责任的规定："二人以上分别实施侵权行为造成同一损害，能够确定责任大小的，各自承担相应的责任；难以确定责任大小的，平均承担责任。"也就是说，行为人分别实施的侵权行为造成同一个损害结果，而每一个行为人实施的行为的原因力相加，才造成同一个损害结果。用公式描述为：50%+50%=100%。

四、侵权责任的免责事由

(一)过失相抵规则

《中华人民共和国民法典》第一千一百七十三条规定："被侵权人对同一损害的发生或者扩大有过错的，可以减轻侵权人的责任。"本条是对与有过失及过失相抵规则的规定。与有过失是指对于同一损害的发生或者扩大，不仅侵权人有过失及原因力，而且被侵权人也有过失和原因力，是双方的过失行为造成了损害结果的发生。与有过失的后果就是过失相抵。根据双方过失程度及原因力大小，确定侵权人应当承担的责任比例，其他因被侵权人自己原因造成的损害部分，须被侵权人自己负担。比较典型情形就是机动车交通事故责任纠纷，交警队出具的事故认定书一般会出现肇事方及受害人责任比例的承担，如主要责任、次要责任、同等责任，就是过失相抵规则的适用。

(二)受害人故意

《中华人民共和国民法典》第一千一百七十四条规定："损害是因受害人故意造成的，行为人不承担责任。"本条受害人故意是免责事由之一。但其实此条款并不是普通适用的免责事由，其只是无过错责任原则适用领域的免责事由。理解本条时，应理解为"受害人的故意或者过失是损害发生的全部原因时，行为人不承担责任"，与前述过失相抵规则比较适用。

(三)第三人过错

《中华人民共和国民法典》第一千一百七十五条规定："损害是因第三人造成的，第三人应当承担侵权责任。"本条是关于第三人原因造成损害为免责事由的规定。第三人过错，指受害人和加害人对于损害的发生没有过错，受害人的损害完全是第三人过错行为造成的，应当由第三人承担责任，而加害人免除责任。如果第三人原因对于损害发生具有部分原因力，则是减责事由。该免责事由是一般性的免责事由，但法律有特别规定应适用特别规定。例如《中华人民共和国民法典》第一千一百九十八条第二款、第一千二百零四条、第一千二百三十三条、第一千二百五十条等规定，则不适用本条规定。

(四)自甘风险

《中华人民共和国民法典》第一千一百七十六条第一款是对于自甘风险的规定："自愿参加具有一定风险的文体活动，因其他参加者的行为受到损害的，受害人不得请求其他参加者承担侵权责任;但是,其他参加者对损害的发生有故意或者重大过失的除外。"本条是我国第一次确认自甘风险为免责事由。自甘风险是指受害人自愿参加具有一定风险的文体活动,因其他参加者的行为受到损害的,受害人不得请求其他参加者承担侵权责任,但是其他参加者对损害的发生有故意或者重大过失时除外的免责事由。典型例子如参加足球比赛活动,被其他参加者撞伤等受到参加者的相关损害。但组织者因故意或者过失,未尽到安全保障义务造成受害人损害的应当承担赔偿责任。活动组织者的责任在《中华人民共和国民法典》第一千一百九十八条至一千二百零一条有具体规定。

(五)自助行为

《中华人民共和国民法典》第一千一百七十七条第一款是对于自助行为的规定:"合法权益受到侵害,情况紧迫且不能及时获得国家机关保护,不立即采取措施将使合法权益受到难以弥补的损害的,受害人可以在保护自己合法权益的必要范围内采取扣留侵权人的财物等合理措施;但是,应当立即请求有关国家机关处理。"自助行为是指权利人为了保护自己的合法利益,在情事紧迫而又不能获得国家机关及时救助的情况下,对他人的财产或者自由在保护自己合法权益的必要范围内采取扣押、拘束或者其他相应措施,为法律或社会公德所认可的行为。其性质上属于自力救济。生活中经常见到的案例:去饭店吃饭未带钱,店主不让其离开,等待他人送钱来结账的拘束自由行为,就是自助行为。

(六)不可抗力

《中华人民共和国民法典》第一百八十条规定了不可抗力:"因不可抗力不能履行民事义务的,不承担民事责任。法律另有规定的,依照其规定。不可抗力是不能预见、不能避免且不能克服的客观情况。"由此,我们可以看出构成不可抗力的主要因素有三个要件。

1. 不可预见性

合同当事人对于不可抗力事件的发生必须根本无法预见。如果能预见,或应该能够预见,则不构成不可抗力,例如某船运输一批货物从一海港到另一海港,船长出海前未看天气预报即开船,结果遇上风暴使货物受损。该风暴对于船长来说就不是不可抗力。因为作为海上运输的船长出海前应了解一下当天的天气预报,而天气预报已对该风暴作了预告,船长能够预见,却由于疏忽未注意应当承担货损的责任。

2. 不可避免性

即使出现了不可预见的灾害,如果造成的后果是可以避免的,那么也不构成不可抗力,只有无法采取任何措施加以避免,才具有不可抗力的特征。例如船在海上遇到风暴,附近就有避风港但不进去致使货物受损也需承担责任。

3. 不可克服性

这是不可抗力的最后一个特征,指当事人对该事件的后果无法加以克服,即毫无办法加以阻止。如政府或社会行为,譬如政策的变化、国家出现政权的交替等。

(七)正当防卫

《中华人民共和国民法典》第一百八十一条规定:"因正当防卫造成损害的,不承担民事责任。正当防卫超过必要的限度,造成不应有的损害的,正当防卫人应当承担适当的民事责任。"正当防卫是指为使自己或他人免于遭受现时的不法侵害而有必要进行的防卫。其构成要件如下:①正当防卫须以一个现时的、正在发生的、对某个法律所保护利益(如所有权、健康权、自由)的不法侵害为基础;②正当防卫必须是被侵害人或第三人所实施的,具有防卫意识的、客观上必要且不属于滥用权利的防卫。正当防卫行为本身是合法的,因此即使给侵害人造成损害,也不必承担赔偿责任,但如果防卫人错误认为存在正当防卫情况(假想防卫)或者防卫超出了必要限度,应当适当承担民事责任,如侵权责任。

(八)紧急避险

《中华人民共和国民法典》第一百八十二条规定:"因紧急避险造成损害的,由引起险情发生的人承担民事责任。危险由自然原因引起的,紧急避险人不承担民事责任,可以给予适当补偿。紧急避险采取措施不当或者超过必要的限度,造成不应有的损害的,紧急避险人应当承担适当的民事责任。"紧急避险,又称"紧急避难",是指为了使公共利益、本人或者他人的人身和其他权利免受正在发生的危险,不得已而采取的损害另一较小的合法利益,以保护较大的合法权益的行为。可见,紧急避险的成立条件为:①为了保护公共利益、本人或者他人的合法权益免受危险的损害。②客观上具有正在发生的真实危险。③迫不得已而采取的行为。④不能超过必要的限度而造成不应有的危害,也是紧急避险的限制性条件。那么,以什么标准来衡量紧急避险是否超过必要限度造成不应有的损害呢?对此,法律没有明文规定。我们认为,其标准是:紧急避险行为所引起的损害应小于所避免的损害。法律之所以允许损害一个合法权益,只有在两利保其大、两弊取其小的场合,紧急避险才是对社会有利的合法行为。所以,紧急避险所保全的权益,必须明显大于紧急避险所损害的权益。在衡量权益的大小时,在一般情况下,人身权利大于财产权利;在人身权利中,生命权是最高的权利,不容许为了保护一个人的健康而牺牲另一个人的生命,更不容许牺牲别人的生命来保全自己的生命;在财产权益中,应该用财产的价格进行比较,不容许为了保护一个较小的财产权益而牺牲另一个较大的财产权益。

第二节 损害赔偿

损害赔偿是侵权责任最主要的承担形式,它是以回复或填补受害人所受损害为目的,发生在加害人与受害人之间的以金钱给付或实物补偿为内容的一种责任性质法律关系。《中华人民共和国民法典》第一千一百六十七条规定:"侵权行为危及他人人身、财产安全的,被侵权人有权请求侵权人承担停止侵害、排除妨碍、消除危险等侵权责任。"因我国民法典物权、人格权等均有责任承担方式的规定,在民法典其他章节有所体现,这里仅规定了三种侵权责任的责任承担方式,即停止侵害、排除妨碍、消除危险。但民法典整整用了一章讲述损害赔偿,足见其在侵权责任编中的重要性。

一、人身损害赔偿

人身损害赔偿,是指行为人不法侵害他人的生命、健康、身体并造成经济上的损失而应负担的以给付金钱为内容的赔偿责任。人身伤害可分为一般伤害、致人残废和致人死亡三种,与之相应,对于人身伤害引起的损害赔偿也有三种不同的情况。

1. 一般伤害

一般伤害是指经过治疗可以恢复,不会造成残疾的轻微伤害。对于一般伤害的赔偿范围,基本上应当包括医疗费、住院费、误工损失、专人护理费、治疗所需的交通费和住宿费等。同时也要考虑到住院期间的伙食补助费和必要的营养费等。对医疗费的赔偿,应以治疗医院的诊断证明和医疗费的单据为凭,如必须转医院治疗的,应取得有关医院的证明。对受害人误工工资的赔偿,原则上应根据治疗单位开具的诊断休息证明计算误工日期;赔偿工资的标准,按照受害人平时的平均工资或实际收入计算,同时要考虑到受害人的实际伤害程度和恢复情况。受害人是个体户的,其误工费的计算原则上应当以当地个体户同行业、同等劳动力的平均收入为准。

2. 人身残疾

人身残疾,是指受害人身体遭受重伤,经过治疗仍不能再恢复原态,致使部分或全部丧失劳动能力的伤害。对于身体遭受重伤,一时还难以确定是否致残时,先按一般伤害处理,待伤情稳定后证实已残疾的,再作残疾处理。对于人身残疾的赔偿,除对医疗费、误工工资、护理费、转院治疗的交通费和住宿费及伙食补助费、营养费的赔偿应当按照一般伤害赔偿标准处理外,还应赔偿治疗残疾所必需的费用和残疾用具费以及残疾者丧失劳动能力前实际扶养的、又没有其他生活来源的被扶养人的生活费和残疾者本人的生活补助费等。其标准应不低于当地居民基本生活水平。《最高人民法院关于审理人身损害赔偿案件适用法律若干问题的解释》第十二条规定:"残疾赔偿金根据受害人丧失劳动能力程度或者伤残等级,按照受诉法院所在地上一年度城镇居民人均可支配收入或者农村居民人均纯收入标准,自定残之日起按二十年计算。但六十周岁以上的,年龄每增加一岁减少一年;七十五周岁以上的,按五年计算。受害人因伤致残但实际收入没有减少,或者伤残等级较轻但造成职业妨害严重影响其劳动就业的,可以对残疾赔偿金作相应调整。"

3. 致人死亡

加害人实施侵权行为致人死亡的,除了赔偿必要的医疗费、抢救用的交通费、住宿费、护理费、丧葬费和死亡赔偿金外,还应支付死者生前受其扶养的人必要的生活费用。死者生前受扶养人生活补助费,应根据死者生前实际负担家庭生活费用的多少来确定,参考当地居民生活困难补助标准,综合考虑受害人一方的实际需要和致害人一方的负担能力,合情合理地解决问题。死亡赔偿金的具体赔偿数额的计算,应以当地居民基本生活费作为标准。《最高人民法院关于审理人身损害赔偿案件适用法律若干问题的解释》第十五条规定:"死亡赔偿金按照受诉法院所在地上一年度城镇居民人均可支配收入或者农村居民人均纯收入标准,按二十年计算。但六十周岁以上的,年龄每增加一岁减少一年;七十五周岁以上的,按五年计算。"

二、精神损害赔偿

(一)精神损害赔偿的概念

精神损害赔偿是指加害人基于其侵权行为给受害人造成精神痛苦或使其精神利益受到损

害而应承担的以给付金钱为内容的赔偿责任。传统民法中将精神损害称为非财产损失。精神损害既可以是生理方面的,也可以是心理方面的。前者如因侵害权利人的生命、健康、身体各部分而给其造成生理上的痛苦;后者如侵害权利人的情绪、感情、思维等精神活动,从而使其产生愤怒、恐惧、焦虑、沮丧、悲伤、绝望等不良心态。精神损害赔偿是以财产方式作为主要救济手段的,确立精神损害赔偿的目的就是以财产方式补偿、抚慰受害人所遭受的精神损害,使其损害在某种程度上得到平息。

(二)精神损害赔偿的适用范围

精神损害赔偿的适用范围,亦称之为精神损害赔偿的客体范围,涉及民事主体的哪些民事权利受到侵害后可以要求精神损害赔偿的问题。具体言之,精神损害赔偿的适用范围包括以下几点:

(1)侵害物质性人格权,如生命权、身体权、健康权等受到侵害,受害人可以要求精神损害赔偿。

(2)侵害姓名权、肖像权、声音权、名誉权、隐私权、个人信息权造成精神损害的,应当赔偿精神损害赔偿金。

(3)侵害身份权即配偶权、亲权、亲属权造成精神损害的,应当承担精神损害赔偿责任。

(4)侵害自然人的人身利益,包括一般人格利益、胎儿人格利益、死者的人格利益以及亲属之间的身份利益,侵权人也应当承担精神损害赔偿责任。

(5)故意或重大过失侵害自然人具有人身意义的特定物造成严重精神损害的,对该特定物的损害,被侵权人有权请求精神损害赔偿。如王某将故去父亲的照片(仅存的)拿到照相馆冲洗,照相馆因保存不善将照片毁损,王某有权请求精神赔偿。

(6)因当事人一方违约行为,损害对方人格权并造成严重精神损害的,受损害方选择请求其承担违约责任,不影响受损害方请求精神损害赔偿,可以在违约诉讼中直接请求精神损害赔偿。

(三)精神损害赔偿的权利主体

(1)请求精神损害赔偿的权利主体既包括直接受害人,也包括间接受害人。直接受害人即受害人因侵权行为而遭受了精神痛苦或遭受精神利益的丧失或减损。间接受害人主要是指侵权行为直接受害人的近亲属,如受害人因侵权行为致死,其配偶、父母子女均享有请求精神损害赔偿的权利。

(2)请求精神损害赔偿的权利主体只包括自然人,法人不能成为精神损害赔偿的权利主体。

《最高人民法院关于确定民事侵权精神损害赔偿责任若干问题的解释》第四条规定:"法人或者非法人组织以名誉权、荣誉权、名称权遭受侵害为由,向人民法院起诉请求精神损害赔偿的,人民法院不予支持。"该司法解释排除法人作为精神损害的赔偿权利主体,表明我国立法的指导思想定位于维护和保障人的尊严、人的价值和自然人的人格权利。

三、财产损害的赔偿

财产损害的赔偿,是指行为人对其侵权行为给他人造成的财产损害所应负担的以金钱给付或实物补偿为内容的赔偿责任。

《中华人民共和国民法典》第一千一百八十四条规定了财产损害赔偿。侵害他人财产，实际上是侵害他人财产权，侵害物权、债权、知识产权、继承权、股权及其他投资性权利，财产损害赔偿就是对侵害这些财产权造成的财产损失的赔偿责任。本条规定了财产损失的计算方式，即按照"损失发生时的市场价格计算"的主要计算方法，以"其他合理方式计算"这一弹性规定作为补充。其中，其他计算方法也包括预期利益损失规则。

四、公平分担损失规则

1. 公平分担损失规则的概念

公平分担损失规则是指当事人双方对造成损害都无过错的特殊情况下，行为人或受益人也要承担的赔偿责任，也称公平责任。具体体现在《中华人民共和国民法典》第一千一百八十六条。但公平责任是否可以成为侵权责任归则原则在理论上仍有争议，但不能否认的是就我国实际情况而言，它有着独特的法律价值，能弥补过错责任和无过错责任的不足。

2. 公平分担损失规则的适用要件

公平分担损失规则的适用要件包括：①行为人造成受害人的损害；②行为人和受害人对损害的发生都没有过错；③须有法律的特别规定。例如：《中华人民共和国民法典》第一千一百八十八条第一款、第一千一百九十条和一千二百五十四条，都是法律明文规定可以分担损失的规范。

第三节 关于责任主体的特殊规定

一、监护人责任

（一）监护人责任的概念

监护人责任是指无民事行为能力人或者限制行为能力人造成他人损害时，其监护人承担的侵权责任。《中华人民共和国民法典》第一千一百八十八条是对监护人责任的规定。

（二）监护人承担侵权责任的规则

(1)替代责任。无民事行为能力人或者限制民事行为能力人造成他人损害的，应当由他们的监护人承担侵权责任。

(2)实行过错推定。无民事行为能力人或者限制民事行为能力人造成他人损害的，先推定监护人有监护过失，侵权人需提供已尽监护职责的相关证据。

(3)如果监护人能够证明自己没有监护过失，则实行公平分担损失规则，减轻监护人的赔偿责任。

二、委托监护责任

（一）委托监护责任的概念

委托监护责任，是指无民事行为能力人或者限制民事行为能力人造成他人损害，监护人将监护职责委托他人的,监护人与受托人分担责任的特殊侵权责任。《中华人民共和国民法典》第一千一百八十九条是对委托监护责任的规定。

(二)委托监护责任的分担规则

(1)委托监护责任主体为两个:监护人和受托人。

(2)两个责任主体承担的责任为混合责任,即监护人承担的是对全部损害的连带责任,只要被侵权人主张其承担全部责任,其就应承担。

(3)被侵权人能够证明受托人存在未尽监护职责的过失的,受托人应当在其过失造成的损失范围内承担按份责任,而不承担连带责任。

三、暂时丧失心智损害责任

(一)暂时丧失心智的概念

暂时丧失心智是指完全民事行为能力人因自己的身体原因或者其他原因而暂时没有意识或者失去控制。《中华人民共和国民法典》第一千一百九十条是对暂时丧失心智损害责任的规定,该条第一款规定:"完全民事行为能力人对自己的行为暂时没有意识或者失去控制造成他人损害有过错的,应当承担侵权责任;没有过错的,根据行为人的经济状况对受害人适当补偿。"

(二)损害责任承担的规则

(1)暂时丧失心智之人暂时没有意识或者对其行为失去控制的出现,如果是过错所致,适用过错原则,行为人应承担侵权责任。如醉酒、滥用麻醉药品或者精神药品等均属于此列。

(2)如果暂时丧失心智之人暂时没有意识或者对其行为失去控制的出现没有过错,是由于客观原因导致损害的发生,行为人本身不应承担赔偿责任,适用公平分担损失规则。根据行为人经济状况对受害人进行补偿,能够承担多少就补偿多少。

四、用人单位责任和劳务派遣责任

(一)用人单位损害责任适用规则

《中华人民共和国民法典》第一千一百九十一条第一款规定:"用人单位的工作人员因执行工作任务造成他人损害的,由用人单位承担侵权责任。用人单位承担侵权责任后,可以向有故意或者重大过失的工作人员追偿。"

(1)用人单位泛指一切使用他人的法人、非法人组织。国家行政机关、司法机关实施行政行为和司法行为,不属于用人单位范畴,致人损害的适用《中华人民共和国国家赔偿法》规定调整。

(2)工作人员,是用人单位聘用、支付工资报酬、作为用人单位成员的人。

(3)该损害应当是执行职务中造成他人损害,而不是与自己职务无关的个人行为。

(4)执行职务行为与造成他人损害之间有因果关系。

(5)适用过错推定原则。

(6)侵权责任形态为替代责任。工作人员执行职务行为造成他人损害的,用人单位承担赔偿责任。用人单位承担赔偿责任后,如果工作人员有故意或重大过失,用人单位可以向其追偿。

(二)劳务派遣损害责任适用规则

(1)劳务派遣法律关系中,有三方主体,劳务派遣单位与接受劳务派遣的用工单位之间具有劳务派遣的合同关系,劳务派遣单位与工作人员之间具有劳动关系,工作人员接受劳务派遣单位的指派,为接受劳务派遣的用工单位提供劳务。

(2)被派遣的工作人员在执行工作任务过程中,造成他人损害的,由接受劳务派遣的用工单位承担侵权责任,实行的是过错推定原则和替代责任。

(3)劳务派遣单位如果在派遣工作人员时有过错的,例如选任、培训、管理不当等,承担相应的责任。

五、个人劳务损害责任

(一)个人劳务损害责任类型

个人劳务损害责任有以下三种类型:①个人劳务损害责任;②个人劳务工伤事故责任;③第三人造成个人劳务者损害责任。

(二)个人劳务损害责任适用规则

(1)双方主体,一方提供劳务,另一方接受劳务,提供劳务一方与接受劳务一方之间存在劳务关系。

(2)提供劳务过程中,因自己劳务行为造成他人损害。

(3)适用过错推定原则,推定接受劳务一方有监督和选任不当的过失。

(4)实行替代责任,由接受劳务一方对受害人承担赔偿责任。

(5)如果提供劳务一方存在故意或重大过失,则接受劳务一方承担赔偿责任后,有权向提供劳务一方追偿。

(6)提供劳务一方造成自己损害的,实行过错责任原则,根据双方各自过错承担责任。

(三)第三人造成个人劳务损害责任规则

(1)提供劳务一方因第三人行为造成自己损害的,享有对第三人的侵权责任请求权和接受劳务一方的补偿责任请求权。

(2)提供劳务一方向第三人请求侵权赔偿,第三人赔偿后,提供劳务一方对接受劳务一方的补偿请求权消灭。

(3)受到损害的提供劳务一方有权请求接受劳务一方承担补偿责任,接受劳务一方应当补偿,而补偿后,有权向第三人追偿。

六、定作人指示过失责任

(一)定作法律关系

加工、定作和承揽统称为定作,法律关系主体主要是定作人和承揽人,定作人委托承揽人进行加工、定作、承揽,承揽人依照定作人指示进行加工、定作。承揽人接受定作指示后独立完成定作。

(二)定作过失、指示过失和选任过失

定作过失是指定作人确定的定作任务本身存在过失,有可能造成他人损害或定作人损害,如加工易燃易爆品等。指示过失是指定作人下达的定作任务本身没问题,但指示承揽人的定作方法存在过失,如用危险方法进行加工。选任过失是指定作人在选任承揽人上有过失,如承揽人没有承揽相关加工活动的资质但予以选任的。这种过失在司法实践中比较多见。

(三)适用规则

(1)承揽人在完成承揽任务中造成第三人损害或者自己损害的,定作人不承担赔偿责任,由承揽人承担责任或自担损失。这是一般性规则。

(2)定作人对定作、指示或选任有过错的,承担相应责任。这里是怎样的责任法律并未详细叙述,笔者认为应当根据过错程度而视情况承担赔偿责任。

七、网络用户、网络服务提供者侵权责任

(一)一般规则

网络用户在他人的网络实施侵权行为,以及网络服务提供者利用自己的网络实施侵权行为,要对自己实施的网络侵权行为负责,适用过错责任原则确定侵权责任。但法律另有规定的除外,如《中华人民共和国电子商务法》《中华人民共和国消费者权益保护法》等。

(二)网络侵权责任避风港原则的通知原则

1. 权利人的通知权

网络侵权原则上网络服务提供者不承担责任,因为无法承担海量信息的审查义务,如果让其承担责任,对网络服务提供者是不公平的。解决这种侵权纠纷的方法——"通知—取下"规则,也就是避风港原则的通知原则:认为自己权益被侵害,权利人有权通知网络服务提供者,对侵权人在该网站上发布的信息采取删除、屏蔽、断开链接等必要措施。

2. 通知的内容

行使通知权时通知内容应当包括构成侵权的初步证据及权利人的真实身份信息,方能为有效通知。

3. 网络服务提供者的义务

网络服务提供者接到通知后,初步审查通知相关内容,应实施两项行为:一是及时将该通知转送相关网络用户,二是对侵权信息根据实际情况需要作出删除、屏蔽或断开链接等必要措施。如果履行了上述两项义务,就称为进入避风港,不承担侵权责任。但如果未及时采取必要措施,则构成侵权,对损害扩大部分承担连带责任。

4. 权利人因错误通知应承担侵权责任

对错误行使通知权的权利人,因错误行使通知造成网络用户损害或者网络服务提供者损

害的,应当承担侵权赔偿责任。

(三)网络侵权责任避风港原则的反通知原则

1. 网络用户享有反通知权

权利人行使对网络用户发布的信息采取必要措施的通知权,网络服务提供者将该通知转送网络用户,网络用户接到该通知后,产生反通知权,网络用户可以向网络服务提供者提交自己不存在侵权行为的声明。

2. 反通知声明的内容

反通知声明内容应当包括不存在侵权行为的初步证据及网络用户的真实身份信息。

3. 网络服务提供者对反通知的义务

网络服务提供者在接到反通知声明后,负有以下义务:一是将该声明转送给发出通知的权利人;二是告知权利人可以向有关部门投诉或者向人民法院起诉。

4. 反通知声明送达后的期限

权利人对反通知作出反应有一定的期限。权利人应当在该期限内通知网络服务提供者自己已经投诉或者起诉。

5. 权利人超出合理期限的后果

权利人在收到反通知后的合理期限内未通知网络服务提供者其已经投诉或起诉,网络服务提供者应当及时对网络用户发布的信息终止所采取的相关必要措施。

(四)网络侵权责任的红旗原则

红旗原则是指网络用户在网络服务提供者提供的网络上实施侵权行为,该侵权行为非常明显不必证明即可确认,网络服务提供者知道或者应当知道而不采取必要措施,即应承担侵权责任的规则。适用该规则,网络服务提供者与该实施侵权行为的网络用户对被侵权人造成的损害承担连带赔偿责任。

八、违反安全保障义务的侵权责任

(一)违反安全保障义务的侵权责任的概念

违反安全保障义务的侵权责任指经营者、管理者或者组织者对经营场所、公共场所、群众性活动场所未尽安全保障义务,造成他人损害的赔偿责任。《中华人民共和国民法典》第一千一百九十八条规定了违反安全保障义务的侵权责任,该条第一款规定:"宾馆、商场、银行、车站、机场、体育场馆、娱乐场所等经营场所、公共场所的经营者、管理者或者群众性活动的组织者,未尽到安全保障义务,造成他人损害的,应当承担侵权责任。"

(二)违反安全保障义务的侵权责任的表现形式

违反安全保障义务的侵权责任有四种表现形式:①设施设备未尽安全保护义务;②服务管理未尽安全保障义务;③对未成年人未尽安全保障义务;④对防范、制止侵权行为未尽安全保障义务。以上前三种责任形态是自己责任,也就是说违反安全保障义务的经营者、管理者或者组织者自己承担侵权责任。第四种实施侵权行为的第三人是直接责任人,对受害人遭受损害承担侵权责任,经营者、管理者或组织者未尽防范、制止侵权行为的安全保障义务,使侵权行为发生并产生损害后果,其仅就自己的过错行为承担与其过错程度和原因力相应的补充责任,且经营者、管理者或组织者承担补充责任后仍可以向第三人即直接责任人追偿。例如,某个人在酒店被第三人殴打,管理者未加以制止,对受害人损失承担补充赔偿责任。

九、学校、幼儿园等教育机构责任

(一)无民事行为能力人在校园受到伤害的侵权责任规则

这种情形适用过错推定原则。即仅需要证明无民事能力人在校园受到损害,直接推定校方存在管理过失,校方如可以举证证明自己已尽管理教育职责,则不承担侵权责任,如不能证明则承担侵权责任。

(二)限制民事行为能力人在校园受到伤害的侵权责任规则

此种情形适用过错责任原则。即受害人需证明一般侵权责任构成的全部四个要件,特别是校方存在未尽管理教育职责的过失,举证责任在受害人一方。

(三)校园伤害事故中第三人责任规则

无民事行为能力人或者限制民事行为能力人在校园受到第三人人身损害的,由第三人承担侵权责任。即实施侵权行为的第三人是直接责任人,对受害人遭受损害承担侵权责任,校方未尽管理职责的,应当承担相应的补充责任。也就是说,校方在自己过失范围内,如第三人不能承担赔偿责任,校方承担补充性的赔偿责任,且校方在承担补充责任后仍可以就损失向第三人即直接责任人追偿。

思考题

当遭遇侵权行为时,如何运用法律武器保护自己的合法权益?

第七章　民事诉讼相关法律制度

人类在社会中生活和交往都是按照一定的规范和准则进行的,这些规范和准则逐渐形成国家的法律,每个人都依照国家的法律制度进行活动,社会才能井然有序。当部分人的行为未遵从法律时,就会产生民事纠纷。所谓民事纠纷,是指平等主体之间发生的,以民事权利义务为内容的社会纠纷。民事纠纷分为两大类:一类是财产关系方面的民事纠纷,另一类是人身关系的民事纠纷。社会生活中的每个人都会遇到民事纠纷,如合同纠纷、侵权纠纷、继承纠纷、离婚纠纷等。遇到民事纠纷,其解决机制有和解、调解、仲裁和诉讼。

和解的本质其实就是协商。但是和解属于双方的协商,这个不同于调解,调解是三方主体进行,由一个中立的第三方来主持。但是和解与调解也有相同点,无论是和解还是调解其结果都是双方意思自治的结果,即使存在中立的第三方,其作用只是主持,不能强制。

调解(诉讼外调解)是指诉讼外的调解而不是法院的调解,而法院的调解属于诉讼途径。我们经常见的诉讼外调解为人民调解,该调解协议具有合同效力。

仲裁需要双方自愿,也异于强制调解,是一种特殊调解,是自愿型公断。仲裁活动和法院的审判活动一样,关乎当事人的实体权益,是解决民事争议的方式之一。

诉讼是指国家审判机关即人民法院,依照法律规定,在当事人和其他诉讼参与人的参加下,依法解决讼争的活动。当和解、调解或仲裁无法解决纠纷时,诉讼是最终解决途径。判决结果具有强制执行力。

在民事纠纷的四种解决途径中,具有公信力和强制力的途径是仲裁和诉讼。

第一节　仲　裁

一、仲裁与仲裁法概述

(一)仲裁概述

仲裁指发生争议的当事人,根据其在争议发生前或争议发生后所达成的协议,自愿将该争议提交中立的第三者进行裁判的争议解决制度和方式。仲裁解决方式属于非经司法诉讼途径即具有法律约束力的争议解决方式。

仲裁主要解决平等主体的公民、法人和其他组织之间发生的合同纠纷和其他财产权益纠纷。婚姻、收养、监护、扶养、继承纠纷以及依法应当由行政机关处理的行政争议不能进行仲裁。

作为一种解决民事财产纠纷的方式,仲裁不同于诉讼、当事人自行和解和人民调解委员会的调解。仲裁具有如下的特点:

1. 自愿性

当事人自愿是仲裁的最大特点。仲裁以当事人自愿为前提,在纠纷发生前或纠纷发生后双方当事人必须就是否提交仲裁、提交谁仲裁达成协议。没有仲裁协议,一方申请仲裁的,仲裁委员会不予受理。仲裁首先建立在当事人自愿的基础之上,是最能够体现当事人意思自治的纠纷解决方式。

2. 专业性

专业性是仲裁的另一突出特点。其专业性主要体现在仲裁员的专业性上,仲裁员对工作年限、专业类别、职称等级等有着较高的要求,例如:通过国家统一法律职业资格考试取得法律职业资格,从事仲裁工作满八年的;从事律师工作满八年的;曾任法官满八年的;从事法律研究、教学工作并具有高级职称的;具有法律知识、从事经济贸易等专业工作并具有高级职称或者具有同等专业水平的。由此可见,仲裁人员的专业性远高于其他纠纷解决途径。

3. 快捷性

相对于诉讼两审终审而言,仲裁实行一裁终局的制度,能够快速地解决民事纠纷。裁决作出后,当事人就同一纠纷再申请仲裁或者向人民法院起诉的,仲裁委员会或者人民法院不予受理。

4. 独立性

仲裁依法独立进行,不受行政机关、社会团体和个人的干涉。仲裁机构不属于行政机关,与行政机关无隶属关系,各仲裁机构之间也没有隶属关系,能够进行独立的仲裁。

(二)仲裁法概述

仲裁法是国家制定或认可,规范仲裁法律关系主体的行为和调整仲裁法律关系的法律规范的总称。《中华人民共和国仲裁法》1994年8月31日经第八届全国人民代表大会常务委员会第九次会议通过,根据2009年8月27日第十一届全国人民代表大会常务委员会第十次会议《关于修改部分法律的决定》第一次修正,根据2017年9月1日第十二届全国人民代表大会常务委员会第二十九次会议《关于修改〈中华人民共和国法官法〉等八部法律的决定》第二次修正。该法共八十条,规定了仲裁的范围,仲裁的基本原则和制度,仲裁机构的设立和职责,仲裁协议、仲裁程序,仲裁裁决的效力和执行等内容。

我国仲裁法的基本原则:

(1)自愿原则。仲裁法的自愿原则主要体现在以下方面:

①自愿通过仲裁的方式解决纠纷。《中华人民共和国仲裁法》第四条规定:"当事人采用仲裁方式解决纠纷,应当双方自愿,达成仲裁协议。没有仲裁协议,一方申请仲裁的,仲裁委员会不予受理。"

②自愿选择仲裁委员会。《中华人民共和国仲裁法》第六条规定:"仲裁委员会应当由当事人协议选定。仲裁不实行级别管辖和地域管辖。"

③自主选择仲裁员。《中华人民共和国仲裁法》第三十条和第三十一条分别规定:"仲裁庭可以由三名仲裁员或者一名仲裁员组成。由三名仲裁员组成的,设首席仲裁员。""当事人约定

由三名仲裁员组成仲裁庭的,应当各自选定或者各自委托仲裁委员会主任指定一名仲裁员,第三名仲裁员由当事人共同选定或者共同委托仲裁委员会主任指定。第三名仲裁员是首席仲裁员。当事人约定由一名仲裁员成立仲裁庭的,应当由当事人共同选定或者共同委托仲裁委员会主任指定仲裁员。"

④自主约定仲裁程序相关规定。仲裁应当开庭进行。当事人协议不开庭的,仲裁庭可以根据仲裁申请书、答辩书以及其他材料作出裁决。仲裁不公开进行。当事人协议公开的,可以公开进行,但涉及国家秘密的除外。裁决书应当写明仲裁请求、争议事实、裁决理由、裁决结果、仲裁费用的负担和裁决日期。当事人协议不愿写明争议事实和裁决理由的,可以不写。

(2)仲裁应当根据事实,符合法律规定,公平合理地解决纠纷。

(3)仲裁依法独立进行,不受行政机关、社会团体和个人的干涉。

二、仲裁委员会

(一)仲裁委员会的设立

《中华人民共和国仲裁法》第十条规定:"仲裁委员会可以在直辖市和省、自治区人民政府所在地的市设立,也可以根据需要在其他设区的市设立,不按行政区划层层设立。仲裁委员会由前款规定的市的人民政府组织有关部门和商会统一组建。设立仲裁委员会,应当经省、自治区、直辖市的司法行政部门登记。"

仲裁委员会应当具备下列条件:

(1)有自己的名称、住所和章程;

(2)有必要的财产;

(3)有该委员会的组成人员;

(4)有聘任的仲裁员。

仲裁委员会的章程应当依照《中华人民共和国仲裁法》制定。

仲裁委员会由主任一人、副主任二至四人和委员七至十一人组成。仲裁委员会的主任、副主任和委员由法律、经济贸易专家和有实际工作经验的人员担任。仲裁委员会的组成人员中,法律、经济贸易专家不得少于三分之二。

目前比较知名的国内仲裁机构有:中国国际经济贸易仲裁委员会、北京仲裁委员会、上海国际经济贸易仲裁委员会(上海国际仲裁中心)、深圳国际仲裁院、广州仲裁委员会等。

(二)仲裁员的聘任

仲裁委员会应当从公道正派的人员中聘任仲裁员。仲裁员应当符合下列条件之一:

(1)通过国家统一法律职业资格考试取得法律职业资格,从事仲裁工作满八年的;

(2)从事律师工作满八年的;

(3)曾任法官满八年的;

(4)从事法律研究、教学工作并具有高级职称的;

(5)具有法律知识、从事经济贸易等专业工作并具有高级职称或者具有同等专业水平的。

仲裁委员会按照不同专业设仲裁员名册。

（三）仲裁委员会独立行使裁决权

仲裁委员会独立于行政机关，与行政机关没有隶属关系。仲裁委员会之间也没有隶属关系。仲裁依法独立进行，不受行政机关、社会团体和个人的干涉。

三、仲裁协议

仲裁协议是仲裁的基础，是纠纷得以通过仲裁方式解决的前提。

（一）仲裁协议的订立

《中华人民共和国仲裁法》第十六条规定："仲裁协议包括合同中订立的仲裁条款和以其他书面方式在纠纷发生前或者纠纷发生后达成的请求仲裁的协议。仲裁协议应当具有下列内容：（一）请求仲裁的意思表示；（二）仲裁事项；（三）选定的仲裁委员会。"

1. 形式要件

仲裁协议必须以书面形式订立。

（1）合同中的仲裁条款。即当事人在争议发生前，在主合同订立时，书面表示愿意在发生纠纷时提交仲裁机构进行仲裁解决的合同条款。

（2）仲裁协议书。即当事人在争议发生前或争议发生后，同意将争议提交仲裁机构进行仲裁的单独协议。该协议单独存在，不受主合同的约束。

（3）其他方式形成的仲裁协议。如通过信函、电报、电子邮件、传真、电子数据交换等形式达成的仲裁协议。

2. 实质要件

仲裁协议必须包括三方面的内容：

（1）提交仲裁机构解决纠纷的意思表示。仲裁协议中，双方当事人应明确表示未来如果发生纠纷时，同意将纠纷提交仲裁机构进行裁决。该意思表示应当是双方共同的意思表示，并且双方自愿同意，不存在胁迫、欺诈和重大误解。

（2）仲裁事项。双方当事人在仲裁协议中约定的仲裁事项必须在仲裁委员会的受理范围，必须是平等主体的公民、法人和其他组织之间发生的合同纠纷和其他财产权益纠纷，如商事纠纷、合同纠纷等。婚姻、收养、监护、扶养、继承纠纷等不在仲裁范围之内。

（3）仲裁机构。仲裁协议中应当明确确定某一具体的仲裁委员会对该纠纷具有管辖权。

仲裁协议对仲裁事项或者仲裁委员会没有约定或者约定不明确的，当事人可以补充协议。

（二）仲裁协议的无效

有下列情形之一的，仲裁协议无效：

（1）约定的仲裁事项超出法律规定的仲裁范围的；

（2）无民事行为能力人或者限制民事行为能力人订立的仲裁协议；

（3）一方采取胁迫手段，迫使对方订立仲裁协议的。

仲裁协议对仲裁事项或者仲裁委员会没有约定或者约定不明确的，当事人可以补充协议；达不成补充协议的，仲裁协议无效。

四、仲裁程序

(一)仲裁的申请与受理

1. 仲裁的申请

当事人申请仲裁应当符合下列条件：①有仲裁协议；②有具体的仲裁请求和事实、理由；③属于仲裁委员会的受理范围。

当事人申请仲裁，应当向仲裁委员会递交仲裁协议、仲裁申请书及副本。

仲裁申请书应当载明下列事项：①当事人的姓名、性别、年龄、职业、工作单位和住所，法人或者其他组织的名称、住所和法定代表人或者主要负责人的姓名、职务；②仲裁请求和所根据的事实、理由；③证据和证据来源、证人姓名和住所。

2. 仲裁的受理

仲裁委员会对收到的仲裁申请书进行审查，自收到仲裁申请书之日起五日内，认为符合受理条件的，应当受理，并通知当事人；认为不符合受理条件的，应当书面通知当事人不予受理，并说明理由。

(二)仲裁答辩

仲裁答辩是指仲裁案件的当事人为了维护自身的权益，对申请人在仲裁申请书中提出的仲裁请求和所依据的事实、理由进行答复和辩解的行为。仲裁答辩是被申请人的一项重要的权利。

仲裁委员会受理仲裁申请后，应当在仲裁规则规定的期限内将仲裁规则和仲裁员名册送达申请人，并将仲裁申请书副本和仲裁规则、仲裁员名册送达被申请人。

被申请人收到仲裁申请书副本后，应当在仲裁规则规定的期限内向仲裁委员会提交答辩书。仲裁委员会收到答辩书后，应当在仲裁规则规定的期限内将答辩书副本送达申请人。被申请人未提交答辩书的，不影响仲裁程序的进行。

(三)仲裁庭组成

1. 仲裁庭的组成形式

仲裁庭分为合议仲裁庭和独任仲裁庭。合议仲裁庭是由三名仲裁员组成的仲裁庭，通过集体合议的方式对争议进行仲裁。合议仲裁庭设置首席仲裁员，首席仲裁员是合议仲裁庭的主持者，与其他仲裁员享有相同的权利。但是，在裁决中如果不能形成多数意见时，仲裁裁决应当按照首席仲裁员的意见作出。独任仲裁庭是由一名仲裁员组成仲裁庭对争议进行仲裁。

2. 仲裁员的确定

(1)确定仲裁员。当事人约定由三名仲裁员组成仲裁庭的，应当各自选定或者各自委托仲裁委员会主任指定一名仲裁员，第三名仲裁员由当事人共同选定或者共同委托仲裁委员会主任指定。第三名仲裁员是首席仲裁员。当事人约定由一名仲裁员成立仲裁庭的，应当由当事人共同选定或者共同委托仲裁委员会主任指定仲裁员。

当事人没有在仲裁规则规定的期限内约定仲裁庭的组成方式或者选定仲裁员的,由仲裁委员会主任指定。

(2)仲裁员的回避。仲裁员有下列情形之一的,必须回避,当事人也有权提出回避申请:①是本案当事人或者当事人、代理人的近亲属;②与本案有利害关系;③与本案当事人、代理人有其他关系,可能影响公正仲裁的;④私自会见当事人、代理人,或者接受当事人、代理人的请客送礼的。

当事人提出回避申请,应当说明理由,在首次开庭前提出。回避事由在首次开庭后知道的,可以在最后一次开庭终结前提出。

仲裁员是否回避,由仲裁委员会主任决定;仲裁委员会主任担任仲裁员时,由仲裁委员会集体决定。

仲裁员因回避或者其他原因不能履行职责的,应当依照《中华人民共和国仲裁法》规定重新选定或者指定仲裁员。因回避而重新选定或者指定仲裁员后,当事人可以请求已进行的仲裁程序重新进行,是否准许,由仲裁庭决定;仲裁庭也可以自行决定已进行的仲裁程序是否重新进行。

(四)仲裁审理程序

1. 开庭前准备

(1)确定仲裁审理方式。仲裁应当开庭进行。当事人协议不开庭的,仲裁庭可以根据仲裁申请书、答辩书以及其他材料作出裁决。

仲裁不公开进行。当事人协议公开的,可以公开进行,但涉及国家秘密的除外。

(2)通知当事人开庭的时间。仲裁庭成立并接手案卷后,在协调仲裁员工作时间的基础上,确定合适的开庭时间。仲裁委员会应当在仲裁规则规定的期限内将开庭日期通知双方当事人。当事人有正当理由的,可以在仲裁规则规定的期限内请求延期开庭。是否延期,由仲裁庭决定。

2. 开庭审理

(1)庭审开始。由首席仲裁员或者独任仲裁员宣布开庭。随后,首席仲裁员或者独任仲裁员核对当事人,宣布案由,宣布仲裁庭组成人员和记录人员名单,告知当事人有关的仲裁权利义务,询问当事人是否提出回避申请。

(2)庭审调查。仲裁庭通常按照下列顺序进行开庭调查:①当事人陈述;②告知证人的权利义务,证人作证,宣读未到庭的证人证言;③出示书证、物证和视听资料;④宣读勘验笔录、现场笔录;⑤宣读鉴定结论。

庭审调查环节主要是核对案件事实,调查各种证据材料。双方当事人对自己主张的事实,要承担举证责任。仲裁庭认为有必要收集的证据,可以自行收集。仲裁庭对专门性问题认为需要鉴定的,可以交由当事人约定的鉴定部门鉴定,也可以由仲裁庭指定的鉴定部门鉴定。根据当事人的请求或者仲裁庭的要求,鉴定部门应当派鉴定人参加开庭。当事人经仲裁庭许可,可以向鉴定人提问。

在证据可能灭失或者以后难以取得的情况下,当事人可以申请证据保全。当事人申请证据保全的,仲裁委员会应当将当事人的申请提交证据所在地的基层人民法院。

所有与案件有关的证据应当在开庭时出示,并经双方当事人质证。证据是指能够证明案件真实情况的一切客观事实材料,它是仲裁裁决的依据。

(3)庭审辩论。当事人在仲裁过程中有权进行辩论。

当事人进行辩论通常按照下列顺序进行:①申请人及其仲裁代理人发言;②被申请人及其仲裁代理人发言;③双方相互辩论。

开庭辩论终结前,首席仲裁员或者独任仲裁员可以按照申请人、被申请人的顺序征询当事人的最后意见。

庭审辩论的任务是通过当事人之间的口头辩论,进一步明确双方各自的主张和理由,以便更好地查明案件事实,分清法律责任。

仲裁庭应当将开庭情况记入笔录。当事人和其他仲裁参与人认为对自己陈述的记录有遗漏或者差错的,有权申请补正。如果不予补正,应当记录该申请。笔录由仲裁员、记录人员、当事人和其他仲裁参与人签名或者盖章。

(4)仲裁裁决。

①和解:当事人申请仲裁后,可以自行和解。达成和解协议的,可以请求仲裁庭根据和解协议作出裁决书,也可以撤回仲裁申请。当事人达成和解协议,撤回仲裁申请后反悔的,可以根据仲裁协议申请仲裁。

②调解:仲裁庭在作出裁决前,可以先行调解。当事人自愿调解的,仲裁庭应当调解。调解不成的,应当及时作出裁决。调解达成协议的,仲裁庭应当制作调解书或者根据协议的结果制作裁决书。调解书与裁决书具有同等法律效力。

调解书应当写明仲裁请求和当事人协议的结果。调解书由仲裁员签名,加盖仲裁委员会印章,送达双方当事人。调解书经双方当事人签收后,即发生法律效力。在调解书签收前当事人反悔的,仲裁庭应当及时作出裁决。

③裁决:仲裁庭根据庭审情况进行裁决。裁决应当按照多数仲裁员的意见作出,少数仲裁员的不同意见可以记入笔录。仲裁庭不能形成多数意见时,裁决应当按照首席仲裁员的意见作出。

裁决书应当写明仲裁请求、争议事实、裁决理由、裁决结果、仲裁费用的负担和裁决日期。当事人协议不愿写明争议事实和裁决理由的,可以不写。裁决书由仲裁员签名,加盖仲裁委员会印章。对裁决持不同意见的仲裁员,可以签名,也可以不签名。

(五)仲裁裁决的撤销与执行

1. 仲裁裁决的撤销

裁决书自作出之日起发生法律效力。仲裁裁决生效后,如果具备法律规定的条件和事由,当事人或利害关系人在收到裁决书之日起六个月内可以请求法院撤销该裁决。

当事人提出证据证明裁决有下列情形之一的,可以向仲裁委员会所在地的中级人民法院申请撤销裁决:

(1)没有仲裁协议的;

(2)裁决的事项不属于仲裁协议的范围或者仲裁委员会无权仲裁的；

(3)仲裁庭的组成或者仲裁的程序违反法定程序的；

(4)裁决所根据的证据是伪造的；

(5)对方当事人隐瞒了足以影响公正裁决的证据的；

(6)仲裁员在仲裁该案时有索贿受贿、徇私舞弊、枉法裁决行为的。

人民法院经组成合议庭审查核实裁决有上述规定情形之一的，应当裁定撤销。人民法院认定该裁决违背社会公共利益的，应当裁定撤销。

人民法院应当在受理撤销裁决申请之日起两个月内作出撤销裁决或者驳回申请的裁定。

人民法院受理撤销裁决的申请后，认为可以由仲裁庭重新仲裁的，通知仲裁庭在一定期限内重新仲裁，并裁定中止撤销程序。仲裁庭拒绝重新仲裁的，人民法院应当裁定恢复撤销程序。

2. 仲裁裁决的执行

仲裁裁决的执行是争议双方当事人对已送达的发生法律效力的仲裁裁决书，在规定的期限内应自动履行。一方逾期不履行的，对方当事人可以依照民事诉讼法的有关规定向人民法院申请执行。受申请的人民法院应当执行。

被申请人提出证据证明仲裁裁决有下列情形之一的，经人民法院组成合议庭审查核实，裁定不予执行：

(1)当事人在合同中没有订有仲裁条款或者事后没有达成书面仲裁协议的；

(2)裁决的事项不属于仲裁协议的范围或者仲裁机构无权仲裁的；

(3)仲裁庭的组成或者仲裁的程序违反法定程序的；

(4)裁决所根据的证据是伪造的；

(5)对方当事人向仲裁机构隐瞒了足以影响公正裁决的证据的；

(6)仲裁员在仲裁该案时有贪污受贿、徇私舞弊、枉法裁决行为的。

人民法院认定执行该裁决违背社会公共利益的，裁定不予执行。裁定书应当送达双方当事人和仲裁机构。仲裁裁决被人民法院裁定不予执行的，当事人可以根据双方达成的书面仲裁协议重新申请仲裁，也可以向人民法院起诉。

第二节 民事诉讼

在人们的日常生活和交往中，不可避免地会发生各种各样的冲突。例如：人们在买卖物品过程中，因为产品质量发生纠纷；人们在工作的过程中，和用人单位发生纠纷；人们在婚姻中，因为婚姻破裂引发婚姻纠纷；等等。如何来解决这些纠纷呢？其中最重要的民事纠纷解决途径就是民事诉讼程序。

民事诉讼是指民事争议的当事人向人民法院提出诉讼请求，人民法院在双方当事人和其他诉讼参加人的参加下，依法审理和裁判民事争议的程序和制度。民事诉讼是一种公力救济方式。其目的是保护当事人行使诉讼权利，保证人民法院查明事实，分清是非，正确适用法律，及时审理民事案件，确认民事权利义务关系，制裁民事违法行为，保护当事人的合法权益，教育公民自觉遵守法律,维护社会秩序、经济秩序,保障社会主义建设事业顺利进行。

民事诉讼过程中要遵守以下原则:

(1)同等原则和对等原则。外国人、无国籍人、外国企业和组织在人民法院起诉、应诉,同中华人民共和国公民、法人和其他组织有同等的诉讼权利义务。外国法院对中华人民共和国公民、法人和其他组织的民事诉讼权利加以限制的,中华人民共和国人民法院对该国公民、企业和组织的民事诉讼权利,实行对等原则。

(2)法院独立审判原则。民事案件的审判权由人民法院行使。人民法院依照法律规定对民事案件独立进行审判,不受行政机关、社会团体和个人的干涉。

(3)法院审判原则。人民法院审理民事案件,必须以事实为根据,以法律为准绳。

(4)当事人平等原则。民事诉讼当事人有平等的诉讼权利。人民法院审理民事案件,应当保障和便利当事人行使诉讼权利,对当事人在适用法律上一律平等。

(5)法院调解原则。人民法院审理民事案件,应当根据自愿和合法的原则进行调解;调解不成的,应当及时判决。

(6)辩论原则。人民法院审理民事案件时,当事人有权进行辩论。

一、管辖

管辖指各级人民法院之间以及同级人民法院之间受理第一审民事案件的分工和权限。当一个民事纠纷发生后,应由哪一个法院进行审理呢?首先要确定由哪个级别的法院进行管辖,其次在该级别的法院中确定由哪一家法院进行审理。

(一)级别管辖

我国法院按级别分为最高人民法院、高级人民法院、中级人民法院和基层人民法院。各级别的人民法院审理案件的范围不同。

1. 最高人民法院

最高人民法院管辖下列第一审民事案件:①在全国有重大影响的案件;②认为应当由本院审理的案件。

2. 高级人民法院

高级人民法院管辖在本辖区有重大影响的第一审民事案件。

3. 中级人民法院

中级人民法院管辖下列第一审民事案件:①重大涉外案件;②在本辖区有重大影响的案件;③最高人民法院确定由中级人民法院管辖的案件。

4. 基层人民法院

其余案件均由基层人民法院进行管辖。

(二)地域管辖

地域管辖是指同级人民法院之间受理第一审民事案件的分工和权限,它是按照法院辖区和民事案件的隶属关系来划分的管辖。

1. 一般地域管辖

对公民提起的民事诉讼，由被告住所地人民法院管辖；被告住所地与经常居住地不一致的，由经常居住地人民法院管辖。对法人或者其他组织提起的民事诉讼，由被告住所地人民法院管辖。同一诉讼的几个被告住所地、经常居住地在两个以上人民法院辖区的，各该人民法院都有管辖权。

2. 特殊规定

下列民事诉讼，由原告住所地人民法院管辖；原告住所地与经常居住地不一致的，由原告经常居住地人民法院管辖：

(1)对不在中华人民共和国领域内居住的人提起的有关身份关系的诉讼；

(2)对下落不明或者宣告失踪的人提起的有关身份关系的诉讼；

(3)对被采取强制性教育措施的人提起的诉讼；

(4)对被监禁的人提起的诉讼。

3. 特殊地域管辖

(1)一般合同纠纷管辖。因合同纠纷提起的诉讼，由被告住所地或者合同履行地人民法院管辖。

(2)保险合同纠纷管辖。因保险合同纠纷提起的诉讼，由被告住所地或者保险标的物所在地人民法院管辖。

(3)运输合同纠纷管辖。因铁路、公路、水上、航空运输和联合运输合同纠纷提起的诉讼，由运输始发地、目的地或者被告住所地人民法院管辖。

(4)票据纠纷管辖。因票据纠纷提起的诉讼，由票据支付地或者被告住所地人民法院管辖。

(5)公司纠纷管辖。因公司设立、确认股东资格、分配利润、解散等纠纷提起的诉讼，由公司住所地人民法院管辖。

(6)侵权诉讼管辖。因侵权行为提起的诉讼，由侵权行为地或者被告住所地人民法院管辖。

(7)交通事故管辖。因铁路、公路、水上和航空事故请求损害赔偿提起的诉讼，由事故发生地或者车辆和船舶最先到达地、航空器最先降落地或者被告住所地人民法院管辖。

(8)海损事故管辖。因船舶碰撞或者其他海事损害事故请求损害赔偿提起的诉讼，由碰撞发生地、碰撞船舶最先到达地、加害船舶被扣留地或者被告住所地人民法院管辖。

(9)海难救助管辖。因海难救助费用提起的诉讼，由救助地或者被救助船舶最先到达地人民法院管辖。

(10)共同海损管辖。因共同海损提起的诉讼，由船舶最先到达地、共同海损理算地或者航程终止地的人民法院管辖。

4. 专属管辖

下列案件，由下面规定的人民法院专属管辖：

(1)因不动产纠纷提起的诉讼,由不动产所在地人民法院管辖;

(2)因港口作业中发生纠纷提起的诉讼,由港口所在地人民法院管辖;

(3)因继承遗产纠纷提起的诉讼,由被继承人死亡时住所地或者主要遗产所在地人民法院管辖。

5. 协议管辖

合同或者其他财产权益纠纷的当事人可以书面协议选择被告住所地、合同履行地、合同签订地、原告住所地、标的物所在地等与争议有实际联系的地点的人民法院管辖,但不得违反《中华人民共和国民事诉讼法》对级别管辖和专属管辖的规定。

6. 共同管辖

两个以上人民法院都有管辖权的诉讼,原告可以向其中一个人民法院起诉;原告向两个以上有管辖权的人民法院起诉的,由最先立案的人民法院管辖。

7. 移送管辖

人民法院发现受理的案件不属于本院管辖的,应当移送有管辖权的人民法院,受移送的人民法院应当受理。受移送的人民法院认为受移送的案件依照规定不属于本院管辖的,应当报请上级人民法院指定管辖,不得再自行移送。

8. 指定管辖

有管辖权的人民法院由于特殊原因,不能行使管辖权的,由上级人民法院指定管辖。人民法院之间因管辖权发生争议,由争议双方协商解决;协商解决不了的,报请它们的共同上级人民法院指定管辖。

9. 管辖权转移

上级人民法院有权审理下级人民法院管辖的第一审民事案件;确有必要将本院管辖的第一审民事案件交下级人民法院审理的,应当报请其上级人民法院批准。下级人民法院对它所管辖的第一审民事案件,认为需要由上级人民法院审理的,可以报请上级人民法院审理。

二、审判组织

(一)合议庭的组成

1. 一审

一审民事案件,由审判员、陪审员共同组成合议庭或者由审判员组成合议庭。合议庭的成员人数,必须是单数。适用简易程序审理的民事案件,由审判员一人独任审理。

2. 二审

二审民事案件,由审判员组成合议庭。合议庭的成员人数,必须是单数。

发回重审的案件,原审人民法院应当按照第一审程序另行组成合议庭。

审理再审案件,原来是第一审的,按照第一审程序另行组成合议庭;原来是第二审的或者是上级人民法院提审的,按照第二审程序另行组成合议庭。

合议庭评议案件,实行少数服从多数的原则。评议应当制作笔录,由合议庭成员签名。评议中的不同意见,必须如实记入笔录。

审判人员应当依法秉公办案。审判人员不得接受当事人及其诉讼代理人请客送礼。审判人员有贪污受贿、徇私舞弊、枉法裁判行为的,应当追究法律责任;构成犯罪的,依法追究刑事责任。

(二)回避

1. 申请回避的理由

审判人员有下列情形之一的,应当自行回避,当事人有权用口头或者书面方式申请他们回避:

(1)是本案当事人或者当事人、诉讼代理人近亲属的;
(2)与本案有利害关系的;
(3)与本案当事人、诉讼代理人有其他关系,可能影响对案件公正审理的。

审判人员接受当事人、诉讼代理人请客送礼,或者违反规定会见当事人、诉讼代理人的,当事人有权要求他们回避。

2. 申请回避的程序

当事人提出回避申请,应当说明理由,在案件开始审理时提出;回避事由在案件开始审理后知道的,也可以在法庭辩论终结前提出。

院长担任审判长时的回避,由审判委员会决定;审判人员的回避,由院长决定;其他人员的回避,由审判长决定。

人民法院对当事人提出的回避申请,应当在申请提出的三日内,以口头或者书面形式作出决定。申请人对决定不服的,可以在接到决定时申请复议一次。复议期间,被申请回避的人员,不停止参与本案的工作。人民法院对复议申请,应当在三日内作出复议决定,并通知复议申请人。

三、诉讼参加人

(一)当事人

公民、法人和其他组织可以作为民事诉讼的当事人。当事人有权委托代理人,提出回避申请,收集、提供证据,进行辩论,请求调解,提起上诉,申请执行。当事人可以查阅本案有关材料,并可以复制本案有关材料和法律文书。查阅、复制本案有关材料的范围和办法由最高人民法院规定。当事人必须依法行使诉讼权利,遵守诉讼秩序,履行发生法律效力的判决书、裁定书和调解书。

双方当事人可以自行和解。原告可以放弃或者变更诉讼请求。被告可以承认或者反驳诉讼请求,有权提起反诉。

(二)共同诉讼

共同诉讼是指当事人一方或者双方为二人以上,并且其诉讼标的是共同的,或者诉讼标的是同一种类,人民法院认为可以合并审理并经当事人同意的诉讼。

共同诉讼中,一方当事人人数较多,其中一人的诉讼行为是否对其他共同诉讼参与人产生法律效力?共同诉讼的一方当事人对诉讼标的有共同权利义务的,其中一人的诉讼行为经其他共同诉讼人承认,对其他共同诉讼人发生效力;对诉讼标的没有共同权利义务的,其中一人的诉讼行为对其他共同诉讼人不发生效力。

当事人一方人数众多的共同诉讼,可以由当事人推选代表人进行诉讼。代表人的诉讼行为对其所代表的当事人发生效力,但代表人变更、放弃诉讼请求或者承认对方当事人的诉讼请求,进行和解,必须经被代表的当事人同意。

(三)第三人

第三人是指对当事人双方的诉讼标的有独立请求权的或者对当事人双方的诉讼标的虽然没有独立请求权,但案件处理结果同他有法律上的利害关系的人。

第三人可以主动提出诉讼,也可以由人民法院通知其参加诉讼。

第三人因不能归责于本人的事由未参加诉讼,但有证据证明发生法律效力的判决、裁定、调解书的部分或者全部内容错误,损害其民事权益的,可以自知道或者应当知道其民事权益受到损害之日起六个月内,向作出该判决、裁定、调解书的人民法院提起诉讼。人民法院经审理,诉讼请求成立的,应当改变或者撤销原判决、裁定、调解书;诉讼请求不成立的,驳回诉讼请求。

四、诉讼代理人

(一)诉讼代理人

诉讼代理人包括法定代理和委托代理。

(1)法定代理:无诉讼行为能力人由他的监护人作为法定代理人代为诉讼。法定代理人之间互相推诿代理责任的,由人民法院指定其中一人代为诉讼。

(2)委托代理:当事人、法定代理人可以委托一至二人作为诉讼代理人。

(二)委托诉讼代理人

被委托诉讼代理人包括律师、基层法律服务工作者,当事人的近亲属或者工作人员,当事人所在社区、单位以及有关社会团体推荐的公民。

代理诉讼的律师和其他诉讼代理人有权调查收集证据,可以查阅本案有关材料。查阅本案有关材料的范围和办法由最高人民法院规定。

离婚案件有诉讼代理人的,本人除不能表达意思的以外,仍应出庭;确因特殊情况无法出庭的,必须向人民法院提交书面意见。

五、证据

(一)证据的概念和种类

证据是指在民事诉讼中能够证明案件真实情况的各种资料。证据包括:①当事人的陈述;②书证;③物证;④视听资料;⑤电子数据;⑥证人证言;⑦鉴定意见;⑧勘验笔录。证据是法院认定事实、作出判决的依据。

（二）证据的特性

1. 真实性

证据的真实性是指证据必须是能证明案件真实的、不依赖于主观意识而存在的客观事实。真实性包括形式真实和内容真实。形式真实是指证据的形成过程是真实、非伪造的。内容真实是指其能够反映案件真实情况。证据必须查证属实，才能作为认定事实的根据。

2. 合法性

证据的合法性是指证据必须符合法律规定的要求，不为法律所禁止。合法性包含来源合法和形式合法。来源合法要求证据系通过适格主体通过合法程序、方法形成或取得。形式合法要求证据符合法定形式要件。

（三）证明责任

民事诉讼实行"谁主张谁举证"，当事人对自己提出的主张，有责任提供证据。

当事人及其诉讼代理人因客观原因不能自行收集的证据，或者人民法院认为审理案件需要的证据，人民法院应当调查收集。

（四）证据保全

在证据可能灭失或者以后难以取得的情况下，当事人可以在诉讼过程中向人民法院申请保全证据，人民法院也可以主动采取保全措施。

因情况紧急，在证据可能灭失或者以后难以取得的情况下，利害关系人可以在提起诉讼或者申请仲裁前向证据所在地、被申请人住所地或者对案件有管辖权的人民法院申请保全证据。

六、期间、送达

（一）期间

期间以时、日、月、年计算。期间开始的时和日，不计算在期间内。

期间届满的最后一日是节假日的，以节假日后的第一日为期间届满的日期。

期间不包括在途时间，诉讼文书在期满前交邮的，不算过期。

（二）送达

1. 直接送达

送达诉讼文书，应当直接送交受送达人。受送达人是公民的，本人不在交他的同住成年家属签收；受送达人是法人或者其他组织的，应当由法人的法定代表人、其他组织的主要负责人或者该法人、组织负责收件的人签收；受送达人有诉讼代理人的，可以送交其代理人签收；受送达人已向人民法院指定代收人的，送交代收人签收。

2. 留置送达

受送达人或者他的同住成年家属拒绝接收诉讼文书的，送达人可以邀请有关基层组织或者所在单位的代表到场，说明情况，在送达回证上记明拒收事由和日期，由送达人、见证人签名或者盖章，把诉讼文书留在受送达人的住所；也可以把诉讼文书留在受送达人的住所，并采用拍照、录像等方式记录送达过程,即视为送达。

3. 电子送达

经受送达人同意,人民法院可以采用传真、电子邮件等能够确认其收悉的方式送达诉讼文书,但判决书、裁定书、调解书除外。采用此种方式送达的,以传真、电子邮件等到达受送达人特定系统的日期为送达日期。

4. 委托送达

直接送达诉讼文书有困难的,可以委托其他人民法院代为送达。

5. 邮寄送达

直接送达诉讼文书有困难的,可以邮寄送达。邮寄送达的,以回执上注明的收件日期为送达日期。

6. 转交送达

受送达人是军人的,通过其所在部队团以上单位的政治机关转交。受送达人被监禁的,通过其所在监所转交。受送达人被采取强制性教育措施的,通过其所在强制性教育机构转交。代为转交的机关、单位收到诉讼文书后,必须立即交受送达人签收,以在送达回证上的签收日期,为送达日期。

7. 公告送达

受送达人下落不明,或者用上述规定的其他方式无法送达的,公告送达。自发出公告之日起,经过六十日,即视为送达。公告送达,应当在案卷中记明原因和经过。

送达诉讼文书必须有送达回证,由受送达人在送达回证上记明收到日期,签名或者盖章。受送达人在送达回证上的签收日期为送达日期。

七、调解

人民法院审理民事案件,根据当事人自愿的原则,在事实清楚的基础上,分清是非,进行调解。

人民法院进行调解,可以由审判员一人主持,也可以由合议庭主持,并尽可能就地进行。人民法院进行调解,可以邀请有关单位和个人协助。被邀请的单位和个人,应当协助人民法院进行调解。

调解达成协议,必须双方自愿,不得强迫。调解协议的内容不得违反法律规定。调解达成协议,人民法院应当制作调解书。调解书应当写明诉讼请求、案件的事实和调解结果。调解书由审判人员、书记员署名,加盖人民法院印章,送达双方当事人。调解书经双方当事人签收后,即具有法律效力。

调解未达成协议或者调解书送达前一方反悔的,人民法院应当及时判决。

八、保全和先予执行

(一)保全

财产保全是指人民法院根据利害关系人或当事人的申请,或者由人民法院依职权对当事人的财产所采取的限制其处分或转移的强制性措施。

1. 诉前财产保全

利害关系人因情况紧急,不立即申请保全将会使其合法权益受到难以弥补的损害的,可以在提起诉讼或者申请仲裁前向被保全财产所在地、被申请人住所地或者对案件有管辖权的人民法院申请采取保全措施。申请人应当提供担保,不提供担保的,裁定驳回申请。

人民法院接受申请后,必须在四十八小时内作出裁定;裁定采取保全措施的,应当立即开始执行。

申请人在人民法院采取保全措施后三十日内不依法提起诉讼或者申请仲裁的,人民法院应当解除保全。

2. 诉讼财产保全

人民法院对于可能因当事人一方的行为或者其他原因,使判决难以执行或者造成当事人其他损害的案件,根据对方当事人的申请,可以裁定对其财产进行保全、责令其作出一定行为或者禁止其作出一定行为;当事人没有提出申请的,人民法院在必要时也可以裁定采取保全措施。

人民法院采取保全措施,可以责令申请人提供担保,申请人不提供担保的,裁定驳回申请。

人民法院接受申请后,对情况紧急的,必须在四十八小时内作出裁定;裁定采取保全措施的,应当立即开始执行。

财产保全采取查封、扣押、冻结或者法律规定的其他方法。人民法院保全财产后,应当立即通知被保全财产的人。

财产已被查封、冻结的,不得重复查封、冻结。财产纠纷案件,被申请人提供担保的,人民法院应当裁定解除保全。

申请有错误的,申请人应当赔偿被申请人因保全所遭受的损失。

(二)先予执行

先予执行是指人民法院在案件受理后,终审判决之前,因为当事人一方生活、生产或权利维护的迫切需要,根据一方当事人的申请,裁定对方当事人向其支付一定数额的金钱或其他财产,实施或停止某种行为,并立即付诸执行的一种制度。

1. 先予执行的适用范围

人民法院对下列案件,根据当事人的申请,可以裁定先予执行:

(1)追索赡养费、扶养费、抚育费、抚恤金、医疗费用的;

(2)追索劳动报酬的;

(3)因情况紧急需要先予执行的。

2. 先予执行的条件

人民法院裁定先予执行的,应当符合下列条件:

(1)当事人之间权利义务关系明确,不先予执行将严重影响申请人的生活或者生产经营的;

(2)被申请人有履行能力。

人民法院可以责令申请人提供担保,申请人不提供担保的,驳回申请。申请人败诉的,应当赔偿被申请人因先予执行遭受的财产损失。

九、对妨害民事诉讼的强制措施

对妨害民事诉讼的强制措施是指人民法院在诉讼过程中,为了保障民事审判和执行活动的顺利进行,对妨害民事审判和执行活动的人所采取的强制措施。

(一)拘传

拘传是指通过派出司法警察依法强制有关人员到庭参加诉讼的强制措施。

人民法院对必须到庭的被告,经两次传票传唤,无正当理由拒不到庭的,可以拘传。

(二)训诫

训诫是指法院对妨害民事诉讼行为情况较轻的人,通过批评教育的方式,指出其违法之处并责令其改正的强制措施。

人民法院对违反法庭规则的人,可以予以训诫。

(三)责令退出法庭

责令退出法庭是指法院强行命令违反法庭规则的人离开法庭。

(四)罚款

罚款是指法院强制妨害民事诉讼的人缴纳一定数额金钱的强制措施。

(五)拘留

拘留是对妨害民事诉讼行为人在一定时间内限制其人身自由的强制措施。

十、第一审普通程序

(一)起诉和受理

1. 起诉的条件

起诉必须符合下列条件:
(1)原告是与本案有直接利害关系的公民、法人和其他组织;
(2)有明确的被告;
(3)有具体的诉讼请求和事实、理由;
(4)属于人民法院受理民事诉讼的范围和受诉人民法院管辖。

2. 起诉的方式

起诉可以采用书面和口头两种方式。起诉应当向人民法院递交起诉状,并按照被告人数提出副本。书写起诉状确有困难的,可以口头起诉,由人民法院记入笔录,并告知对方当事人。

3. 起诉状的内容

起诉状应当记明下列事项:
(1)原告的姓名、性别、年龄、民族、职业、工作单位、住所、联系方式,法人或者其他组织的名称、住所和法定代表人或者主要负责人的姓名、职务、联系方式;

(2)被告的姓名、性别、工作单位、住所等信息,法人或者其他组织的名称、住所等信息;
(3)诉讼请求和所根据的事实与理由;
(4)证据和证据来源,证人姓名和住所。

4. 起诉的受理

人民法院对符合起诉条件的起诉必须受理。符合起诉条件的,应当在七日内立案,并通知当事人;不符合起诉条件的,应当在七日内作出裁定书,不予受理;原告对裁定不服的,可以提起上诉。

5. 不予受理的处理

人民法院对下列起诉,分别情形,予以处理:
(1)依照行政诉讼法的规定,属于行政诉讼受案范围的,告知原告提起行政诉讼;
(2)依照法律规定,双方当事人达成书面仲裁协议申请仲裁、不得向人民法院起诉的,告知原告向仲裁机构申请仲裁;
(3)依照法律规定,应当由其他机关处理的争议,告知原告向有关机关申请解决;
(4)对不属于本院管辖的案件,告知原告向有管辖权的人民法院起诉;
(5)对判决、裁定、调解书已经发生法律效力的案件,当事人又起诉的,告知原告申请再审,但人民法院准许撤诉的裁定除外;
(6)依照法律规定,在一定期限内不得起诉的案件,在不得起诉的期限内起诉的,不予受理;
(7)判决不准离婚和调解和好的离婚案件,判决、调解维持收养关系的案件,没有新情况、新理由,原告在六个月内又起诉的,不予受理。

(二)庭审前的准备

(1)诉讼文书送达。人民法院应当在立案之日起五日内将起诉状副本发送被告,被告应当在收到之日起十五日内提出答辩状。人民法院应当在收到答辩状之日起五日内将答辩状副本发送原告。
(2)人民法院应当在合议庭组成人员确定后的三日内告知当事人。
(3)人民法院调查搜集证据。人民法院可以依据当事人申请或依职权收集证据,进行调查,必要时可以委托外地人民法院调查。
(4)必须共同进行诉讼的当事人没有参加诉讼的,人民法院应当通知其参加诉讼。
(5)人民法院对受理的案件,分别情形,予以处理:
①当事人没有争议,符合督促程序规定条件的,可以转入督促程序;
②开庭前可以调解的,采取调解方式及时解决纠纷;
③根据案件情况,确定适用简易程序或者普通程序;
④需要开庭审理的,通过要求当事人交换证据等方式,明确争议焦点。

(三)开庭审理

开庭审理分为公开审理和不公开审理。人民法院审理民事案件,除涉及国家秘密、个人隐私或者法律另有规定的以外,应当公开进行。离婚案件,涉及商业秘密的案件,当事人申请不公开审理的,可以不公开审理。

1. 开庭准备

人民法院审理民事案件,应当在开庭三日前通知当事人和其他诉讼参与人。公开审理的,应当公告当事人姓名、案由和开庭的时间、地点。开庭审理前,书记员应当查明当事人和其他诉讼参与人是否到庭,宣布法庭纪律。开庭审理时,由审判长核对当事人,宣布案由,宣布审判人员、书记员名单,告知当事人有关的诉讼权利义务,询问当事人是否提出回避申请。

2. 法庭调查

法庭调查按照以下顺序进行:①当事人陈述;②告知证人的权利义务,证人作证,宣读未到庭的证人证言;③出示书证、物证、视听资料和电子数据;④宣读鉴定意见;⑤宣读勘验笔录。

当事人在法庭上可以提出新的证据。当事人经法庭许可,可以向证人、鉴定人、勘验人发问。当事人要求重新进行调查、鉴定或者勘验的,是否准许,由人民法院决定。

3. 法庭辩论

法庭辩论按照下列顺序进行:
(1)原告及其诉讼代理人发言;
(2)被告及其诉讼代理人答辩;
(3)第三人及其诉讼代理人发言或者答辩;
(4)互相辩论。

法庭辩论终结,由审判长按照原告、被告、第三人的先后顺序征询各方最后意见。

4. 判决

法庭辩论终结,应当依法作出判决。判决前能够调解的,还可以进行调解,调解不成的,应当及时判决。

人民法院对公开审理或者不公开审理的案件,一律公开宣告判决。

当庭宣判的,应当在十日内发送判决书;定期宣判的,宣判后立即发给判决书。

5. 缺席判决

原告经传票传唤,无正当理由拒不到庭的,或者未经法庭许可中途退庭的,可以按撤诉处理;被告反诉的,可以缺席判决。被告经传票传唤,无正当理由拒不到庭的,或者未经法庭许可中途退庭的,可以缺席判决。

6. 延期开庭审理

有下列情形之一的,可以延期开庭审理:
(1)必须到庭的当事人和其他诉讼参与人有正当理由没有到庭的;
(2)当事人临时提出回避申请的;
(3)需要通知新的证人到庭,调取新的证据,重新鉴定、勘验,或者需要补充调查的;
(4)其他应当延期的情形。

（四）诉讼中止和终结

1. 诉讼中止

诉讼中止是指在诉讼过程中，因为法定原因中止诉讼程序，待原因消除后继续诉讼程序。有下列情形之一的，中止诉讼：

(1)一方当事人死亡，需要等待继承人表明是否参加诉讼的；

(2)一方当事人丧失诉讼行为能力，尚未确定法定代理人的；

(3)作为一方当事人的法人或者其他组织终止，尚未确定权利义务承受人的；

(4)一方当事人因不可抗拒的事由，不能参加诉讼的；

(5)本案必须以另一案的审理结果为依据，而另一案尚未审结的；

(6)其他应当中止诉讼的情形。

2. 诉讼终结

诉讼终结是指诉讼过程中，因为法定原因的出现，诉讼程序终结。有下列情形之一的，终结诉讼：

(1)原告死亡，没有继承人，或者继承人放弃诉讼权利的；

(2)被告死亡，没有遗产，也没有应当承担义务的人的；

(3)离婚案件一方当事人死亡的；

(4)追索赡养费、扶养费、抚育费以及解除收养关系案件的一方当事人死亡的。

（五）判决和裁定

1. 裁定适用的范围

裁定适用于下列范围：

(1)不予受理；

(2)对管辖权有异议的；

(3)驳回起诉；

(4)保全和先予执行；

(5)准许或者不准许撤诉；

(6)中止或者终结诉讼；

(7)补正判决书中的笔误；

(8)中止或者终结执行；

(9)撤销或者不予执行仲裁裁决；

(10)不予执行公证机关赋予强制执行效力的债权文书；

(11)其他需要裁定解决的事项。

对上述第一项至第三项裁定，可以上诉。

2. 判决书

判决书应当写明判决结果和作出该判决的理由。判决书内容包括：

(1)案由、诉讼请求、争议的事实和理由；

(2)判决认定的事实和理由、适用的法律和理由;
(3)判决结果和诉讼费用的负担;
(4)上诉期间和上诉的法院。

判决书由审判人员、书记员署名,加盖人民法院印章。

十一、第二审程序

(一)上诉的提起

当事人不服地方人民法院第一审判决的,有权在判决书送达之日起十五日内向上一级人民法院提起上诉。当事人不服地方人民法院第一审裁定的,有权在裁定书送达之日起十日内向上一级人民法院提起上诉。

上诉状应当通过原审人民法院提出,并按照对方当事人或者代表人的人数提出副本。当事人直接向第二审人民法院上诉的,第二审人民法院应当在五日内将上诉状移交原审人民法院。原审人民法院收到上诉状,应当在五日内将上诉状副本送达对方当事人,对方当事人在收到之日起十五日内提出答辩状。人民法院应当在收到答辩状之日起五日内将副本送达上诉人。对方当事人不提出答辩状的,不影响人民法院审理。原审人民法院收到上诉状、答辩状,应当在五日内连同全部案卷和证据,报送第二审人民法院。

(二)上诉案件的审理

第二审人民法院对上诉案件,应当组成合议庭,开庭审理。经过阅卷、调查和询问当事人,对没有提出新的事实、证据或者理由,合议庭认为不需要开庭审理的,可以不开庭审理。

第二审人民法院对上诉案件,经过审理,按照下列情形,分别处理:

(1)原判决、裁定认定事实清楚,适用法律正确的,以判决、裁定方式驳回上诉,维持原判决、裁定;

(2)原判决、裁定认定事实错误或者适用法律错误的,以判决、裁定方式依法改判、撤销或者变更;

(3)原判决认定基本事实不清的,裁定撤销原判决,发回原审人民法院重审,或者查清事实后改判;

(4)原判决遗漏当事人或者违法缺席判决等严重违反法定程序的,裁定撤销原判决,发回原审人民法院重审。

原审人民法院对发回重审的案件作出判决后,当事人提起上诉的,第二审人民法院不得再次发回重审。

第二审人民法院审理上诉案件,除依照《中华人民共和国民事诉讼法》第十四章规定外,适用第一审普通程序。第二审人民法院的判决、裁定,是终审的判决、裁定。

十二、特别程序

人民法院审理选民资格案件、宣告失踪或者宣告死亡案件、认定公民无民事行为能力或者限制民事行为能力案件、认定财产无主案件、确认调解协议案件和实现担保物权案件,适用特别程序规定。

十三、审判监督程序

(一)再审程序

1. 再审程序的提起

(1)各级人民法院院长对本院已经发生法律效力的判决、裁定、调解书,发现确有错误,认为需要再审的,应当提交审判委员会讨论决定。

(2)最高人民法院对地方各级人民法院已经发生法律效力的判决、裁定、调解书,上级人民法院对下级人民法院已经发生法律效力的判决、裁定、调解书,发现确有错误的,有权提审或者指令下级人民法院再审。

(3)当事人对已经发生法律效力的判决、裁定,认为有错误的,可以向上一级人民法院申请再审;当事人一方人数众多或者当事人双方为公民的案件,也可以向原审人民法院申请再审。

2. 提请再审的情形

当事人的申请符合下列情形之一的,人民法院应当再审:

(1)有新的证据,足以推翻原判决、裁定的;

(2)原判决、裁定认定的基本事实缺乏证据证明的;

(3)原判决、裁定认定事实的主要证据是伪造的;

(4)原判决、裁定认定事实的主要证据未经质证的;

(5)对审理案件需要的主要证据,当事人因客观原因不能自行收集,书面申请人民法院调查收集,人民法院未调查收集的;

(6)原判决、裁定适用法律确有错误的;

(7)审判组织的组成不合法或者依法应当回避的审判人员没有回避的;

(8)无诉讼行为能力人未经法定代理人代为诉讼或者应当参加诉讼的当事人,因不能归责于本人或者其诉讼代理人的事由,未参加诉讼的;

(9)违反法律规定,剥夺当事人辩论权利的;

(10)未经传票传唤,缺席判决的;

(11)原判决、裁定遗漏或者超出诉讼请求的;

(12)据以作出原判决、裁定的法律文书被撤销或者变更的;

(13)审判人员审理该案件时有贪污受贿、徇私舞弊、枉法裁判行为的。

当事人对已经发生法律效力的解除婚姻关系的判决、调解书,不得申请再审。

3. 再审申请

当事人申请再审,应当在判决、裁定发生法律效力后六个月内提出。当事人申请再审的,应当提交再审申请书等材料。人民法院应当自收到再审申请书之日起三个月内审查,符合《中华人民共和国民事诉讼法》规定的,裁定再审;不符合《中华人民共和国民事诉讼法》规定的,裁定驳回申请。

4. 再审法院

因当事人申请裁定再审的案件由中级人民法院以上的人民法院审理,但当事人依照《中华人民共和国民事诉讼法》第一百九十九条的规定选择向基层人民法院申请再审的除外。最高人民法院、高级人民法院裁定再审的案件,由本院再审或者交其他人民法院再审,也可以交原审人民法院再审。

5. 再审程序

人民法院按照审判监督程序再审的案件,发生法律效力的判决、裁定是由第一审法院作出的,按照第一审程序审理,所作的判决、裁定,当事人可以上诉;发生法律效力的判决、裁定是由第二审法院作出的,按照第二审程序审理,所作的判决、裁定是发生法律效力的判决、裁定。

(二)检察院审判监督程序

(1)最高人民检察院对各级人民法院已经发生法律效力的判决、裁定,上级人民检察院对下级人民法院已经发生法律效力的判决、裁定,发现有《中华人民共和国民事诉讼法》第二百条规定情形之一的,或者发现调解书损害国家利益、社会公共利益的,应当提出抗诉。

(2)地方各级人民检察院对同级人民法院已经发生法律效力的判决、裁定,发现有《中华人民共和国民事诉讼法》第二百条规定情形之一的,或者发现调解书损害国家利益、社会公共利益的,可以向同级人民法院提出检察建议,并报上级人民检察院备案;也可以提请上级人民检察院向同级人民法院提出抗诉。

(3)有下列情形之一的,当事人可以向人民检察院申请检察建议或者抗诉:①人民法院驳回再审申请的;②人民法院逾期未对再审申请作出裁定的;③再审判决、裁定有明显错误的。

思考题

如何行使管辖权异议的权利?

参考文献

[1] 王林清.劳动争议裁诉标准与规范[M].北京:人民出版社,2011.
[2] 陆胤.劳动争议律师实务[M].北京:法律出版社,2016.
[3] 中华人民共和国民法典[M].北京:法律出版社,2020.
[4] 韩松.民法分论[M].3版.北京:中国政法大学出版社,2014.
[5] 崔建远.物权法[M].4版.北京:中国人民大学出版社,2017.
[6] 王利明.民法[M].5版.北京:中国人民大学出版社,2015.
[7] 梁慧星,陈华彬.物权法[M].6版.北京:法律出版社,2016.
[8] 王利明,崔建远.合同法新论总则[M].北京:中国政法大学出版社,2000.
[9] 王利明.合同法研究:第1卷[M].北京:中国人民大学出版社,2002.
[10] 韩世远.合同法总论[M].北京:法律出版社,2004.
[11] 张晋藩.中国法制史[M].北京:高等教育出版社,2007.
[12] 查士丁尼.法学总论:法学阶梯[M].张企泰,译.北京:商务印书馆,1989.
[13] 梁慧星.民法总论[M].5版.北京:法律出版社,2017.
[14] 崔建远.合同责任研究[M].长春:吉林大学出版社,1992.
[15] 江平.民法学[M].北京:中国政法大学出版社,2011.
[16] 魏振瀛,郭明瑞.民法[M].北京:高等教育出版社,2010.
[17] 法律出版社法律应用中心.中华人民共和国民法典婚姻家庭编(实用问题版)[M].北京:法律出版社,2020.
[18] 房绍坤,范李瑛,张洪波.婚姻家庭继承法[M].6版.北京:中国人民大学出版社,2020.
[19] 王玮.婚姻家庭法原理与实务[M].2版.武汉:武汉大学出版社,2019.
[20] 张伟.婚姻家庭继承法学[M].北京:法律出版社,2021.
[21] 杨立新.中华人民共和国民法典条文精释与实案全析[M].北京:中国人民大学出版社,2020.
[22] 蔡颖雯.侵权法原理精要与实务指南[M].北京:人民法院出版社,2008.
[23] 吴汉东.知识产权法学[M].7版.北京:北京大学出版社,2019.
[24] 刘春田.知识产权法[M].5版.北京:中国人民大学出版社,2014.
[25] 吴汉东.知识产权基本问题研究[M].北京:中国人民大学出版社,2005.
[26] 王迁.知识产权法教程[M].6版.北京:中国人民大学出版社,2019.
[27] 冯晓青.知识产权法[M].3版.北京:中国政法大学出版社,2015.
[28] 《知识产权法学》编写组.知识产权法学[M].北京:高等教育出版社,2019.
[29] 吴汉东.无形财产权基本问题研究[M].4版.北京:中国人民大学出版社,2020.

[30] 王利明.侵权责任法[M].北京:中国人民大学出版社,2018.

[31] 王迁.著作权法[M].北京:中国人民大学出版社,2015.

[32] 李明德.著作权法[M].2版.北京:法律出版社,2009.

[33] 崔国斌,著作权法:原理与案例[M].北京:北京大学出版社,2014.

[34] 崔国斌.专利法原理与案例[M].北京:北京大学出版社,2016.

[35] 冯晓青,刘友华.专利法[M].北京:法律出版社,2010.

[36] 汤宗舜.专利法教程[M].3版.北京:法律出版社,2003.

[37] 张玉敏,廖志刚,马海生.专利法[M].厦门:厦门大学出版社,2017.

[38] 黄晖.商标法[M].2版.北京:法律出版社,2016.

[39] 杜颖.商标法[M].3版.北京:北京大学出版社,2016.

[40] 冯术杰.商标注册条件若干问题研究[M].北京:知识产权出版社,2016.

[41] 祝建军.驰名商标认定与保护的规制[M].北京:法律出版社,2011.

[42] 张卫平.民事诉讼法[M].北京:法律出版社,2019.

[43] 法律出版社法规中心.民事诉讼法及司法解释汇编[M].北京:法律出版社,2019.